本书得到教育部人文社会科学研究项目(批准号10YJA630017)资助

未必所有雇员都愿意与新创企业保持一种同甘共苦的命运共同体关系，他们更愿意把能否提高自身可雇佣性作为心理契约内核。由于可雇佣型心理契约具有动态性和内隐性，所以，它也成为了新创企业可持续成长的关键任务。

可雇佣型心理契约
及其管理策略研究
——以新创企业为例

陈忠卫 ｜ 著

人民出版社

责任编辑:吴焰东

封面设计:肖　辉

图书在版编目(CIP)数据

可雇佣型心理契约及其管理策略研究——以新创企业为例/陈忠卫 著.
－北京:人民出版社,2015.6
ISBN 978－7－01－014785－7

Ⅰ.①可…　Ⅱ.①陈…　Ⅲ.①企业管理-管理心理学-研究
　Ⅳ.①F270-05

中国版本图书馆 CIP 数据核字(2015)第 080222 号

可雇佣型心理契约及其管理策略研究
KEGUYONGXING XINLI QIYUE JIQI GUANLI CELÜE YANJIU
——以新创企业为例

陈忠卫　著

人民出版社 出版发行
(100706　北京市东城区隆福寺街 99 号)

北京新魏印刷厂印刷　　新华书店经销

2015 年 6 月第 1 版　2015 年 6 月北京第 1 次印刷
开本:710 毫米×1000 毫米 1/16　印张:17.25
字数:260 千字

ISBN 978－7－01－014785－7　定价:48.00 元

邮购地址 100706　北京市东城区隆福寺街 99 号
人民东方图书销售中心　电话 (010)65250042　65289539

推荐序

进入 21 世纪以来，科技成果转化为生产力的周期大大缩短。它既催生出许多新职业，淘汰掉一些旧职业，也对传统岗位的就业能力提出了新要求。从战略管理角度看，大公司可以通过耗费大量钱财制订详尽的规划来指导其前行的方向，而那些资源本就不是那么充裕的新创企业只能借助也许并不那么清晰的计划，在机会偶然来临时迅速决策、大胆行动，其经营活动因而更具冒险性，组织结构更具动态性。诸如此类的环境特征也使得员工与新创企业间雇佣关系的稳定性频频遭到挑战。另外，随着国内劳动力市场的不断完善，劳动力流动变得更加自由，又在进一步加剧雇员与企业间雇佣关系的脆弱性。

正是基于这种现实背景和发展趋势，人力资源开发的重心正在从传统的职业生涯观转向无边界的职业生涯观，先前那种"以忠诚换取就业保障"的传统观念已经被"以绩效换取可雇佣性"的新型就业观念悄然取代。随之而来的显著变化是，雇员与组织间的依附关系不再像从前那样紧密，心理契约违背和破裂的现象时有发生。更为严峻的是，无论在存续时间不久的新创企业，还是在规模相对较大的公司里，如果发生心理契约违背，都可能导致优秀雇员主动离职，甚至出现高管层集体的"跳槽"，从而会给企业的可持续成长造成沉重打击。

陈忠卫教授在 2007—2009 年期间，曾在南京大学管理学院工商管理博士后流动站从事研究工作。我们时常愉快地探讨关于组织战略、人力资源开发与创业管理交叉结合，探讨创建中国式创业管理理论体系的话题。他给予我最深刻的印象是，既能勤于研读国内外最新文献，又能够充满睿智地发现科学问题，还善于借助南京大学组织战略研究所宽松的团队学术氛围，孜孜追求学术前沿。

心理契约理论的跨学科研究渐成热点，也是一大发展趋势，对心理契约违背及其后果的深度研究才刚刚起步。通读此部新作，我认为，具有以下三个方面的特色：

第一，研究视角具有新颖性。美国学者阿玛尔·毕海德（Amar V. Bhide）在分析新企业起源与演化规律时曾指出，在行业具有不确定性、内部自有资金有限的情况下，新创企业的创业者无法根据详尽的蓝图来建设金水桥，他们创办新企业的过程更像是"在河里从一块岩石跳到另一块岩石的方式逆流而上"。与成熟的大规模公司不同，新创企业既要克服招募员工的难题，更要面对新入职员工对企业忠诚度的考验，新创企业内部雇员与组织间发生心理契约违背的几率更高。本书并没有简单地套用西方的管理理论，而是紧扣中国转型经济的现实背景，以成立时间不足8年的新创企业为研究对象，这一新颖的研究视角可以让读者关注到新创企业心理契约发生违背的独特性。

第二，研究结论具有原创性。本书大胆地将可雇佣性理论导入到心理契约结构维度的划分中，创造性地提出基于知识扩充、能力提升、职业发展的三维结构，并实证研究了"可雇佣型心理契约"的形成机理，以及可雇佣型心理契约违背的后果。作者通过开拓性的研究，所获得的研究结论既丰富了创业与企业成长理论，又延伸了心理契约理论的研究边界。通览全书，对研究方案的严谨设计，对不同学科领域思想观点的交叉运用，充分体现了陈忠卫教授真理追求的创新精神，以及他那大胆假设、小心求证的治学品格。

第三，多种研究方法组合运用。基于创业风险具有不可缩减性的特点，过于理性化的创业决策未必能够保证创业者大获成功，所以，对于创业者而言，创业更应该被看作是一种思维方式和行为模式，创业管理更应该看作是对科学性与艺术性的平衡。在初期成长的过程中，新创企业将面临市场和技术的双重非连续性挑战，许多的创业行为带有明显的"机会主义"和"投机色彩"性质。本书充分注意到了新创企业的创业特征，除采取文献计量法获得关于心理契约及其违背的研究进展外，还采用实证研究与案例研究相结合的方式。

在世界经济复苏缓慢的大背景下，中国和美国已经成为促进经济复苏的两个亮点。有数据表明，20世纪90年代，新兴市场国家对全球经济增长的贡献率为25%左右，而在21世纪初的金融危机后，新兴市场国家对世界经济增长的贡献率超过3/4，其中，中国经济的贡献率高达1/3。展望未来，中国政府将着眼于构建经济的"新常态"，这其中除了确定合理的经济增长速度区间以外，无论是产业结构调整，还是推行创新驱动，创业创新必将是贯穿其中的一条主线。"中国智造"战略将取代过去的"中国制造"战略，新创企业和大规模公司同时作为市场主体，将成为经济繁荣的两支重要力量。

我相信，可雇佣型心理契约不但存在于新创企业，同样也存在于大规模公司。伴随着新创企业的成长，可雇佣型心理契约演化规律，其动态性、隐蔽性、脆弱性都是值得引起学界关注的重要理论与现实问题。希望陈忠卫教授能够在学术道路上继续前行，也希望有更多同行能够对此领域感兴趣，让我们以此共同推动中国本土管理研究的不断发展。

应作者之邀，谨以此为序。

南京大学商学院教授、博士生导师　陈传明

2014 年 11 月 25 日

自　序

　　直到 2005 年夏天，当我获得南开大学企业管理专业博士学位时，我才真正意识到做学问的艰辛。表现在两个方面：第一，科学研究是集专业性与艺术性于一体的事业。专业性体现在，我们深处信息量呈指数级增长的时代，只有以谦虚的姿态，把自己限定在一个有限的专业领域内，才可能作出点滴有价值的贡献。而艺术性则体现在，只有在掌握了科学研究规范方法之后，才可能将自己创新性思想通过某种载体得以传播，让同行甚至是外行，能够认可你的学术贡献。第二，学术研究是集"学性"与"术性"于一体的活动。其中，"学性"突出强调研究者对特定专业领域已有成果的学习、消化、吸收和创新能力，而"术性"则突出强调研究者要恰当地运用合适的研究方法、严谨的研究程序，才能获得前所未有的研究成果。在最近十多年时间里，我身体力行地坚持做点儿学问，也在认真总结做学问的方法，并把管理学研究方法传授给年轻一代的博士生和硕士生们。

　　我曾接触过各行各业的许多知名人士，从创业者、政府官员、商人、教师、歌手、医生到自由职业者，大家对职业的态度、对工作单位的情感，以及与上司、同事的关系处理方式也各不相同。我甚至强烈地怀疑起"三百六十行，行行出状元""是金子，到哪里都会闪光"等教诲的价值。因为它们或多或少存在着消极情绪，在奉劝年轻人安分守己地把持一份职业度过余生，显得有些不合时宜。与其说是一种不变的诺言，不如说是一个美丽的谎言。至少对我这样一位从事管理学教学与研究达二十多年之久的高校教师来说，如果让我改行去从事商人、歌手、医生等职业，不但转行机会成本偏高，恐怕也难以胜任。不管你如何用"干一行，就要爱一行；爱一行，就要专一行"的花言巧语来鼓励我，恐怕也无法奏效。深层次原因在于：任何人的可雇佣性都具有相对局限性，并且，随着年龄增长，这种可雇佣性技能的提高和转型越来越困难。

可雇佣性在今天变得如此之重要，以至于它不但是每个人寻找第一份工作的资本，也是社会实现再就业工程的关键点。在 2014 年 12 月去美国考察途中，我被中国国际航空公司提供的机上读物深深地吸引，2014 年第 11 期《中国之翼》集中刊发了以"事业间隔年"为主题的系列报道，讲述了包括《美国：让工作来敲门》《英国：失业就业都很痒》《德国：目标是全民就业》等故事，所有这些文章贯穿着一条主线：人生总有无限可能，失业并不代表失败。像 J.K.罗琳是在被公司炒鱿鱼之后，在靠遣散费生存的那些日子里激发出强大的动力，成功创作了闻名遐迩的《哈利·波特》，这是依靠其可雇佣性实现再就业的典范。由此看来，可雇佣性不只是雇员自己的事件，它需要人们共同创造一种体制和机制来培育，最有效率地激发出每位雇员的可雇佣性，最终使得社会财富创造最大化。

从全社会角度看，未来的职业教育和高等教育应当重视以可雇佣性为导向的教学改革，政府的政策设计既要防止像 2014 年 8 月西班牙和希腊那样，出现青年群体高达 50% 的失业率现象，又要努力引导那些出生于 1980 年到 2000 年期间"千禧一代"（Millennials）提升可雇佣性。旅美访学期间，我先后走访了美国硅谷一带包括以搜索引擎起步的 google 公司、从事慕课资源开发的 Coursera 公司，以及由加州政府出巨资发起成立、多所加州大学分校共同参与的定量生物科学院（QB3）等协同创新中心，我更加意识到研究可雇佣性问题所具有的迫切性，意识到新创企业加强可雇佣型心理契约管理的必要性。因为，可雇佣性不但是工业化 4.0 时代人才争夺战的焦点，而且，它还将是事关十多年以后一个国家能否占领科技制高点，企业能否引领产业发展方向的战略性问题。

2012 年以来，国内"大众创业"和"草根创业"迎来难得机遇，新创企业数量快速增长，但是，新创企业存活率低仍是一个不争的事实。那么，是什么原因导致新创企业成长性不太令人满意呢？学术界可谓仁者见仁，智者见智，观点层出不穷，注意力比较多地集中在资金匮乏、人才资源不足、技术创新积极性不高、家长制作风、营销能力落后等关键影响因素。从新创企业"荡秋千"式的成长历程看，存在于新创企业与雇员间的可雇佣型心理契约极易发生违背现象，并且这种脆弱的可雇佣型心理契约关系一旦遭遇破裂，那么，新创企业随时将面临失败或者瓦解的命运。本书高度关注的正是存在于新创企业与雇员之间的这种心理契约关系，以及它对新创企业成长的影响。与其他同类著作最大的不同点在于：笔者基于可雇佣性在雇员职业生涯中重要性的分析，把可雇佣性因素纳入到心理契约之中来加以深度考察。

可雇佣型心理契约是一个新颖的概念，可雇佣型心理契约与新创企业成长关系是一个富有前瞻性的课题。在将书稿交由人民出版社正式出版之际，我仍怀有一种忐忑不安的心情，既体现在如何才能创造性地将组织行为学与创业管理理论实现学科融合交叉上，又体现在如何才能对可雇佣型心理契约之"学"与研究方法之"术"的完美结合上。我期待着大家对此话题的进一步分析，以及对此书观点的批判。

陈忠卫

2014 年 12 月 8 日

写于美国加州大学伯克利分校

目　录

第一章 绪 论

经济全球化引发经济、社会和组织重大变革,科技进步的加速又助推着新型工业化进程。人们越加清晰地发现,在 21 世纪商业社会里,无边界组织正在不断涌现,传统雇佣模式也被不断打破,这一切令所有人不得不重新思考组织和雇员之间雇佣关系的本质。另外,雇员与组织间心理契约也在悄然发生改变:从重视就业安全性转向重视可雇佣性(employability),从重视构建关系型契约转向重视交易型契约的维护。当可雇佣性的组成要素不断融入到心理契约内容之中时,可雇佣型心理契约也随之形成。

越来越多的国家纷纷降低创设新企业门槛,致力于为新创企业成长提供包括项目融资、人力资源、财政、科技等方面的扶持性政策。必须注意到的一个现实是,在新创企业数量迅速增多的同时,多数新创企业生命力并不强,存活率也不高。其中,一个重要原因在于,新创企业内部管理普遍具有不规范性,雇员与新创企业间心理契约发生违背的现象时有发生,它们普遍面临着从创业型向成熟型阶段转变的"企业成长之痛"。①

一、研究背景

近些年来,随着劳动力市场的活跃和劳动关系的制度化,可雇佣性问题已经突破了劳动关系的研究边界,正在成为全社会所关心、多学科所关注的热门话题。

---

① Flamholtz E. G. & Randle Y., *Growing Pains*: *Transitioning from an Entrepreneurship to a Professional Managed Firm*, Fourth Edition, Wiley Publishing Inc., 2007, p. 25.

尽管不同政府部门、机构和感兴趣的群体在使用可雇佣性概念时，往往会从自己所关注角度出发，结果造成一些迷惑，① 但是，综观学术界观点和政府部门所关心话题，可雇佣性至少包括三重含义：一是刚步入社会的雇员初次就业能力；二是在本单位内部维持雇佣关系的能力，也包括在本单位内部实现岗位调整和工作转换的能力；三是在自由开放的劳动力市场上，重新获得一份新工作的能力。由此看来，可雇佣性既与个体劳动者能力有关，又与工作性质有关，既是形成稳定雇佣关系的基本前提，也是雇员角色绩效与组织成功的关键要素。

相比较而言，"可雇佣性"内涵要比"就业能力"更为宽泛。它们之间的区别主要表现在三个方面：

第一，内容构成的差异性。就业能力侧重于评价个人是否具备胜任完成某一份工作的专业技能；而可雇佣性则不但包括类似的就业能力，还包括雇员的知识构成、成就事业的动机，以及个人对职业发展机会的渴求。

第二，观察视角的差异性。就业能力突出强调雇员在经过一段时期的成长之后，是否已经积累起了从事某种职业和完成某个岗位的工作能力；而可雇佣性还要突出强调的是，雇员除了能够维持某份工作所需要的能力以外，还需要着眼未来，继续补充什么样的知识，拓展什么样的能力，以及培养什么样的素质。

第三，观测期限的差异性。就业能力往往注重考察雇员在某一时点上，是否具备从事某个工作岗位的基本专业技能。这是反映能力水平的瞬时间概念，可以保证招聘进来的新雇员很快能够进入角色，完成某项工作；而可雇佣性更加强调面向未来，更加注重考察其发展潜能，考察雇员目前和将来能够带给组织什么样的收益。

技术进步既在不断颠覆行业边界，又在不断冲击着职业和角色的定位。一个人就业能力只能满足眼前的短期需求，如果他在态度上不思进

① Finn D., "From Full Employment to Employability: A New Deal for Britain's Unemployed?", *International Journal of Manpower*, 2000, 21 (5).

取，行为上满足于得过且过，那么，既有的就业能力必定会过时，甚至成为自身成长和职业发展的绊脚石，所以，以可雇佣性为导向的人力资源管理模式将成为实业界的管理新趋势。

心理契约是指在雇员与组织之间所存在的关于彼此责任和义务的一种期望。基于心理契约内容构成具有动态性的观点，雇员对可雇佣性的追求越来越被包括在心理契约的内容之中，并且，从雇员角度看，关于可雇佣性方面的期望，在心理契约中所占据的地位越来越突出。这是因为，自进入 21 世纪以来，不但工作性质在发生改变，甚至在就业观念问题上也出现了一个显著变化，即雇员关注的焦点从最初工作安全感和终身雇佣，转向终身学习、可雇佣性和就业能力。职业生涯成长路径更具不可预测性和充满流动性，可雇佣性和智力管理成为未来人力资源开发的两大挑战。[①] 正因为如此，可雇佣型心理契约正在成为学术界一大新课题。

当雇员在主观上感知到组织未能很好地履行其初始承诺时，尤其是组织没有提供与雇员贡献相对称的待遇，或者没有兑现最初承诺时，雇员就会基于心理运算过程，自然地作出一种自我认知的负面评价结果，即心理契约违背（psychological contract breach）。而在心理契约违背未能被管理层及时发现，或者即使发现了但未能及时采取有效的修复措施，紧随其后产生的必然是负面情绪体验或者情感性反应，如呼吁、愤怒、疏忽、离职行为，学术界将其称之为心理契约破裂（psychological contract violation）。久而久之，雇员反生产行为在组织内部得以蔓延，甚至采取离职等极端反生产的行为。

从"形成→违背→破裂→行为反应"的分析逻辑，已经成为心理契约理论研究的一条主线。本书所关心主要问题是，相对于大型企业而言，新创企业可雇佣型心理契约有何特殊性？可雇佣型心理契约违背与其后续行为之间存在着怎样的内在关系？如何从改善可雇佣型心理契约关系入手，促进新创企业尽快度过那个难挨的"成长之痛"时期呢？

---

① Nilsson S., & Ellstrom P. E., "Employability and Talent Management: Challenges for HRD Practices", *European Journal of Training and Development*, 2012, 36 (1).

（一）现实意义

本书所关注的研究对象是新创企业，是新创建创业型企业的简称。它是指那些正在不断追求机会，以创新为主要手段，以冒险为典型特征，并把盈利和发展作为主要奋斗目标的经济组织。与一般意义上的小微企业不同之处在于两个方面：一是企业处在新创建阶段，一般成立时间不足八年。二是创业型企业。新创企业必须是基于创业机会发现、开发和利用，进而来创造价值与实现企业成长。

1. 新创企业存活率偏低

从 2013 年下半年以来，中国政府主张加快行政审批权制度改革，放宽工商登记注册制度，从而使新创企业的门槛大大降低，引发了创业繁荣。据李克强总理在 2014 年夏季达沃斯论坛开幕式上透露的信息：仅 2014 年 1—8 月，新登记注册市场主体 800 多万户，其中，3—8 月新登记注册企业同比增长 61%，出现了"井喷式"增长态势。

但是，同时又发现：由于受"融资难"和市场波动性共同影响，中小企业处在"幼苗"时期，抗风险能力偏弱。根据国家工商总局 2013 年 7 月发布的一份分析报告，自 2000 年以来，全国内资企业从诞生到第五年累计存活率为 68.9%，仅有约半数企业能存活 8 年以上。与此同时，高科技企业存活率更低，在北京中关村，科技型小企业三年内存活率仅为 4%—5%。[①]

2. 新技术推广应用导致职业推陈出新

产业边界融合趋势锐不可当，第四次工业革命以智能制造为主导，涉及智能化的生产系统、整个企业生产物流过程和人机互动管理。与此同时，3D 技术的出现和推广应用，让传统制造瞬间过时，打破了规模经济铁律，不但将改变流水线生产方式，还将改变人们生活质量。3D 打印技术带给劳动力市场的影响是，现在这种单调、程式化的工作将会被更富有创意

---

① 许凯：《我国科技型小企业难存活说明了什么?》，《国际金融报》2007 年 5 月 21 日。

的智力创造成果所取代，让更多雇员集中精力从事创新和增值业务。

胡迪·利普森（Hod Lipson）和梅尔芭·库曼（Melba Kurman）曾将 3D 打印技术进步概括为三大篇章，即在不到三年时间里，3D 打印从"完成对物体形状的掌握"到"控制物质的构成"，实现多元材料的混合制造，未来将进入一个能够"控制行为"的新时代。到那个时候，不再是打印那些被动的零部件和材料，而是能够打印出具有感知、反应、计算和行动能力的主动系统。[①] 最终，3D 打印机将进入一个"机器制造机器"的新时代，能够打印出活性数字物体，不但实现自我重新装配成智能机器，而且，还可以打印出能够制造其他机器的机器。

可以预言，以 3D 打印为代表的科技进步和新技术的推广应用，将带给生产和生活的变化具有彻底性，而且，这种变化结果可以迅速被全球化。大量传统岗位将面临消失的可能性，同时，又有一批新工种和新岗位会不断涌现，这对于那些不安于现状的劳动者来说，他们把它作为提高雇员可雇佣性的一种自觉动力。

科技进步的确可以帮助解决很多问题，如拓宽信息渠道、提高生产效率、消除时空障碍、改善生活质量，但同时也会产生许多负面效应，如网络犯罪、信息诈骗、人情淡薄等。波兰前副总理格泽高滋·W.科勒德克虽然也预言过未来的科技进步或许比前三次工业革命带来的负面影响更加糟糕，但他仍然坚信：

主宰未来世界的还是人，由人性价值和管理才能主导决策的人，而不是技术及其发展的水平。[②]

本书所关心的是，随着新技术的推广应用，以及由此造成的这种职业不断消失、分化和诞生现象，会对传统的心理契约产生怎样的影响？交易型与关系型两类心理契约分别将朝着什么样的方向变迁？雇员只有不断提

---

① ［美］胡迪·利普森、梅尔芭·库曼著：《3D 打印：从想象到现实》，赛迪研究院专家组译，中信出版社 2013 年版，第 295 页。

② ［波兰］格泽高滋·W.科勒德克：《第四次工业革命何时到来》，《中国经济周刊》2013 年第 2 期。

高自身可雇佣性，才能应对这种新技术变化带来的挑战，那么，愿意加盟新创企业的成员，他们对新创企业的高层管理团队又寄予了哪些新期望，赋予了心理契约什么样的新内容呢？

3. 传统的终身雇佣关系正在打破

在计划经济年代，劳动力作为一种重要资源，完全按计划模式进行配置，既有严格的人事组织关系，又有僵化的户籍制度，它们限制着劳动者自由更换劳动关系，工作和岗位调整局限在十分有限的时空条件和活动范围。"干一行，爱一行；爱一行，专一行"成为了全社会遵循的价值准则，是评价优秀雇员的重要标准。"三百六十行，行行出状元"成为鼓励人们安心工作的座右铭，成为激发人们工作士气的主流社会文化。

随着社会主义市场经济体制不断完善，以及社会就业观念进步，并不愿意一辈子依赖于某一组织某个岗位，完成其全部职业生涯的个体劳动者数量在迅速增多。① 这是因为，劳动力市场上供给和需求关系变得更加灵活，职业转换和岗位调整变得更加自如，一方面，雇员愿意顺应更加主动的角色转换机会，努力提高参与就业竞争的可雇佣能力，愿意在本单位内部的劳动力市场或者外部劳动力市场尝试新型雇佣关系；另一方面，受外部市场竞争压力影响，用人单位为了降低劳动力成本，也在积极创造和构建起新型雇佣关系（如人事代理、临时工等），以便在必要时顺利地从外部劳动力市场中招聘到满意的劳动者，或者方便地削减内部冗余的劳动力资源。

在终身雇佣关系面临不断被打破的处境下，雇员与组织间经济契约得到空前重视，并在不断得到规范化和制度化，但是，那些难以书面化的心理契约关系却时常发生违背现象。在此背景下，相对于规范的大公司而言，新创企业将同时面临经济契约和心理契约双重压力的挑战。

4. 劳动关系关切度在迅速升温

近些年来，各级政府部门都把创造就业岗位、降低失业率作为重要的

---

① Clarke M. , & Plodders P. , "Visionaries and Opportunists: Career Datterns and Employability", *Career Development International*, 2009, (14).

年度政绩考核指标，也是维护社会和谐稳定的需要。包括美国、日本等发达国家纷纷出台政策，倡导个人的终身学习和创建终身学习型社会，从而最大程度地激发起劳动者求职欲望，顺应外部环境持续不断变化带给个体劳动者的挑战。

俗话说，"活到老，学到老"，其背后隐藏的喻意是提高自身可雇佣性。早在 2006 年，德国政府就通过了《高技术战略 2020 方案》，其基本任务就是大力发展"工业 4.0"项目战略，联邦政府从 2010 年到 2013 年为高技术战略共投入了 270 亿欧元，对"工业 4.0"项目的专项投资达 83 亿欧元。[①] 在这种情况下，提高在岗产业工人可雇佣能力，关注新一代雇员就业能力成为摆在政府和高校面前同等重要的任务。相反，如果发生可雇佣型心理契约违背，所造成的后果将会非常糟糕，依附在企业核心技术人员身上的关键技术甚至也难以得到有效保护，直接弱化了企业核心竞争力和区域经济发展的竞争优势。

自 2008 年以来，国内工人实际工资水平增速明显加快，意味着企业人工成本的迅速上升，这在一定程度上挤压着企业利润空间，在经济环境恶化时，甚至会直接导致部分微利企业倒闭，[②] 新创企业增速放缓。与此同时，一些企业，特别是广大新创企业，为了减轻劳动成本压力，提高自身竞争优势，千方百计地采取规避劳动合同法的行为，如同工不同酬、恶意调岗调薪、任意延长劳动时间、不断提高劳动强度等。

这种对劳动合同法的规避行为，不但破坏企业与雇员之间本应遵循的利益分配规则，损害雇员的合法权益，同时，在雇员感知到组织以破坏劳动合同法为手段获利后，雇员也由此担心新创企业无法兑现与心理契约相关的责任，担心自身无法获得足够的知识补充、能力提升和职业发展的机会。类似这种破坏劳动关系的行为，势必诱发可雇佣型心理契约违背，甚至产生心理契约破裂及其随后的消极行为反应。

---

① 数据来源于柴野：《迎接第四次工业革命——德国汉诺威工业博览会启示》，《光明日报》2014 年 4 月 14 日，第 8 版。

② 巫强：《资本深化、技术进步与雇佣规模调整》，《中国人口资源与环境》2013 年第 6 期。

（二）学术价值

从 20 世纪 90 年代以来，学术界已经注意到，企业与雇员之间最新的心理契约正在逐渐转向以可雇佣性为基础，[①] 国内学者朱飞以中关村科技园区为研究范围，较早提出"可雇佣性成为高科技企业雇佣新双方心理契约枢纽"的观点。[②] 由此看来，可雇佣性的概念正在重新界定雇佣双方的责任与义务，甚至发展成为新的雇佣关系中互惠关系的核心所在。

1. 可雇佣性理论进行跨学科交叉研究正在兴起

贝弗里奇（Beveridge）在 1909 年刚引入"可雇佣性"概念时，最初的定义侧重于强调雇员所具有的工作能力，而且主要是指体力方面。在很长时期里，可雇佣性仅仅局限于就业问题，是各级政府部门提高就业率和增加区域经济竞争力的重要途径，涉及政府部门对劳动关系管理的政策设计，所以，可雇佣性最初被看作是宏观人力资源开发的范畴。

客观上说，提高可雇佣性可以看作是"贯穿于每个劳动者生命的概念"。[③] 在个人第一次进入劳动力市场之前，他必须具备一定的可雇佣性技能，职业资格证书、毕业文凭是对其雇佣性的一种最有效证明。进入特定的组织以后，他又会千方百计地继续开发自身可雇佣性，既可能是为了达到日后内部晋级提拔的需要，也可能是为了寻求外部更合适自身发展的单位和职业。即使是人到中老年，或者达到职业生涯高原的顶峰，他同样还会为自身可雇佣性能否得到持续提高而发愁。所以，可雇佣性又可以看作是微观人力资源开发的范畴。

进入 21 世纪以来，可雇佣性研究进入一个繁荣时期，劳动经济学、社会心理学、管理学等学科几乎同时关注到此问题，概念也在得到进一步延伸。在物质需求不再是参加工作唯一目标追求的现实前提下，雇员高度关

---

① Ellig B., "Employment and Employability, Foundation of the New Social Contract", *Human Resource Management*, 1998, 37（2）.

② 朱飞著：《高科技企业雇佣关系策略研究，基于可雇佣性的雇佣关系策略模型》，企业管理出版社 2009 年版，第 132 页。

③ 谢晋宇著：《可雇佣性能力及其开发》，格致出版社、上海人民出版社 2011 年版，第 3 页。

注在其自身成长过程中可雇佣性是否能随之得到提高，学术界开始从多个侧面对可雇佣性理论加以拓展，如可雇佣性与教育体制改革的关系①、变革型领导与可雇佣性②、组织规模削减与可雇佣性③等。

笔者还特别注意到，库耶佩和威特（Cuyper & Witt）在提出可雇佣性维度的新分析思路后，还实证检验过雇员不同维度的可雇佣性对其离职倾向造成的不同影响。④ 受此启发，本书有意识地吸纳了两种不同的角度来研究可雇佣性：

一是从基于知识补充、能力提升和职业发展三个角度，尝试提出可雇佣型心理契约的三维结构。具体内容详见第三章。

二是采用库耶佩和威特关于内部可雇佣性和外部可雇佣性的二分法。⑤ 其中，内部可雇佣性是指雇员在本企业内部实现部门调动和岗位人事调整，从事其他性质工作的能力。而外部可雇佣性是指雇员离开本单位，重新获得一份新工作的能力。笔者在第六章中专门以案例研究方法，验证可雇佣性对离职倾向的影响机理。

2. 心理契约违背与其后果之间内在关系有待深入研究

从组织公正感的三大维度出发，肖尔和蒂特里克（Shore & Tetrick）就心理契约违背及其可能的行为反应，曾提出过一个富有代表性的概念性模型（见图1-1）。⑥ 具体地说，心理契约违背发生的诱因在于雇员所感知到的组织公正，而在雇员感知到心理契约违背之后，他有可能作出的行为

① 宋国学、谢晋宇：《可雇佣性教育模式：理论述评与实践应用》，《比较教育研究》2006年第2期。

② Camps J., & Rodrı'guez H., "Transformational Leadership, Learning, and Employability Effects on Performance among Faculty Members", *Personnel Review*, 2011, 40（4）.

③ Carbery R., & Garavan T. N., "Organisational Restructuring and Downsizing: Issues Related to Learning, Training and Employability of Survivors", *Journal of European Industrial Training*, 2005, 29（6）.

④ Cuyper D. N., & Witt D. H., "The Management Paradox: Self-rated Employability and Organizational Commitment and Performance", *Personnel Review*, 2011, 40（2）.

⑤ Cuyper D. N., Witt D. H., "The Management Paradox: Self-rated Employability and Organizational Commitment and Performance", *Personnel Review*, 2011, 40（2）.

⑥ Shore L. M., & Tetrick L. E., "The Psychological Contract as an Explanatory Framework in the Employment Relationship", *Trends in Organizational Behavior*, 1994, （1）.

反应包括申诉、沉默、逃避、破坏和退出。其中，申诉是指雇员试图维持或者复原心理契约的行为倾向，而沉默、逃避、破坏是指雇员试图通过降低自己的努力或者产出水平，在心理契约违背的状态下，苟且存活下来的行为倾向，而退出则是指一种最为彻底地解除劳动关系的行为。

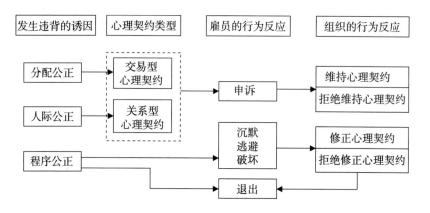

图 1-1　肖尔和蒂特里克关于心理契约违背及其可能的行为反应模型

资料来源：Shore L. M. , & Tetrick L. E. , "The Psychological Contract as an Explanatory Framework in the Employment Relationship", *Trends in Organizational Behavior*, 1994, (1), 经笔者稍加修正而成。

值得关注的问题是，在什么样的情况下会发生心理契约违背呢？根据肖尔和蒂特里克的模型可知，分配公正感是出现交易型心理契约违背的诱因，人际公正感是出现关系型心理契约违背的诱因，而程序公正感则将直接导致沉默、逃避、破坏或退出行为。类似这种把组织公正与不同类型心理契约违背直接对应的研究思路，后来也遭到一片质疑声，许多学者开始从不同角度探索心理契约违背的诱因。黄国泉等明确指出，进入21世纪以来，中国已经迈入一个"高成本时代"，在中小企业中，之所以出现雇员忠诚度的下降，流动率、离职率的明显上升，都是由员工与企业间心理契约发生变化所造成。①

_____

① 黄国泉、刘淑敏、李鑫涛：《我国中小企业员工心理契约对关系绩效影响的实证研究》，《技术经济》2013年第10期。

继莫里森和鲁滨逊（Morrison & Robinson）、肖尔和蒂特里克提出心理契约违背导致心理契约破裂的原因之后，[①] 一大批学者（Dulac et al.，2008；Suazo et al.，2011）围绕着心理契约违背与其后续行为，或者是与其后续态度之间关系开展了大量的实证研究。[②]

苏亚佐（Suazo）曾将心理契约破裂作为中介变量，系统地实证检验它在心理契约违背和与工作相关的态度变量（如工作满意度、组织承诺、离职倾向、可感知的组织支持），以及它在心理契约违背和与工作相关的行为变量（如角色内绩效、服务导向的组织公民行为）中是否存在中介效应的问题。结果发现：除心理契约破裂在心理契约违背和以忠诚为核心的组织公民行为间存在部分中介效应，在心理契约违背与角色内绩效之间不存在中介效应外，它在心理契约违背与其他变量的关系中均存在着中介效应。[③]

心理契约本质上源于雇员与组织间所存在的相互交换关系，所以，从社会交换理论出发来研究心理契约违背与其后续态度（行为）之间的内在机理，是一个很有意义的切入点。贝尔（Bal）等学者就曾以来自服务业266名雇员的一手数据开展过实证研究，重点检验社会交换关系在心理契约违背与工作绩效之间究竟是起缓冲器（buffer）还是增强剂（intensifier）的作用。实证结果支持的是"增强剂"假设，即在心理契约出现失衡或者发生心理契约违背时，那些具有高交换关系倾向的雇员更容易觉察到被组

---

① Morrison E. W.，& Robinson S. L.，"When Employees Feel Betrayed：A Model of How Psychological Contract Violation Develops"，*Academy of Management Review*，1997（22）. Shore L. M.，& Tetrick L. E.，"The Psychological Contract as an Explanatory Framework in the Employment Relationship"，*Trends in Organizational Behavior*，1994，（1）.

② 在此主题下开展研究的成果较多，最为典型的文献是：Dulac T.，Coyle-Shapiro，J. A. M.，Henderson D. J.，& Wayne S. J.，"Not all Responses to Breach are the Same：The Interconnection of Social Exchange and Psychological Contract Processes in Organizations"，*Academy of Management Journal*，2008（51）；Suazo M. M.，"The Mediating Role of Psychological Contract Violation on the relations between Psychological Contract Breach and Work-related Attitudes and Behavior"，*Journal of Managerial Psychology*，2009，24（2）.

③ Suazo M. M.，& Stone-Romero E. F.，"Implications of Psychological Contract Breach：A Perceived Organizational Support Perspective"，*Journal of Managerial Psychology*，2011，26（5）.

织背叛，作为一种交换，雇员将选择减少其付出，所以，心理契约违背对工作绩效具有消极效应。①

既然心理契约违背并不必然会造成反生产行为和消极性后果，那么，该如何加以防范呢？国内学者王静的研究曾指出，虽然在企业并购中存在心理契约违背的可能性，但是，如果能够很好地利用心理契约修复机制，即便是在心理契约违背和破裂后，也未必一定会引发负面行为，或者发生大面积的雇员流失现象。②

基于上述现实背景和理论发展脉络，笔者把可雇佣性要素纳入到心理契约内容结构，有所侧重地研究新创企业可雇佣型心理契约关系形成与演化的规律性。与此同时，还关心另一个深层次的问题，由于新创企业夭折率高，形成有利于绩效提升的可雇佣型心理契约难度更大，发生可雇佣型心理契约违背的可能性也更高，那么，可雇佣型心理契约违背与雇员的态度性变量（如离职倾向、工作不安全感等）、行为性变量（如组织公民行为、沉默等）、结果性变量（如角色绩效、团队绩效等）之间存在着怎样的复杂关系。笔者的研究以中国转型经济条件下新创企业生存与发展的特殊背景而展开，所获得研究结论将更具"中国特色"。

二、心理契约及其违背的研究进展

本书核心研究主题在于"心理契约"与"心理契约违背"，在此，笔者拟先对此主题在国内的研究进展做一文献计量式评述，从而为研究可雇佣型心理契约做些铺垫。

著名学者鲁索（Rousseau）认为，心理契约违背可以看作是雇员"感

---

① Bal P. M., Chiaburn D. S., & Jansen P. G. W., "Psychological Contract Breach and Work Performance: Is Social Exchang a Buffer or an Intensifier?", *Journal of Management Psychology*, 2010, 25 (3).

② 王静：《并购过程中员工心理契约双环修复模型研究》，《重庆大学学报》（社会科学版）2013 年第 4 期。

觉自己被组织背叛时，所产生的愤怒情绪体验"。① 在现实生活中，往往表现为雇员短期的、相对激烈的情感反应，如失望、悲痛、愤世嫉俗等。② 公冶祥洪于 2001 年在《东岳论丛》撰文指出，心理契约既体现了组织实体和个体成员间关于真诚、平等、公正、公平、宽容等义务的承诺和互感耦合，也是现代组织中人和事的最佳结合点。如果领导者和被领导者之间缺乏有效的信息反馈机制，意味着个体和组织现实环境的隔绝，人与人之间的沟通就会中断，心理契约的相互作用就会遭到破坏。③ 但是，至今为止，国内学术界对心理契约破裂和心理契约违背的概念还十分混乱，不少学者错误地将其等同或者互换，一个重要原因在于对 breach 和 violation 这两个英文单词的翻译存在分歧所致。

考虑到新创企业的初始成长阶段，心理契约发生违背的现象具有普遍性，在此先重点关注以下两个问题：一是自 2001 年以来，关于心理契约违背和破裂理论的研究在国内呈现什么样的发展轨迹；二是在过去的 13 年时间里，国内学者围绕着心理契约违背的热门主题，取得了哪些成就。

（一） 数据来源

以中文社会科学引文索引（Chinese Social Sciences Citation Index，以下简称 CSSCI）（2012—2013）来源期刊目录为依据，借助"中国期刊全文数据库"，利用"题名"和"关键词"等检索方式，对源自管理学、经济学、心理学、综合性社科以及高校综合性学报的期刊（含扩展版）所载发的论文进行认真筛选。

具体检索办法是：在上述数据库的"文献出版来源"栏先后输入上述 300 种期刊名称，逐一重复以下四个步骤来筛选符合条件的全部文献。其步骤包括：

---

① Rousseau D. M. , *Psychological Contract in Organizations：Understanding Written and Unwritten Agreements*, Thousand Oaks, CA：Sages, 1995, p. 45.

② Robinson S. L. , & Rousseau D. M. , "Violating the Psychological Contract：Not the Exception but the Norm", *Journal of Organizational Behavior*, 1994 (15).

③ 公冶祥洪：《心理契约——现代组织中人和事的最佳耦和》，《东岳论丛》2001 年第 6 期。

第一，按篇名"心理契约+违背""心理契约+破坏""心理契约+破裂""心理契约+补救""心理契约+重建"，分别检索。

第二，按关键词"心理契约违背""心理契约破裂""心理契约破坏"，补充检索。

第三，按主题词"心理契约违背""心理契约破裂""心理契约破坏"，再次补充检索。

第四，排除在前面步骤中的相同文献。

与此同时，笔者还邀请两名在创业与企业成长研究所攻读硕士学位的研究生，按上述每一步骤"背靠背"地独立检索。待各自完成检索任务后，再在一起进行"面对面"的核对，并对少量未检索到的文献进行人工补遗。最终，确定样本文献185篇（见表1-1）。

表1-1　关于心理契约违背的样本文献分布（2001—2013）

学科名称	CSSCI收录期刊（含扩张版）	学术期刊		文献量	
		数量（种）	比重（%）	论文（篇）	比重（%）
管理学	39	25	64.10	87	47.03
经济学	96	21	21.88	37	20.00
心理学	9	7	77.78	17	9.19
高校综合性学报	91	20	21.98	22	11.90
综合性社会科学	65	16	24.62	22	11.90
合计	300	89	29.67	185	100.00

注：各学科门类下的期刊以南京大学中文社会科学引文索引CSSCI（2012—2013版）目录为准。

从表1-1中可知，心理契约违背显然已经成为一个跨学科的话题，受到管理学、心理学、经济学界的共同关注。近十多年来，在列为CSSCI的9种心理学类、39种管理学类期刊中，先后有7种和27种期刊曾刊发过与心理契约违背与破裂相关的学术论文，分别占本学科同类期的77.78%和

64.10%。另外，在管理学、经济学、心理学类期刊上发表的样本文献，分别达 87 篇（占 47.03%）、37 篇（占 20.00%）和 17 篇（占 9.19%），其他两类综合性期刊发表的文献各 22 篇，共占 23.80%。

（二）　文献计量分析

1. 所采用研究方法

从时间序列角度分析，在 2001—2011 年期间，纯思辨法一直以来是学者们在心理契约违背问题研究过程中采用最多的研究方法。自 2003 年以来，每年均有少量优秀文献综述被刊载于 CSSCI 核心期刊上，但数量并不多。直到 2006 年，实证研究法才开始被采纳，用来分析心理契约违背领域的相关问题。实证研究方法的出现与国家自然科学基金、国家社会科学基金提供的资助经费明显提高有密切关系。它有助于保证课题组成员能够围绕主题开展大范围的持续问卷调查，有利于形成本土化情境基础上的高质量研究成果。

在十多年的发展历程中，国内关于心理契约违背与破裂的研究文献数量呈现增长势头。可以区分为两个时期：

第一时期（2001—2005 年）：缓慢导入阶段。在上述五大类 CSSCI 核心期刊上，年发表论文数量在十篇以下，并且，研究方法比较单调，仅限于纯思辨类和文献综述类成果，既没有案例研究，也没有实证研究类学术论文。

第二时期（2006—2013 年）：稳定发展阶段。在四大类 CSSCI 核心期刊上年发表论文稳定在 20 篇以上（除 2010 年外），并且，实证研究技术开始应用于心理契约违背的研究领域。2006 年是国内对心理契约违背与破裂问题的一个学术研究转折期。

另外，从研究方法角度看，在 2001—2013 年期间，所发表的学术论文可以归纳成四类：

一是文献研究（17 篇，占 9.19%）。专门针对某一时期内与心理契约违背相关的原始文献，依据前期同行研究成果的数据、资料、研究方法和主要观点，经由研究者整理、归纳、分析和评述而形成的论文。

二是纯思辨研究（111 篇，占 60.00%）。结合研究者深邃的洞察力，富有逻辑性地对心理契约违背、心理契约破裂、心理契约重构等主题所做的深度思考，自觉地运用辩证唯物主义原理和观点，借助由表及里的思维过程，发现蕴含其中的形成过程和内在机理，并提出具有参考价值的管理策略。

三是实证研究（51 篇，占 27.57%）。如果说思辨类论文主要依靠研究者主观判断，着力去研究的是以"应当是（ought to）"为主要方向的价值命题，那么，实证研究类论文则主要依靠源自客观的一手数据，着力去验证以"知其然（how）"和"知其所以然（why）"为主要方向的是非命题。

四是案例研究（6 篇，占 3.24%）。研究者围绕特定组织或者典型事件，深度解剖某个（或多个）案例，从而揭示关于心理契约形成、发展、违背、破裂，以及与其行为反应的内在逻辑和潜在规律。

2. 高被引文献及其影响力

"被引频次"是衡量一篇论文质量高低的重要依据，它在一定程度上能够反映出所发表学术论文被学术界同行关注的热门程度。一般地说，假如某篇论文发表时间越短，并且，被转引（排除自引量）的频次越高，那么，可以表明此论文的社会影响力越大，被学术界认可度也就越高。截至 2014 年 10 月 15 日的中国知网数据，在 CSSCI 核心期刊中刊发的关于心理契约及其违背的文献中，被引频次超过 100 次的学术论文共 19 篇。其中，被引达 200 次以上的高引用率文献共十篇（见表 1-2）。

进一步研究还发现：第一，多数高引用文献属于文献综述或者思辨型论文，尤其是在 2001—2005 年期间，国内对心理契约违背的研究仍以引进、消化西方管理思想为主。第二，心理契约的分析可以选择从雇员、组织和双方之间关系三个不同视角，而且，这三大视角的研究文献均存在高被引的可能性。第三，将实证研究方法应用于心理契约违背的研究在国内起步相对较晚。罗海成、范秀成合著的《基于心理契约的关系营销机制：

服务业实证研究》①，以及李原、孙健敏的论文《雇用关系中的心理契约：
从组织与雇员双重视角下考察契约中"组织责任"的认知差异》② 虽然发
表时间相对较晚，但是，由于数据可靠，实证逻辑严谨，结论富有启发
性，其被引频次分别高达 113 次和 111 次之多，堪称心理契约领域的精品
之作，学术传播速度相当迅速。

表 1-2　国内 CSSCI 期刊关于心理契约及其违背的高引用率文献（2001—2013 年）

排名	篇　名	作者	刊物名称	发表时间	被引频次
1	组织中的心理契约	陈加洲、凌文辁、方俐洛	管理科学学报	2001/12	600
2	组织中的心理契约	李原、郭德俊	心理科学进展	2002/01	460
3	企业员工心理契约的结构维度	陈加洲、凌文辁、方俐洛	心理学报	2003/03	455
4	国外心理契约理论研究的新进展	魏峰、张文贤	外国经济与管理	2004/02	422
5	心理契约的内容、维度和类型	陈加洲、凌文辁、方俐洛	心理科学进展	2003/04	366
6	中国背景下知识型员工的心理契约结构研究	朱晓妹、王重鸣	科学学研究	2005/01	352
7	国内外心理契约研究的新进展	魏峰、李燚、张文贤	管理科学学报	2005/05	289
8	心理契约：概念、理论模型及最新发展进展	彭正龙、沈建华、朱晨海	心理科学	2004/02	225
9	组织中的心理契约	李原、郭德俊	首都师范大学学报（社科版）	2002/01	217

---

① 罗海成、范秀成：《基于心理契约的关系营销机制：服务业实证研究》，《南开管理评论》2005 年第 6 期。
② 李原、孙健敏：《雇用关系中的心理契约：从组织和员工双重视角下考虑契约中"组织责任"的认知差异》，《管理世界》2006 年第 11 期。

排名	篇　　名	作者	刊物名称	发表时间	被引频次
10	心理契约破裂与违背刍议	杨杰、凌文辁、方俐洛	暨南学报（哲学社会科学版）	2003/02	212
11	员工心理契约的结构及其内部关系研究	李原、郭德俊	社会学研究	2006/05	148
12	基于心理契约的知识型员工行为激励模型	肖缓	中国管理科学	2003/05	143
13	心理契约的测量与评定	陈加洲、方俐洛、凌文辁	心理学动态	2001/03	139
14	心理契约的概念、主体及构建机制研究	曹威麟、朱仁发、郭江平	经济社会体制比较	2007/03	120
15	员工心理契约结构维度的探索与验证	凌文辁、方俐洛	科学学与科学技术管理	2004/03	115
16	关于知识团队心理契约的分析	丁荣贵、张体勤	人类工效学	2002/03	114
17	基于心理契约的关系营销机制：服务业实证研究	罗海成、范秀成	南开管理评论	2005/06	113
18	雇用关系中的心理契约：从组织与员工双重视角下考察契约中"组织责任"的认知差异	李原、孙健敏	管理世界	2006/11	111
19	基于心理契约的高层管理团队凝聚力问题研究	陈忠卫、贾培蕊	管理科学	2004/05	103

注：被引频次是一个动态变化的数据，本表数据采集的时间是2014年10月15日。

（三）研究焦点

围绕关于心理契约违背的热门研究主题进行梳理，有助于从总体上把握国内过去学术理论发展的基本规律，研判未来可能的研究方向。在认真研读2001—2013年期间的185篇样本文献基础上，根据其研究主题和研究内容，笔者归纳整理出如表1-3所示的热门研究主题分布数据。现分别对每一热门主题的研究进展简述如下：

表 1-3 2001—2013 年期间"心理契约违背"的热门研究主题分布

研究主题	研究视角	关键词汇	论文数量
心理契约违背的形成与动态演变机理	外部诱因	科技进步,企业并购,企业重组,全球化竞争,雇佣契约转型,无边界时代	58
	内部动因	职业生涯发展阶段,扁平化,互惠承诺,弹性工作制,短期契约,工作满意度,双重视角	42
	理论基础	新制度经济学,博弈分析	6
心理契约违背的前因后果	前因变量	心理契约履行,组织公正,组织信任,领导部属关系	19
	中介变量或者调节变量	组织承诺,组织公民行为,管理者组织满意度	4
	后果变量	工作绩效,组织公民行为,企业家精神,员工流失,情绪耗竭,组织承诺,离职倾向,工作表现,员工忠诚	25
知识型员工的心理契约违背与破裂	知识型员工	创新人才,组织公正,价值认可,激励相容,文化引导	
	科技创新团队	科研群体,团队承诺,团队效率,团队文化	22
	高校师资队伍	人才流失,管理,创新型人才,人力资本,科技创新型团队,知识分享	
心理契约违背与破裂的应对策略	组织层面	心理契约重构,心理契约补救,文化构建,职业生涯管理,组织公正,组织支持,组织信任	
	雇员层面	角色定位,可雇佣性技能,灵活就业,职业生涯规划	26

注:由于同一篇论文可能存在热门主题的交叉,故存在数据重复统计现象。

1. 心理契约违背形成与动态演变机理

国内多数学者在分析心理契约违背与破裂的内在机理时,基本上遵循着莫里森和鲁滨逊的心理契约违背全过程模型,[①] 以及特恩利和费尔德曼

---

① Robinson S. L. , & Morrison E. W. ,"When Employees Feel Betrayed: A Model of how Psychological Contract Violation Develops", *Academy of Management Review*, 1997, 22.

（Turnley & Feldman）所提出的差异模型（discrepancy model）[①]。前者的贡献在于将雇员感知心理契约违背行为区分为三个阶段，即承诺未被履行、契约违背和违约破裂，从而澄清并结束学术界对契约破裂和违背相混淆的历史；后者的贡献在于揭示出心理契约破裂的三大因素，并指出雇员行为选择受到个体差异、组织实践和外部劳动力市场的共同影响。

国内学者杨杰、凌文辁、方俐洛曾明确反对心理契约违背和破裂存在时间先后差别的观点。他们坚持认为，心理契约破裂和违背反映的是关系主体对另一方契约履行的内容和程度的认同差异。[②] 这一观点与影响决策行为的心理账户（mental accounting）理论相一致，其原因在于，心理账户记载着显性契约与心理契约的违背现象，并且，当员工的心理契约违背感知累积到了心理账户极限值时，雇员才会显著地减少对组织的承诺，甚至萌生退出的念头。[③]

总体上看，心理契约违背与破裂的动因可以从两个角度看：

一是组织外部诱因。在竞争全球化、信息技术突飞猛进的时代，创业异常活跃，这些外部环境能够带给那么富有创新精神的人跃跃欲试的机会，并不断动摇着传统的心理契约关系。20世纪90年代，全球范围掀起第五次的企业并购和重组浪潮，带给员工心理契约的失衡，员工和企业间信息不对称、员工角色模糊感增强、对未来充满不确定性预期是心理契约违背的重要诱因。[④]

二是组织内部动因。等级森严的传统组织体系，已经无法保证组织对快速变化的市场需求作出迅速反应[⑤]，无边界组织或者扁平化组织的出现，

---

① Turnley W. H. , & Feldman W. C. , "A Discrepancy Model of Psychological Contract Violation", *Human Resource Management Review*, 1999 (3).

② 杨杰、凌文辁、方俐洛：《心理契约破裂与违背刍议》，《暨南学报》（哲学社会科学版）2003年第2期。

③ 赵立军、刘永芳、佟丽君：《组织公正管理——基于心理账户的视角》，《心理科学》2008年第5期。

④ 文先明、黄玉飞：《企业并购中的心理契约重建》，《工业技术经济》2010年第4期。

⑤ 段从清、杨国锐：《从科层制到扁平化——再论企业组织变革中下心理契约的重建》，《中南财经政法大学学报》2005年第6期。

使得雇员与组织间传统的心理契约被充满弹性的心理契约关系所取代。达成、维系和促进心理契约的健康发展是提高组织成长性的重要影响因素,①防止心理契约违背及其破裂后可能带来的负面效应成为管理工作巨大挑战。② 早在 2001 年,程兆谦就主张把心理契约的稳定状态,置于时间和空间两个维度来讨论,心理契约稳定与否取决于空间维度上企业内部吸引力和外部职业市场吸引力的相对大小,时间维度上目标承诺("使员工向前看"的力量)与组织经历("使员工向后看"的力量)间两种相反方向力量抗衡的结果。③ 马志强等学者还运用演化博弈理论,重点分析在不完全信息条件下,心理契约与员工行为选择之间具有动态的博弈关系,并得到十六种演化稳定策略。④

随着组织的不断发展,雇员个人对心理契约内容关注点的转移,也会导致发生心理契约违背与破裂,并且,这种现象在如今已经十分普遍。彭正龙等认为,受新经济冲击的影响,新老员工对劳资双方的雇佣关系具有不同的期待,由于新员工更加重视工作—生活平衡,更喜欢弹性工作制,所以,相对于老员工而言,新一代员工感知到心理契约破坏的情形在减少。⑤ 事实上,不同性质的心理契约违背或者心理契约履行可能存在着不同的形成机理和演化规律,如国内学者张生态、杨蕊还将心理契约破裂区分为规范维度、人际维度和发展三个维度,并分别验证它们与员工工作绩效的关系。⑥

从博弈角度看,心理契约违背的形成可以认为是雇员和组织之间博弈的某种结果。赵涛、焦燕莉通过建立一个不完全信息条件下的博弈模型,分析了员工和组织发生相互作用时的行为选择和均衡结局,指出交易型心

① 王建军、白晓君、魏东:《无边界时代的员工心理契约管理》,《管理现代化》2008 年第 4 期。

② 陈忠卫、陈传明:《创业团队、心理契约与企业家精神传承》,《改革》2008 年第 12 期。

③ 程兆谦:《购并整合中的心理契约重构》,《当代财经》2001 年第 1 期。

④ 马志强、李钊、朱永跃:《基于心理契约的员工行为选择博弈分析》,《工业技术经济》2011 年第 7 期。

⑤ 彭正龙、沈建华、朱晨海:《心理契约:概念、理论模型以及最新发展研究》,《心理科学》2004 年第 2 期。

⑥ 张生态、杨蕊:《心理契约破裂、组织承诺与员工绩效》,《科研管理》2011 年第 12 期。

理契约的组织存在着伪装动机，从而揭示了心理契约违背的可能性。[①] 后来，赵卫东、吴继红借助心理契约的基本博弈模型、不确定状态下博弈模型，以及动态博弈模型的构建，比较分析了心理契约违背形成的内在机理。他们认为，形成心理契约必然要求遵循的基本要求是和则两利、斗则双弊。[②] 另外，李祥、顾建平还从新制度经济学的视角分析了心理契约自我履行机制，他们认为，心理契约自我履行机制之所以有效运作，需要同时具备两个前提条件：一是心理契约双方应符合"契约人"假设，即双方应具有限理性与机会主义的特质；二是组织与员工间关系具有稳定性。[③] 如果新创企业在一个较短时间内行将解散，雇员又会在一个较短时间内选择离职，那么，组织与雇员之间就不存在重复博弈的可能性。

2. 心理契约违背与破裂前因后果

特恩利和费尔德曼认为，员工在感知到发生心理契约违背以后，可能会采取以下四种行为：退出（exit）、呼吁（voice）、忽略（neglect）和组织忠诚（loyalty）。由此概括形成了一个比较成熟的 EVLN 行为分析模型。[④] 他们将雇员对组织行为的反应，置身于一个较为广泛和抽象解释层次的做法，已经被国内学者不断沿用。如李燚、魏峰以 512 位组织管理者的问卷数据为依据，实证检验了管理者的组织满意度对组织心理契约违背与管理者 EVLN 行为之间的关系起到中介作用。[⑤]

自 2006 年以来，国内学者围绕心理契约违背前因与后果变量的实证研究不断升温。李原、孙健敏紧紧抓住心理契约破裂的本质在于认知评价的特点，独辟蹊径地从组织和员工双重视角考虑契约中关于"组织责任"的认知差异，结合 186 对管理者—员工配对样本的数据，实证研究发现，这

① 赵涛、焦燕莉：《基于心理契约的员工和组织行为选择博弈》，《求索》2008 年第 4 期。

② 赵卫东、吴继红：《心理契约形成机理的博弈分析》，《软科学》2011 年第 9 期。

③ 李祥、顾建平：《新制度经济学视角下的心理契约：内涵与自我履行机制》，《华东经济管理》2010 年第 5 期。

④ Turnley, W. H. & Feldman D. C., "The Impact of Psychological Contract Violations on Exit, Voice, Loyalty, and Neglect", Human Relations, 1999, 52.

⑤ 李燚、魏峰：《组织心理契约违背对管理者行为的影响：满意度为中介变量》，《管理评论》2007 年第 9 期。

种认知差距较为显著地影响到员工对组织承担的责任意识、员工的工作相关态度。[1] 沈伊默、袁登华以来自上海、广州、深圳、南昌等四个城市32家企业的398名企业员工问卷为依据，实证探讨了组织支持感和领导—部属交换在心理契约破坏感对员工工作态度（组织认同和留职意愿）、与员工组织公民行为（利他行为、个人主动性、人际和谐和保护公司资源）关系中的中介作用。[2] 而袁勇志、何会涛从社会交换理论的角度，实证检验了组织支持感（perceived organizational support，简称POS）、领导与成员交换关系（leader-member exchange，简称LMX）对心理契约违背的显著负效应。[3] 汪林、储小平以中国民营企业为研究对象，实证检验了中国传统性对员工心理契约违背与员工工作表现间关系所起的调节作用。[4] 樊耘等学者从客观事实（雇佣类型）和主观感受（持续承诺）两个方面，验证了雇佣关系对心理契约违背的影响。[5]

值得关注的是，国内学者正在突破把心理契约违背作为整体加以研究的局限性，尝试就心理契约内部具体结构的违背进行专门研究。如李燚、魏峰的实证研究将其区分为交易型、关系型和管理型心理契约违背三种形式，[6] 而张生态、杨蕊则采用252份来自存在心理契约违背现象的有效样本，实证检验了心理契约破裂的规范维度、人际维度、发展维度等三大维度和员工绩效之间存在的相关性，并进一步发现，组织承诺在心理契约破裂与员工绩效间所起的中介作用。[7]

---

① 李原、孙健敏：《雇用关系中的心理契约：从组织和员工双重视角下考虑契约中"组织责任"的认知差异》，《管理世界》2006年第11期。

② 沈伊默、袁登华：《心理契约破坏感对员工工作态度和行为的影响》，《心理学报》2007年第1期。

③ 袁勇志、何会涛：《组织内社会交换关系对心理契约违背影响的实证研究》，《中国软科学》2010年第2期。

④ 汪林、储小平：《心理契约违背与员工的工作表现：中国人传统性的调节作用》，《软科学》2008年第12期。

⑤ 樊耘、纪晓鹏、邵芳：《雇佣契约对心理契约破坏影响的实证研究》，《管理科学》2011年第6期。

⑥ 李燚、魏峰：《组织心理契约违背对管理者行为的影响：满意度为中介变量》，《管理评论》2007年第9期。

⑦ 张生态、杨蕊：《心理契约破裂、组织承诺与员工绩效》，《科研管理》2011年第12期。

考虑到以问卷形式直接测量心理契约违背难以获得令人满意的信度，即使测量时采用反向题，也会让被调查者生畏，所以，国内部分学者尝试采用心理契约实现或者心理契约履行，来取代心理契约违背的测量方法，同样能够取得"一枚硬币具有两面性"的效果。如余琛从工作支持、内部培养、工作稳定、外部推荐等四个角度考察心理契约履行的水平，并以159名在职人员的调查数据为依据，实证研究发现：不同心理契约履行水平下，员工的组织公民行为存在显著差异性。①

3. 知识型员工心理契约违背与破裂

被学术界普遍接受的知识型员工概念是由德鲁克（Drucker）提出来的。他认为：知识型员工是指那些掌握和运用符号、概念，利用知识和信息开展工作的人群。② 后来，伴随人们对知识经济时代背景认识不断趋向深刻，知识型员工的外延被拓宽到所有以脑力劳动作为主要形式，并创造财富的人。由于知识型员工在组织中所处的独特地位和重要贡献，越来越多的组织和管理层开始认识到，知识型员工的生产率已经成为21世纪管理的重要任务。第六章则专门就如何以可雇佣性为导向，加强知识型员工的心理契约管理问题做一深入分析。

围绕知识型员工这一特定群体的心理契约问题，引起了国内学术界的广泛兴趣。特别是就高校师资队伍、③ 民营企业经理人、④ 高新技术企业知识型员工、⑤ 创新型团队成员⑥等知识型员工与组织间心理契约违背的主题，研究成果呈现出快速增长态势。

① 余琛：《心理契约履行和组织公民行为之间的关系研究》，《心理科学》2007年第2期。

② Drucker P. F.，" Knowledge-worker Productivity：The Biggest Challenge "，*California Management Review*，1999（2）。

③ 以高校师资作为研究对象的文献呈现增长态势，如高晓芹：《基于心理契约的高校教师职业生涯管理》，《山西财经大学学报》（高教版）2006年第4期；商磊、王金涛：《高校师资管理改革中的心理契约违背问题分析》，《北京交通大学学报》（社会科学版）2009年第4期。

④ 孙栓国、施祖留：《民营企业经理人心理契约管理研究》，《华东经济管理》2007年第12期。

⑤ 李华 、张光宇：《高新技术企业知识型员工流失风险管理——基于心理契约的视角》，《科技进步与对策》2009年第8期。

⑥ 朱学红、胡艳、黄健柏、杨涛：《科技创新团队心理契约的违背与重建》，《预测》2007年第6期。

知识型员工的心理契约违背有其特殊性，表现在：

第一，知识型员工的学历层次相对较高，能够更加容易理解和深刻体会心理契约的交换关系本质。在新创企业中，这种心理契约关系更多地体现在新创企业对雇员的"体谅"和雇员对新创企业的"道德"之间的对等交换过程之中。

第二，知识型员工对成就感的强烈动机，导致对能够支撑其自我价值实现的组织氛围的要求更高，对精神型满足的需求更加强烈，所以，发生关系型心理契约违背的后果更加可怕。钟美瑞、黄健柏的研究进一步指出，导致创新型人才一些负面行为的心理契约违背，通常是关系型心理契约违背。①

第三，知识型员工具有较高可雇佣能力，职业安排的主动权大，重新选择职业的成功机会多，发生心理契约违背可能性也大大提高。杨友孝、周存甚至认为，知识型员工流失在很大程度上是心理契约违背的必然结果，② 在科技创新团队内部，如果心理契约遭到违背，同样可能会出现包括离职、申诉、沉默、破坏/忽略等四种结果。

如果说那些从事简单作业的普通工人更多地要求企业能够多提供培训和学习机会，以提高自身可雇佣能力的话，而那些知识型员工则更加侧重于追求工作的内在报酬和自我价值实现的目标。苏中兴、刘松博区别了知识型员工视角的组织责任，包括物质保障责任、职业发展责任和企业文化责任。相对于组织的物质保障责任而言，企业文化责任的违背对工作满意度的影响更为显著，其离职意向也更加强烈。③

4. 心理契约违背与破裂的应对策略

根据员工入职时心理契约初步形成，到离职时心理契约彻底破裂的动

---

① 钟美瑞、黄健柏：《基于心理契约的创新人才管理及其激励相容约束设计》，《科技进步与对策》2008 年第 5 期。

② 杨友孝、周存：《知识型员工流失的深层次研究：基于心理契约的视角》，《广州大学学报》（社会科学版）2008 年第 12 期。

③ 苏中兴、刘松博：《知识型员工心理契约的内容、结构与违背研究》，《管理评论》2007 年第 11 期。

态过程，企业可以采取富有针对性的管理策略。如真实岗位预视、① 塑造双方认同的愿景和企业文化、② 加强薪酬福利管理、坚持以能力为本、加强沟通、及时补偿和离职面谈等方法，都能有效地防止员工流失。罗帆、许彦妮创造性地提出人才流失预警管理运作模型，该模型特别注重组织和员工的互动影响，以及在互动过程中员工心理在组织行为影响下的变化。从应对策略角度看，管理者要特别关注员工心理契约的变化轨迹，才能达到"防患于未然"似的预警管理之效果。③

由于科技创新团队与成员间本身存在一种持续互动过程，所以，心理契约重建或者修复的第一要务在于重塑团队心理契约基础。如进行团队文化再造、核心价值观调整、内部运营制度完善等。针对创新型人才心理契约更多地倾向于关注关系型心理契约的客观事实，钟美瑞、黄健柏提出要维持创新人才心理契约与人才资源管理相匹配的激励相容约束设计的政策主张，具体应对策略包括：建立过程公平和结果公平的双公平体制，引导创新人才进行心性开发，建立物质激励和非物质激励的综合手段。④

三、心理契约违背的研究趋势

通过对国内心理契约违背的 185 篇学术论文的文献计量和内容分析，可以发现：第一，国内关于心理契约违背与破裂的研究经历了从少到多，继而蓬勃发展的过程；第二，自 2006 年开始采用实证研究方法以来，高质量研究成果迅速涌现；第三，高校是关注心理契约违背与破裂问题研究的主体，对此领域的研究感兴趣的研究机构数量与日俱增；第四，在高层次

---

① 杨友孝、周存：《知识型员工流失的深层次研究：基于心理契约的视角》，《广州大学学报》（社会科学版）2008 年第 12 期。

② 陈燕、王登奎、邓旭：《知识型员工心理契约违背特点分析及对策》，《经济体制改革》2006 年第 2 期。

③ 罗帆、许彦妮：《基于心理契约的人才流失预警模型》，《中国地质大学学报》（社会科学版）2007 年第 5 期。

④ 钟美瑞、黄健柏：《基于心理契约的创新人才管理及其激励相容约束设计》，《科技进步与对策》2008 年第 5 期。

科研基金的大力支持下，国内学者对心理契约违背和破裂的研究正在朝本土化、规范化和国际化接轨的方向转变。

尤其是在经历 2008 年世界性金融危机之后，员工与新创企业间心理契约关系更具短期性、动态性、复杂性和隐蔽性，发生心理契约违背的概率在增大。另外，中国政府提出坚持中国特色的科学发展观战略，注定是一条注重以人为本和以生态为本的价值取向相统一道路。具体到企业层面，它既要求让职工工作更加体面、生活更有尊严，又要求企业突出内涵式发展，发挥科技引领之效力，更加关注社会责任。在未来很长一个时期内，构建和谐劳动关系的压力，将对企业传统的人力资源管理模式带来巨大挑战。也正是基于这种现实背景，国内关于心理契约违背的研究必将迎来一个黄金机遇期。

（一）信任关系与心理契约违背

心理契约违背是否必然会导致心理契约破裂，或者说，雇员对组织没有履行全部或者部分承诺的"认知评价"，是否必然会导致破裂性的情绪反应呢？国外学者帕泽福尔和科伊尔—夏皮洛（Parzefall，Coyle-Shapiro）注意到，雇员对心理契约违背的反应，同样受到他与所在组织间关系的影响，[①] 如雇员对雇主的信任感、可感知的组织支持感、[②] 来自主管个人的支持可以削弱心理契约违背带来的负面影响。

组织内的信任关系是基于对组织的一种正面期望，雇员认为组织行为会有利于自己利益或者至少不会使自己利益受损时所表现出来的一种脆弱性。国内学者韦慧民、龙立荣在文献综述基础上，得出初始信任水平将影响到后期信任的发展趋势、心理契约违背的知觉、工作态度的发展、组织

---

① Parzefall M. R., & Coyle-Shapiro J., "Making Sense of Psychological Contract Breach", *Journal of Managerial Psychology*, 2011, 26 (1).

② Dulac T., Coyle-Shapiro J., Henderson D. J., & Wayne S., "Not all Responses to Breach are the Same: The Interconnection of Social Exchange and Psychological Contract Processes in Organizations", *Academy of Management Journal*, 2008, 51 (6).

公民行为以及绩效结果等基本主张。① 苏亚佐曾实证支持了领导下属关系（LMX）在心理契约破裂与心理契约违背之间所起的调节作用。② 赵红丹、彭正龙、梁东还曾选取本土企业管理者及其直接下属 504 个配对样本，实证结果表明：组织信任与心理契约违背显著负相关，心理契约违背在组织信任和知识分享之间起部分中介作用。③

在国内，基于信任关系视角来研究心理契约形成与违背才刚刚起步。笔者认为，未来应当在区别信任性质（交易型信任和情感型信任）、信任类型（员工—高管间信任、员工—组织间信任、员工—企业间信任、消费者—企业间信任等）的基础上，比较信任关系对心理契约违背的影响。另外，在"伦理本位"的中国社会里，特定的"人际关系"影响着中国企业中信任水平，这可能会使克拉姆（Kramer）提出的六类信任模型，放在中国信任研究中存在着一定的局限性，④ 所以，加快开发本土化的信任量表，是推进心理契约违背问题研究朝纵深方向的瓶颈。

（二）可雇佣性与心理契约违背

传统心理契约理论认为，员工会通过努力付出，以换取被组织终身雇佣或者获得长期职业安全的机会。在过去十多年时间里，心理契约违背问题的研究，基本上局限在这种思维逻辑范围之内。然而，在知识经济年代，无边界组织不断出现，传统的心理契约也正在被以可雇佣性为导向的心理契约关系所取代。这里的可雇佣性导向体现在员工从事某项特定工作所具备的一系列充满进取精神的灵活适应能力上，可以从职业生涯识别、

---

① 韦慧民、龙立荣：《组织中人际初始信任研究述评》，《心理科学进展》2008 年第 2 期。

② Suazo M. M., "The Impact of Affect and Social Exchange on Outcomes of Psychological Contract Breach", *Journal of Managerial Issues*, 2011, 13 (2).

③ 赵红丹、彭正龙、梁东：《组织信任、雇佣关系与员工知识分享行为》，《管理科学》2010 年第 6 期。

④ 徐莉莉：《基于六类型信任模型的中国企业不信任问题应对策略研究》，《经济经纬》2009 年第 1 期。

个人适应能力、社会资本与人力资本三个方面加以评判。①

可雇佣型心理契约并不是对传统心理契约的否定，而是对心理契约内容结构的重大调整，它赋予了心理契约更多的知识获取、技能提高和职业发展方面的需求。② 在员工越来越崇尚短暂、临时性的雇佣关系的未来社会里，如何实现从传统心理契约到可雇佣型心理契约管理模式的转型是一项十分紧迫的现实课题。

新入职员工对可雇佣性方面的关切度相对较高。刘军、刘小禹、任兵曾采用追踪研究的方法，收集员工入职前、参加工作后 1 年以及工作后 2—3 年这样三个不同时间点数据，实证研究发现：如果对组织充满高度的义务感，则会促使员工更加积极地履行心理契约，同时，如果他对组织充满高期望值，则更加容易让员工觉得组织心理契约履行不足，由此更容易导致员工离职。在一定程度上，这种研究也揭示出把可雇佣性纳入到心理契约范畴加以研究的必要性。③

笔者认为，崇尚知识、尊重人才的新经济时代已经到来，对于那些注重追求自身可雇佣性技能，关注可雇佣型心理契约的知识型员工而言，他们既可能对组织充满着强烈的义务责任感，对组织寄予更高的责任和期望，但是，如果发生心理契约违背，他们也极可能选择离职。基于这种现实背景和发展趋势，对可雇佣型心理契约问题加以深入实证研究也显得极为迫切。

（三）心理契约违背的国际差异比较

未来研究应当充分结合中国传统文化的历史积淀，充分结合我国转型经济的时代背景。中国是一个深受儒家"中庸之道"处世哲学影响的国度，形成了追求"以和为贵"的独特个性，即使是发生了心理契约破裂，

---

① Fugate M．, Kinicki A. J．, & Ashforth B. E．, "Employability：A Psycho-social Construct and Its Dimensions, and Applications", *Journal of Vocational Behavior*, 2004, (65).

② 郝喜玲、陈忠卫：《可雇佣型心理契约的维度及其测量》，《商业经济与管理》2012 年第 3 期。

③ 刘军、刘小禹、任兵：《员工离职：雇佣关系框架下的追踪研究》，《管理世界》2007 年第 12 期。

仍有可能采取折中、妥协态度，期待组织能够"回心转意"。于珊、陈晓红首次尝试对心理契约违背后工作态度做中美跨文化的实证比较，她们认为，中国员工较美国员工更加重视关系维度，而美国员工则更加重视交易和工作维度。[①] 彭正龙、赵红丹在研究中国组织情境下强制性公民行为时发现，中国人传统性显著地调节强制性公民行为和员工周边绩效之间的关系。[②]

我国正处在传统制造业向先进制造业升级的阶段，信息技术迅速改造传统工业价值链已经成为"工业化4.0"时代的典型特征。高技能员工的供给和企业专用性人力资本的积累既是单个企业需要关注的问题，也是整个国家需要关注的重大课题。翁杰曾以经济合作与发展组织（OECD）发布的数据，从国际比较角度，分析了包括在任职期限分布、短期工作转换率、就业保护等方面雇佣关系稳定性的差异性，实证结果还发现，雇佣关系稳定性与企业培训实践在这些经合组织国家之间并不存在明显差异性，而且，那些雇佣关系稳定的国家并非一定是企业人力资本投资较多的国家。[③] 显然，以可雇佣性为基础的心理契约关系，正在成为学术界和实业界共同的挑战，围绕可雇佣性心理契约违背问题的国际差异性比较研究，将有助于探索并发现适合我国人力资源管理实践的新模式。

（四）心理契约违背的案例研究

心理契约违背与修复，是企业与员工之间持续互动的心理变化与行为调整过程。从发生心理契约违背的事实看，企业与雇员均同时扮演着主客体的双重身份。[④] 案例研究法的优势在于探索那些难以从所处情境中分离

---

① 于珊、陈晓红：《员工心理契约及其违背后工作态度的中美跨文化比较》，《系统工程》2008 年第 2 期。

② 彭正龙、赵红丹：《组织公民行为真的对组织有利吗——中国情境下的强制性公民行为研究》，《南开管理评论》2011 年第 1 期。

③ 翁杰：《企业中的人力资本投资研究：基于雇佣关系稳定性的视角》，经济科学出版社2010 年版，第 3 页。

④ 段从清、杨国锐：《从科层制到扁平化——再论企业组织变革中下心理契约的重建》，《中南财经政法大学学报》2005 年第 6 期。

出来的现象，特别适用于探索"为什么（why）"和"如何（how）"的新问题，比较适合于分析心理契约违背的内在机理，以及如何修复心理契约破裂过程。然而，稍许遗憾地发现，关于心理契约形成与违背的案例研究论文，在过去十多年时间里，只有7篇。笔者认为，基于本土化情境来研究心理契约违背和破裂存在较大的应用空间。它也是真正实现从以"管理理论在中国"为主要特征的引进消化阶段，向创建"中国式管理理论"阶段的重要使命。

案例研究特别适用于理论建构的初期。由于关于心理契约违背和破裂的一些前沿课题在中国尚没有前人研究成果可循，甚至还没有作出任何分类性研究或者提出相应的理论假设，所以，案例研究法十分适用于国内学者来研究与可雇佣型心理契约相关的问题。另外，在有效设计案例研究具体操作方案的前提下，并不排斥研究者可以利用来自案例企业与雇员的一手数据，开展关于心理契约违背实证研究的可能性。

四、研究方法

本书以新创企业为研究对象，专指成立时间在八年以下的中小企业。之所以作出这样的限定，主要考虑如下四个事实：一是在大众创业、草根创业迅速崛起的背景下，新创企业的绝对数量在全国各地都占有较高的比重。二是雇员与新创企业间的心理契约处在创建阶段。由于新创企业"寿命短"是一种普遍现象，所以，发生心理契约违背的可能性也特别高。三是在新创企业中，虽然企业家具有强烈的成就欲望，但是，创业团队成员普遍不够稳定。四是在新创企业中，"机会型成长"与"任人唯亲"是创业者习惯采取的管理方式，[①] 企业内部知识型员工跳槽行为频发。

在弗拉姆豪茨与兰德尔（Flamholtz & Randle）的研究中，他们明确指

---

① 张玉利著：《企业家型企业的创业与快速成长》，南开大学出版社2003年版，第132页。

出了创业型企业与管理规范型企业两大成长阶段。[①] 虽然与此观点没有严格意义上对应性，但是，本书所关注的新创企业多数处在他们所指出的"创业型企业"阶段。国内新创企业成长初期的典型特征是，资金实力有限，创业者与创业团队对企业成长发挥着关键性作用，招聘到足够数量的优秀雇员难度大，而且，企业经营业务颇具不稳定性。

笔者的研究旨在于探索在新创企业里员工可雇佣性和心理契约相交融的内在机理，考察可雇佣型心理契约从形成、发展、违背到破裂的动态过程，比较可雇佣型心理契约的差异性，实证检验可雇佣型文化、心理契约违背与角色绩效之间关系，最后，从可雇佣性技能开发、防止可雇佣型心理契约违背、加强心理契约转型等角度出发，结合国内新创企业成长特点，提出有针对性的管理策略。

根据上述研究对象定位和预设的研究目标，笔者在研究过程中主要采取以下方法：

（一） 文献计量分析法

在绪论部分，关于国内心理契约及其违背研究的进展分析，采用了文献计量法。通过对中国十多年来相关主题文献的梳理，可以有助于揭示在此研究领域内文献增长的态势，从多个层面考察国内学者对此领域的研究轨迹，发现心理契约违背研究的最新发展趋势。所采用的文献依据是南京大学 CSSCI （2012—2013） 来源期刊，借助中国知网内"中国期刊全文数据库"，对源自管理学、经济学、心理学、综合性社科以及高校综合性学报的期刊（含扩展版）所载发的 185 篇论文进行比较和归类，从整体上评析了国内心理契约违背的研究进展和未来的发展方向。

（二） 实地访谈法

由于可雇佣型心理契约隐藏在每一位雇员的内心深处，难以书面化，并

---

① Flamholtz E. G. & Randle Y. , *Growing Pains: Transitioning from an Entrepreneurship to a Professional Managed Firm*, Fourth Edition, Wiley Publishing Inc. , 2007, p. 93.

且，心理契约违背是雇员对新创企业未能兑现承诺的一种主观评价，雇员一般并不愿意轻易对外倾诉其真实心态，这是本书研究过程中的最大难题。

在征得企业同意和个人愿意配合的前提下，先后在安徽省、江苏省、浙江省、甘肃省、山东省、四川省和北京市、天津市、上海市，对24家新创企业的主要负责人进行过访谈，每位企业家的访谈时间一般不少于120分钟。

笔者在2012年10月—2014年2月期间，受中共中央统战部遴选，曾挂职甘肃省白银市人民政府副市长。在政府行政工作之余，经常性地深入所辖的三县两区①政府职能部门（尤其是科技、商务、供销、工商、质监、统计、工信等），调查走访了60多家新创企业，并曾围绕新创企业与员工间心理契约问题进行专题调研。此书成果和其中相当多的观点，源自笔者与新创企业创业团队成员、新创企业员工面对面访谈时所获得的灵感。

在实地访谈方案设计方面，除关注到企业员工与政府官员发生心理契约违背的差异性外，还特别注意到，访谈对象和样本选择既要关注到经营业绩好的企业内部雇员，又要设法努力扩大以下两类访谈对象和样本数量：一是在已经消失企业中曾经工作过的员工，二是经营上遭遇挫折或者正在陷入困境的新创企业员工。

（三）实证研究法

围绕着关键变量及其变量间关系，先后设计了"可雇佣型心理契约及其差异性""可雇佣型文化与心理契约实现"和"知识型雇员可雇佣性"等调查问卷（见表1-4）。通过与企业家面对面访谈和实地发放问卷等途径，获得较为翔实的第一手数据，确保获得的实证结论更加符合国情。问卷发放与回收基本上利用暑假期间展开，前两份问卷发放时间集中在2011年7—9月，后两份问卷发放和回收时间集中在2012年7—9月。

值得说明的是，第四份问卷《知识型员工可雇佣性调查问卷》（见附

---

① 甘肃省白银市是于1958年4月经国务院设立的地级市，现辖靖远、会宁、景泰三县及白银、平川两区。位于黄河上游甘肃省中部地带，以采掘业、能源和原材料为主的工业城市。近年来，形成了以有色金属、化工、陶瓷建材、装备制造、农畜产品深加工等产业链体系。

录2）专门面向特定案例企业定向发放。在问卷发放与回收过程中，首先获得了中粮集团蚌埠涂山热电公司高管层的同意，然后，在该公司人事部门协助下完成问卷回收工作。与此同时，还对该企业部分中高层管理者，进行了访谈录音，从中也获得了研究可雇佣性与离职倾向关系时很有价值的启示。特别是把婚姻作为调节变量的研究，完全是受到对公司知识型员工离职倾向进行调研后的事实所启发，具有高度的学术原创性。

表1-4　实证研究方法应用

问卷名称	研究主要目的	成果体现	问卷发放数量	问卷回收数量	有效问卷回收率（%）
可雇佣型心理契约及其差异性	1. 提炼可雇佣型心理契约三个维度 2. 比较可雇佣型心理契约差异性	第三章	275	209	76.00
可雇佣型文化与心理契约实现	1. 可雇佣型文化与雇员角色绩效 2. 心理契约违背的中介效应	第四章	220	182	82.73
组织公正感与角色绩效	1. 组织公正感与雇员角色绩效 2. 组织承诺的中介效应	第五章	350	280	80.00
知识型员工可雇佣性	1. 区分内部可雇佣性和外部可雇佣性 2. 可雇佣性对离职倾向的影响 3. 婚姻对调节效应	第六章	427	354	82.90

（四）案例研究法

案例研究法优势在于可以对真实现象进行深入描述，尤其是对于研究"为什么"和"怎么样"的研究问题，能够发现其来龙去脉。为了研究内部可雇佣性和外部可雇佣性对离职倾向的影响，笔者有意识地选择中粮蚌埠涂山热电公司作为案例研究对象。这是一家典型的科技型企业，公司知识型员工比重高，每年发生员工离职的规模属于行业内企业正常水平，发生员工离职的原因也具有典型意义。

为了提高案例研究质量和深度，在对该公司采取案例研究同时，还面向公司内部发放并回收有效问卷354份，进一步展开实证研究，获得了富有价值的一些新发现。

五、研究框架

本书以中国经济转型时期新创企业面临生存和持续性成长的双重压力，以及员工与企业间心理契约内容悄然发生转移为研究背景，把可雇佣性视为心理契约关系的焦点，提出可雇佣型心理契约概念，并重点研究了可雇佣型心理契约形成、发展与违背的内在机理。

全书共分八章，体现了从关键概念和管理实践入手，导出研究可雇佣型心理契约问题的必要性和紧迫性，通过文献计量、实证研究和案例研究相结合的方式展开，各部分之间相对独立，但又彼此关联，形成体系（见图 1-2）。

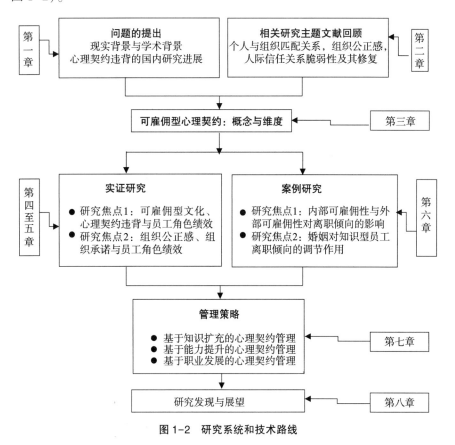

图 1-2 研究系统和技术路线

第二章　可雇佣型心理契约的
逻辑起点与核心主题

对于新创企业来说，形成有利于促进其可持续成长的心理契约关系是一件需要创业者、企业雇员共同努力的重要任务。不管何种原因引发，也不管受到何等严重的心理契约违背，无疑都会给新创企业一种雪上加霜的负担，所以，必须引起创业者的高度重视。相比较于大公司而言，在新创企业成长过程中，雇员与企业间的可雇佣型心理契约更加充满动态性。这是因为：企业规模在变，雇员流动性更大，创业者与雇员之间的关系微妙，雇员对在快速成长中的企业所期待获得的回报也各不相同。

从与就业能力相关联的角度看，可雇佣性体现在每一位员工个体身上，而心理契约反映的是员工与其所在组织之间的关系，那么，对可雇佣型心理契约的研究，必须坚持两大逻辑起点：一是个体与组织间的关系，二是个体与个体间的关系。以此为理论依据，结合新创企业成长的特点，与可雇佣型心理契约密不可分的核心主题集中在：个人与组织匹配关系，个人对组织公正感的评价，个人与个人相处所形成的人际关系。本章拟先对这三大主题的理论渊源及发展趋势做一分析，并简要阐述它们与新创企业关系，以期为后续实证研究奠定理论基础。

一、个人与组织匹配关系

理论界对个人与组织间匹配关系的探讨，是从对个人　环境匹配（person-environment fit，简称 PE fit）这一相对较为宽泛的概念逐步深入展开的。一般认为，外部创业环境优化有助于让更多具有创业意愿的人下定决心从事创业活动，新创企业与其内部员工之间的匹配，有助于让更多员工真心诚意地与创业团队成员一道促进企业成长。诚如李克强总理在 2014 年达沃斯论坛开幕式致辞中所指出的那样：

关键是要进一步解放思想，进一步解放和发展生产力，进一步解放和增强社会活力，打破一切体制机制的障碍，让每个有创业愿望的人都拥有自主创业的空间，让创新创造的血液在全社会自由流动，让自主发展的精神在全体人民中蔚然成风。借改革创新的东风，在 960 万平方公里的土地上掀起一个"大众创业""草根创业"的新浪潮，中国人民勤劳智慧的"自然禀赋"就会充分发挥，中国经济持续发展的"发动机"就会更新换代升级。

回顾中国改革开放以来每一回的破茧化蝶过程，正是靠全社会创新创业的精神，并且，这种创新绝不只是停留在技术突破的单一层面，而是包括体制机制在内的全方位创新，是对创业环境全面优化。只有让创业者与其所处的环境相匹配，才有可能引发大众创业的热潮。

自勒温（Lewin）在 20 世纪 30 年代提出个人和环境交互作用的匹配关系以来，互动心理学的研究先后经历个人—环境匹配、个人—职业匹配、个人—工作匹配、个人—个人匹配、个人—团队匹配，这种匹配关系反映的都是两者之间一致性、吻合度和相互支撑关系。[1] 早期学者们比较关注在什么样条件下能够形成匹配关系，后来转而关注各种匹配关系对组织效率的影响。20 世纪 90 年代，学术界开始关注起个人—组织匹配（person-organization fit，简称 PO fit）的实证研究，尤其是选择从个人与组织之间的兼容性视角，来研究个人—组织间匹配性问题。[2]

---

[1]　孙巍、陈忠卫：《个人—组织匹配理论的发展脉络与研究焦点》，《上海市经济管理干部学院学报》2012 年第 5 期。

[2]　Kristof A. L. , "Person-organization Fit: An Integrative Review of Its Conceptualizations, Measurements and Implications", *Personnel Psychology*, 1996, 49.

在新创企业成立之初，创业者往往会面临一大堆无法度量的创业风险，而雇员出于对新创企业前景的担忧，并不会坚定自己在某一家创业型小企业中做长期职业发展的思想准备。如何吸引那些志同道合的雇员加盟新创企业，并设法让这些雇员能够与企业同甘共苦，将个人目标追求与新创企业成长实现有机结合，必须从关注雇员与新创企业所面临的宏观社会环境之间能否保持匹配关系入手。

（一）理论渊源

个人—组织匹配（PO fit）是指个体特征与他们所处的组织内部工作环境之间所产生的一致性。[1] 在组织创建和发展过程中，个体与他们所处的工作环境形成了一种动态变化的适应过程，其一致性程度受到个体特征、组织规模、工作复杂程度等因素的影响。在这种互动过程中，如果个体和组织能够达到较高的匹配程度，必将有助于提高员工的工作满意度，有助于促进员工保持健康向上的工作心态，[2] 缓解工作压力和降低离职倾向，[3] 进而为组织产生更多有益的角色绩效。

1. 个人—职业匹配（person-vocation fit，简称 PV fit）

俗话说，人尽其才，才尽其用。这里强调的是个人—职业匹配（PV fit）。从个人与职业匹配的研究范围看，重点考察的是个人职业偏好与所从事的真实职业是否存在相互匹配问题。根据苏泊（Super）的分析思路，个人—职业匹配实际上是自我概念认知的职业，是否与个人相一致的过程。[4] 当员工个体所持有的兴趣偏好无法与工作的需求达成一致时，或者说，他

① Kristof-Brown A. L., Zimmerman R. D., & Johnson E. C., "Consequences of Individuals' Fit at Work: A Meta-Analysis of Person-Job, Person-Organization, Person-Group, and Person-Supervisor Fit", *Personnel Psychology*, 2005, 58.

② Furnham A., & Schaeffer R., "Person-Environment Fit, Job Satisfaction and Mental Health", *Journal of Occupational Psychology*, 1984, 57.

③ Liu Qin Yang, Hong Sheng Che, Spector P. E., "Job Stress and Well-Being: An Examination from the View of Person-Environment Fit", *Journal of Occupational and Organizational Psychology*, 2008, 81.

④ Super D. E., "A Theory of Vocational Development", *American Psychologist*, 1953, 8.

对自身职业并不感兴趣，抑或不再怀有如从前一样的好感时，便会根据自身的兴趣和人格特征，选择离开现有的工作岗位，重新选择一份适合自身发展的新职业。

2. 个人—工作匹配（person-job fit，简称 PJ fit）

个人—工作匹配（PJ fit）可以理解为个人所具有的能力和从事某个特定工作的需要，或者个人的目标追求和内在需求与某个特定工作的属性之间的匹配。这种匹配主要包括：需求与供给匹配、能力与要求的匹配。从总体上看，任意一种匹配如果获得较高程度，都会对于员工的工作态度和工作满意度产生积极影响。[1] 所以，在新创企业中，工作往往被看作是个人努力去完成以换取就业的任务。[2]

3. 个人—团队匹配（person-group fit，简称 PG fit）

个人—团队匹配（PG fit）反映的是个体与其团队伙伴之间在技能、能力和人际关系方面是否兼容的问题。无论是新创企业的创业团队，还是大公司高层管理团队，无论是本组织内部跨职能部门团队，还是跨组织间所组成的群体，都是为了完成特定的目标服务，群体成员相互依赖，密不可分，所以，团队内部必然也存在某种规范，或者会出台一些约束彼此行为的制度。客观上说，为了应对外部环境复杂性和多变性对组织所造成的重大挑战，团队这一组织形式越来越得到广泛应用。

尤其是在团队创业模式中，如何让每一位个体成员能够与团队形成高度的匹配性，已经成为实现团队创业目标和高效率地完成预期任务的关键。笔者曾专门研究过创业团队企业家精神的问题，并指出：个体成员与其创业团队之间健康的心理契约关系，将导致创业团队企业家精神的强化，相反，如果个体成员与创业团队之间的心理契约关系走向破裂，则将导致创业团队企业家精神的退化。[3]

---

[1]　Yan Jun Guan, Hong Deng, "Person-Job Fit and Work-Related Attitudes Among Chinese Employees: Need for Cognitive Closure as Moderator", *Basic and Applied Social Psychology*, 2010, 32.

[2]　Verquer M. L., Beehr T. A., Wagner S. H., "A Meta-Analysis of Relations Between Person-Organization Fit and Work Attitudes", *Journal of Vocational Behavior*, 2003, 63 (3).

[3]　陈忠卫著:《创业团队企业家精神的动态性研究》，人民出版社 2007 年版，第 245 页。

4. 个人—个人匹配（person-person fit，简称 PP fit）

个人—个人匹配（PP fit）表现在不同个体成员之间能否保持配合默契、相互尊重、相互体谅、相互支持的人际氛围。在人力资源管理领域，学者们比较关注的是申请者和面试者、上下级之间的这种兼容性。[①] 申请者与面试者之间的匹配，将会影响到企业能否成功地招聘到优秀的雇员加盟本单位，上级与一个或几个下级之间的互动，体现为人际关系，其影响范围也相对有限，[②] 并且，基本上具有可控性。从深层次原因看，不同个体成员之间的和谐关系，既可能受性别、年龄等人口特征变量的影响，也可能与不同个体成员所拥有的工作经验、管理风格和工作作风相关。

在新创企业中，个体成员之间匹配与否决定着冲突的性质。笔者曾指出，创业团队内部个体成员之间的冲突，不但会影响到创业团队决策质量，也会影响到创业决策一致性理解和一致性责任承担，还可能造成创业团队内部认知性冲突升级恶化为情感性冲突，最终影响到团队创业精神的动态延续和代际传承问题。[③]

由此看来，当把宏观社会环境转向组织内部的各方面环境因素时，就容易发现，个人—环境匹配可以看作是上述各种匹配的集合体（见表 2-1），即：个人组织匹配（PO fit）= 个人职业匹配（PV fit）∪个人工作匹配（PJ fit）∪个人群体匹配（PG fit）∪个人间匹配（PP fit），并且，每一种细化出来的匹配关系都是个人—组织匹配关系的重要组成部分。[④]

这种思维逻辑，同样可以用来分析可雇佣型心理契约形成与违背问题。具体地说，在设计关于可雇佣型心理契约形成与违背的相关问卷时，既要考虑雇员与其他成员间的个人间匹配，也要考虑雇员与职业、雇员与

---

① Jansen K. J., Kristof-Brown A. L., "Toward a Multidimensional Theory of Person-Environment Fit", *Journal of Managerial Issues*, 2006, XVIII（2）.

② Kristof A. L., Zimmerman R. D., & Johnson E. C., "Consequences of Individuals' Fit at Work: A Meta-Analysis of Person-Job, Person-Organization, Person-Group, and Person-Supervisor Fit", *Personnel Psychology*, 2005, 58.

③ 陈忠卫著，《创业团队企业家精神的动态性研究》，人民出版社 2007 年版，第 194 页。

④ 孙巍、陈忠卫：《个人—组织匹配理论的发展脉络与研究焦点》，《上海市经济管理干部学院学报》2012 年第 5 期。

职位，以及群体成员间的匹配关系。这种具有交集性质的匹配观，能够更加全面地揭示可雇佣型心理契约形成与违背的本质。

表2-1　从个人—环境匹配到个人—组织匹配的发展过程

名称	定义	研究结论
个人—环境匹配（PE fit）	个人特质和环境属性之间的适应性或相似性	组织提供给个体的工作生活环境和个体需求一致时，会大大提高工作效率
个人—职业匹配（PV fit）	个人根据满足自己的利益和选择职业或调整工作之间的匹配	求职者会根据自身对于职业的兼容性来选择理想的职业
个人—工作匹配（PJ fit）	个人的能力和工作需求（即需求—能力），或个人的欲望和工作的属性（即需要—供给）之间的匹配	个体通过对选择工作的分析，来确定自身能否满足所选择工作所需的知识、技能、能力等。当满足这些条件时，就形成匹配关系
个人—个人匹配（PP fit）	个人与上下级之间由于相似的人格特征等而相互吸引	两者之间的匹配强烈地受到个人工作经验的影响
个人—团队匹配（PG fit）	个人与其所在的工作团队之间的匹配	匹配的焦点集中在工作团队整体与个体成员之间的相互影响，匹配程度受到个人特质与团队所持价值观的影响
个人—组织匹配（PO fit）	个体与组织间的兼容性	企业与雇员在核心价值观以及企业文化方面的认同，对于匹配质量有着关键的影响作用

资料来源：孙巍、陈忠卫：《个人—组织匹配理论的发展脉络与研究焦点》，《上海市经济管理干部学院学报》2012年第5期。经由笔者稍加修改而成。

施奈德（Schneider）给出了这种动态性匹配关系一种较为典型的解释，并构建起了一个吸引（attraction）→选择（selection）→衰减（attrition）的理论模型，该模型成为了个人—组织动态匹配理论的雏形。[1]查德曼（Chatman）把个人—组织匹配定义为组织的规范、价值观与个人的价值观所形成的一致性，并且采用Q分类（Q-sort）方法引入到企业文化剖面图（organizational culture profile），进而构建起一个关于个人与组织匹配的交互作用（interaction）的模型，并且认为，较高的个人—组织匹配

---

[1]　Schneider B., "The People Make the Place", *Personnel Psychology*, 1987, 14.

程度会给组织带来一系列积极的影响。① 其后，奥赖利、查德曼和考德威尔（O'reilly，Chatman & Caldwell）还利用企业文化剖面图，采用 Q 分类的方法对个人—组织匹配和工作满意度、组织承诺和离职倾向进行了预测性研究。②

自 20 世纪 90 年代中期以来，对个人—组织匹配研究不断地引向深入。如：卡伦和格雷夫思（Karren & Graves）认为，个人与组织间匹配包含着个体能力和工作需求间的匹配、个体需求和企业文化之间两个方面的动态匹配。③ 另外，克里斯托夫（Kristof）所作出的创造性贡献，在于把一致性匹配（supplementary fit）和互补性匹配（complementary fit）整合到一个框架之下，并提出了一个较为完整的个人—组织匹配框架。④

研究新创企业成长的过程，必然要求从关注创业者—创业环境的匹配入手，创业团队的组建和运营必须持续跟踪创业者与工作匹配、创业团队成员间的匹配、创业者与创业团队间的匹配。新创企业人力资源管理实践，同样需要关心雇员与其工作匹配、雇员与雇员之间的匹配、雇员与组织间的匹配关系。从新创企业成长角度看，个人与组织间匹配关系的动态变化将对其成长速度、成长质量产生极为深刻的影响。所以说，个人与组织的匹配应当引起创业管理学术界和实业界的共同关注。

（二）若干研究焦点

既然心理契约存在于雇员与组织之间，学者和管理者共同关注的一系列核心问题就应运而生。比如：从新创企业发展到成熟大公司，雇员与企

---

① Chatman J. A., "Improving Interactional Organizational Research: A Model of Person-Organization Fit", *Academy of Management Review*, 1989, 14 (3).

② O'reilly C. A., Chatman J. A., & Caldwell D., "People and Organizational Culture: A Profile Comparison Approach to Assessing Person-Organization Fit", *Academy of Management Journal*, 1991, 34.

③ Karren R. J., & Graves L. M., "Assessing Person-Organization Fit in Personnel Selection: Guidelines for Future Research", *International Journal of Selection and Assessment*, 1994, 2 (3).

④ Kristof A. L., Zimmerman R. D., & Johnson E. C., "Consequences of Individuals' Fit at Work: A Meta-Analysis of Person-Job, Person-Organization, Person-Group, and Person-Supervisor Fit", *Personnel Psychology*, 2005, 58.

业间的心理契约在内容上会经历怎样的变化呢？如果雇员与组织之间具有较高程度的上述各种类型匹配关系时，是否必然会有利于心理契约履行呢？或者更进一步说，雇员与组织间的心理契约关系，是否一定会引发积极效果，如：降低离职倾向和增加组织公民行为、[1] 形成工作满意度与产生更高的员工组织承诺[2]呢？

笔者从三个方面，对个人与组织匹配问题的研究焦点作出简要分析：

1. 雇员与企业间匹配程度

提高雇员与新创企业间匹配程度，并使之有利于企业成长是研究者最为关心的问题之一。在新创企业成立之初，组织渴望招聘到能够认同本组织所持有价值观的新进入者，这就要求新创企业的招聘人员能够对新创企业为什么要存在，以及如何追求利润和实现成长等关键问题，有一个全面而统一的认识，随时能够接受应聘人员的质疑，只有这样，才能选拔出那些与新创企业在价值观方面有着较高相似度的雇员。

雇员也会根据自身价值观以及人格特征，对进入什么样的新创企业进行自我评估和选择，企业也会希望求职者的价值观与本组织相互一致。[3] 克里斯托夫·布朗（Kristof-Brown）还曾指出，在招募应聘人员时，要选取合适的角度去选拔求职者，特别是要把个人—组织匹配与个人—工作匹配区分开来，面试者要使用广泛的人格特征去评价求职者的匹配程度，以及了解在招聘中本组织偏重于何种类型的匹配。[4]

当员工被招聘到新创企业后，管理层要高度关注员工的社会化过程，并且，在这一过程中，要主动作为，逐步提高个人与组织的匹配程度。不论规模大小，新创企业同样也是一个开放的系统，必须适应环境变化，员

---

① Verquer M. L., Beehr T. A., & Wagner S. H., "A Meta-Analysis of Relations between Person-Organization Fit and Work Attitudes", *Journal of Vocational Behavior*, 2003, 63 (3).

② Hoffman B. J., & Woehr D. J., "A Quantitative Review of the Relationship Between Person-Organization Fit and Behavioral Outcomes", *Journal of Vocational Behavior*, 2006, 68 (3).

③ Cable D. M., Judge T. A., "Pay Preferences and Job Search Decisions: A person-Organization Fit Perspective", *Personnel Psychology*, 1994, 47.

④ Kristof A. L., "Perceived Applicant Fit: Distinguishing Between Recruiters' Perceptions of Person-Job and Person-Organization Fit", *Personnel Psychology*, 2000, 53.

工的职业发展、自我价值实现都可以看作是组织环境一部分。[①] 当员工受到连续且稳定的社会化过程时，他们在个人—组织匹配程度上都会表现出积极的一面，[②] 当组织对员工采取制度化的社会化措施时，同样会导致员工出现一系列的积极作用，比如提高角色绩效、增加工作满意度、形成组织认同，以及减少离职等。因此，提高个人—组织匹配程度需要在招聘员工与员工社会化两个环节上同时付出努力。

令人质疑的是，在新创企业成立之初，由于自身经营范围、管理能力、资金保障均处于不确定状态，如果所有新雇员高度认同组织的价值观，是不是就一定有利于企业成长呢？关于个人—组织匹配研究的多数学者，倾向于持有个人与组织匹配的积极作用，普遍认为较高的匹配程度能够有效降低雇员的离职行为和离职倾向，提高组织公民行为和工作绩效。但是，也有一些研究已经开始注意到，高水平的契合度具有一定的负面影响（dark side of good fit），[③] 存在弱化组织适应外部环境变化的能力和内部创新能力等问题，相反，较低程度的匹配反而对组织的成熟与发展是有利的。[④] 这种观点有点类似于存在"温水煮青蛙"效应。

鲍威尔（Powell）还曾提出过两种不同的匹配观点，即加强型匹配（reinforcing fit）与延伸型匹配（extending fit）。其中：加强型匹配是指通过组织雇佣关系决策，促进发挥组织凝聚力和发展公司现有优势；延伸型匹配是指通过组织雇佣关系决策，使之有利于发展组织多样性和扩大公司的范围优势。[⑤] 由此看来，关于将个人—组织匹配控制在一个多大的范围

[①] Karren R. J. , & Graves L. M. , " Assessing Person-Organization Fit in Personnel Selection: Guidelines for Future Research", *International Journal of Selection and Assessment*, 1994, 2 (3).

[②] Cable D. M. , Parsons C. K. , "Socialization Tactics and Person-Organization Fit", *Personnel Psychology*, 2001, 54.

[③] Schneider B. , Smith D. B. , & Goldstein H. W. , " The Dark Side of Good Fit ", Paper Presented at the Ninth Annual Conference of the Society of Industrial and Organizational Psychology, Nashville, TN. , 1994.

[④] Walsh W. B. , "Person-Environment Congruence: A Response to the Moos Perspective", *Journal of Vocational Behavior*, 1987, 31.

[⑤] Powell G. . N. , " Reinforcing and Extending Today's Organizations: The Simultaneous Pursuit of Person-Organization Fit and Diversity", *Organizational Dynamic*, 1998, 12.

之内最有利于提高组织绩效的问题，仍值得进一步探索。

2. 雇员与企业间匹配对工作态度影响

较高的个人—组织匹配程度和员工工作态度表现是不是具有因果关系，是学术界研究焦点。员工的工作态度研究主要集中在工作满意度、组织承诺和离职倾向三个方面。弗克尔、比切尔和瓦格纳（Verquer，Beehr & Wagner）运用元分析方法，选取了21篇关于个人—组织匹配和工作满意度、组织承诺和离职倾向之间关系的文献，计量研究结果表明，个人—组织匹配和工作满意度、组织承诺之间均呈正相关关系，个人—组织匹配和离职倾向之间呈负相关关系。即个人—组织匹配对上述三个态度性变量，均存在较好的预测作用。[①]

多数实证研究结果也都支持这样的假设。个人—组织匹配度的提高会正向影响工作满意度，而工作满意度又会对离职倾向和组织承诺形成影响。如王忠和张琳在实证研究中发现，个人—组织匹配对工作满意度起到显著正向影响，个人—组织匹配对离职意向起到显著负向影响，工作满意度对离职意向也起到显著负向影响，并且，工作满意度在个人—组织匹配与离职意向之间的关系中发挥着中介作用。[②]

3. 雇员与企业间匹配关系前因后果

在测量个人—组织匹配的影响因素时，大多数学者将性别、工作经验、个人特征、GPA 成绩等作为独立变量，而很少将兼职人员与全职人员作为独立变量进行考虑。即便是针对某一公司大规模的招聘而进行的实证检验，也没有将兼职人员与组织的匹配进行测量，只有少部分学者[③]进行过这方面考虑。从管理实践和理论逻辑上说，兼职人员与全职人员对于组

---

①　Verquer M. L.，Beehr T. A.，& Wagner S. H.，"A Meta-Analysis of Relations between Person-Organization Fit and Work Attitudes"，*Journal of Vocational Behavior*，2003，63（3）.

②　王忠、张琳:《个人—组织匹配、工作满意度与员工离职意向关系的实证研究》,《管理学报》2010 年第 3 期。

③　Bang cheng Liu，Jian xin Liu，Jin hu.，"Person-Organization Fit，Job Satisfaction，Turnover Intention: An Empirical Study in Chinese Public Sector"，*Social Behavior and Personality*，2010，38（5）.

织的匹配程度，以及对匹配过程的认知可能并不完全一样。

另外，只考虑薪酬方面的影响，而不考虑到工作时间差异的影响，也是不妥当的。因为，那些工作时间较长的员工，更加了解组织的管理层意图和组织愿景，他们的心理反应，与那些进入组织相对较迟的员工相比，可能存在较大差异性，这也决定了个人—组织匹配程度的自我感知，这些都会对心理契约违背有着重要影响。所以，关于个人—组织匹配关系的前因变量仍有待进一步拓宽研究视角。

关于个人—组织匹配程度对员工工作绩效、组织公民行为等后果变量有何影响，一些学者曾对此作出过实证性研究。霍夫曼和沃尔（Hoffman & Woehr）在前人实证研究成果基础上，运用元分析方法探讨了个人—组织匹配和工作绩效、组织公民行为、离职行为三个行为结果变量之间的关系。结果显示，个人—组织匹配对后三者均具有中度相关性。他们甚至认为，利用个人—组织匹配可以对工作绩效、组织公民行为和离职行为作出较好的预测作用。[1]这一结论与奥赖利等人的研究结果具有一致性。[2]

个人与组织匹配关系对员工形成组织公民行为具有怎样的影响呢？国内学者赵红梅研究发现，个人—组织匹配度与组织公民行为、关系绩效均呈正向相关，并且，个人与组织匹配通过组织公民行为这个中介变量，还将对关系绩效产生传导效应。[3]

（三）新创企业与雇员间匹配关系层次性

对于众多的大众创业和草根创业而言，在其创业之初，业主和企业的身份往往合二为一，如果业主放弃了企业家角色，那么，企业也就不再存

---

[1]　Hoffman B. J., & Woehr D. J., "A Quantitative Review of the Relationship between Person-Organization Fit and Behavioral Outcomes", *Journal of Vocational Behavior*, 2006, 68 (3).

[2]　O'reilly C. A., Chatman J. A., & Caldwell D., "People and Organizational Culture: A Profile Comparison Approach to Assessing Person-Organization Fit", *Academy of Management Journal*, 1991, 34.

[3]　赵红梅：《个人—组织契合度对组织公民行为及关系绩效影响的实证研究》，《管理学报》2009年第3期。

在。企业甚至用业主自己的姓氏或者名字来命名，如杨家厨房、刘府牛肉面馆、张小泉剪刀等。也许在企业成长早期，这种做法可以以创业者的人格魅力，吸引到投资者，招募到雇员，形成消费者的好感，但是，从新创企业持续成长角度看，如何尽早摆脱企业对业主个体的依附关系，也是一个十分重要的现实课题。

在新创企业中，新创企业与雇员的匹配关系主要体现在两个不同层面：

一是找寻志同道合的好搭档。之所以需要选择与自己一同创业的合作伙伴，多半是基于创业环境的不确定性和提高决策质量的考虑，志同道合的合作伙伴关系有利于降低失败的风险。从治理模式角度看，找寻到一位愿意合伙的创业者，意味着增加一位所有者身份的创业成员，他将与发起创业的人共同分担企业的责任。

俗语说，"三个臭皮匠，抵过一个诸葛亮"。合伙创业使创业者能够去做独自无法完成的事情，或者取得更大的创业成功。合作伙伴之间的认知性冲突对团队创业精神具有促进和放大作用，[①] 只要不同时出现大面积的情感性冲突，或者说，可以把情感性冲突控制在一个合理的区间范围内，合作伙伴间的共同讨论，能使决策更加具有深谋远虑的特征，所提出的创业行动方案也更加切实可行。

一旦物色到值得信赖的合伙人，彼此间就会产生一种心理安全感。遇到困难，可以共同分忧，取得成就，可以共同分享幸福感。从心理上带来一种"知音"感，对于那些在广大中西部地区成就梦想的个体创业者，或者在那些高新技术行业从事创业的人来说，更是一种不可多得的"同舟共济"式创业精神强有力的催化剂。

不过，如果新创企业内部合伙人之间，始终仅仅靠一种心理契约来支撑其合伙关系，这样的局面也难以持久。职责与头衔、权力与地位、付出与所得等因素的改变，都有可能引发心理失衡，最终导致散伙。这种情形

---

① 陈忠卫著：《创业团队企业家精神的动态性研究》，人民出版社 2007 年版，第 190 页。

的发生，与人们对进入合作伙伴关系的创业者态度相关。戴维·盖奇（David Gage）的个性分析系统（DiSC）理论认为，在合伙关系谈判阶段，人们往往注意到对方领导风格中的优点，而随着合作时间的推移，人们往往又会侧重于发现对方缺点，甚至把最初认为的优点也视作缺点。[①] 如表2-2所示，在支配性方面，人们对合作伙伴的态度从合作前"喜欢竞争"变成合作后"过于好斗"；在尽责任方面，人们对合作伙伴的态度从合作前的"认真"变成合作后"不合群"等。

表2-2　创业者在"合伙前"与"合伙后"的态度转变

个人分析系统	合伙前看到的优点	合伙后发现的缺点
支配性 （dominance）	勇敢	轻率
	能干	工作狂
	喜欢竞争	过于好斗
	坚决	顽固
影响性 （influencing）	热情	易激动
	乐观	不现实
	善于说服	精于操纵
	自发	无组织
稳定性 （stable）	喜稳定	抵制变化
	有条理	动作慢
	愿听从	没主意
	善倾听	不健谈
尽责性 （conscientiousness）	善分析	挑衅
	认真	不合群
	严谨	吹毛求疵
	勤勉	工作狂

资料来源：[美] 戴维·盖奇著：《好搭档：创业成功的起点》，姜文波译，机械工业出版社2008年版，第127页。

---

① ［美］戴维·盖奇著：《好搭档：创业成功的起点》，姜文波译，机械工业出版社2008年版，第127页。

二是招募足够数量的优秀雇员。新创企业贫乏的资源禀赋条件，不但导致许多创业者很难筹措到足额的资金，还导致新创企业家在吸引包括顾客、雇员、供应商等在内其他资源供给者方面也非常困难。① 作为理性的自然人，在考虑进入一家新创企业工作时，他会就如何使自己的效用最大化作出精确的测算，他会在比较各种就业途径的机会成本基础上作出选择。所以，雇员招聘是新创企业的一大难题。尤其是在创业之初，新创企业随时面临倒闭的风险，而在此时，如何说服他人加盟本企业，需要创业者更多地靠以情动人，以事业吸引人，这也是为什么国内许多新创企业起家时，往往是通过传统的亲情、友情关系，才能动员到足够数量雇员的原因。

在个人与组织匹配理论的研究中，目前至少存在以下不足之处：一是相对于大规模的公司而言，以新创企业为研究对象，专门就处在不稳定自然环境状态下的新创企业与处在不稳定心理状态下的雇员之间所存在的匹配关系，学术界研究成果匮乏。二是个人与组织匹配关系的研究视角有待进一步拓展。在有效测量个人与组织匹配关系的基础上，与其他中间变量、结果变量之间的关系研究还有待进一步细化，尤其是为什么会出现迥异观点的深层次原因分析不透，缺乏足够说服力。三是在看到越来越多劳动者高度重视提高自身可雇佣性趋势下，新创企业如何从可雇佣性入手，尽可能多地吸引优秀雇员加盟其中，无论是理论界还是实业界，都尚未作出深入研究。

二、组织公正感

在漫长的历史进程中，公正一直是人们进行价值判断和行为判断的准则和理念。公正理论的研究，始于 1965 年亚当斯（Adams）对结果分配问题的开创性探索。经过国内外学者的多年努力，组织公正感理论研究正在实现从以质性研究为主向以实证研究成果为主的转变，其应用性研究的领域不断拓宽，呈现出心理学、社会学、管理学和经济学等多学科共同将其

---

① Amar B. , *The Origina and Evolution of New Businesses*, Oxford University Press, Inc. , 2000, p. 71.

视为研究焦点的繁荣景象。①

(一) 理论发展三次浪潮

组织公正感是组织中人们对公平的内心感受，也是组织内部和谐、员工满意感的基本前提。这种组织公正感，既可能涉及对以物质交换为基础的交易型契约项目的客观评价，也可能涉及对以情感交换为基础的关系型心理契约项目的主观评价。②

自从亚当斯提出"社会交换中的不公平"以来，组织公正感理论先后经历过三次浪潮。具体地说：

第一次浪潮是分配公正（distributive justice）。公平理论是分配公正性的主要依据，同时也是组织公正感理论的基石。在亚当斯看来，公平是人们进行社会比较的结果，人们总是喜欢把自己所获得的报酬（即从组织获得的回报）与自己的投入（包括所个人拥有的技能、努力、教育、经验、情感等因素）相比，若两者保持着大致相当的比例，就会产生一种组织公平感；若两者比例不相匹配，或者这种不匹配性程度超出了雇员心理上可以承受的底线，则又会产生不公平感。关于这方面，"干多少活，给多少钱"，是对分配公平的最好注释。

假定存在有人不干活却拿着企业的薪水，或者少干活却能够比别人多拿薪水的情形，那么，那些安分守己的员工，即使组织对他个人采取了"多劳多得，按劳分配"的原则，雇员仍可能会觉得分配不公平。换言之，这种分配公平的评价，也存在一个与参照系相对比的问题。如果员工感觉存在不公正现象，员工就会采取行动来减少这种不公正感，使其达到自我心理感知到的公正感。

第二次浪潮是程序公正。蒂鲍特和沃克（Thibaut & Walker）在研究法律程序问题时，首次提出程序公正（procedural justice）的概念。他们认

---

① 陈忠卫、潘莎：《组织公正感的理论研究进展与发展脉络述评》，《现代财经》2012 年第 7 期。

② Greenberg J., "Organizational Justice：Yesterday, Today and Tommorrow", *Journal of Applied Psychology*, 1990, 16 (2).

为，对公正感的认知并不只是来源于分配的结果，操纵这种结果的过程也相当重要，"选择权"和"发言权"可能是程序公正的两个重要影响因素。研究结果发现，即便是人们在面对不利的决策结果时，哪怕涉及本人的利益得失，但是，如果决策过程能够体现公平性，人们对那些并不有利于自身的决策结果，同样会感到满意。[1] 所以，在制订组织决策时，建立一整套被大家所认可的完备程序，可能会影响到人们对组织公正感的总体评判。

利文撒尔（Leventhal）在关于判断程序是否公正的标准问题上，提出过六条标准，包括：①一致性规则。即在作出关于分配的决策时，无论涉及什么人，都应当持有相统一的标准，另外，在不同的时间作出决策时，同样也应当保持一致性。②无偏见规则。人们在制订分配决策方案的过程中，应该摒弃个人的私利和所持有的偏见，努力保持一种信息的公开性和透明度。③准确性规则。即关于分配的决策方案应该是依据准确而尽可能充分的信息来作出。④可修正规则。如果发现决策有误，应当允许决策者自身拥有主动地加以修正的机会。⑤代表性规则。在制订正式分配决策前，应当就决策程序广泛听取相关人士的不同声音，尽可能地维护大多数人的正当权益。⑥道德与伦理规则。关于分配的程序，要求符合能够被多数人所接受的道德准则和伦理标准。[2]

第三次浪潮是互动公正。自 1986 年以来，比尔思和莫格（Bies & Moag）开始把目标从关注程序公正转向关注人际互动方式对组织公正感的影响作用。他们将这种公正性，称之为涉及人际交往的"互动公正"（interactional justice）。[3]

---

　①　Thibaut J. W. , & Walker L. , *Procedural Justice: A Psychological Analysis*, Erlbaum Associates, 1975, p. 66.

　②　Leventhal G. S. , Karuza J. , & Fry W. R. , *Beyond Fairness: A Theory of Allocation Preferences*, in: G. Mikula (eds.), *Justice and Social Interaction*, NY: Springer-Verlag, 1980, p. 155.

　③　Bies R. J, Moag J. F. , "Interactional Justice: Communication Criteria of Fairness", in Lewicki R. J. , Sheppard B. H, Bazerman M. H. (eds.), *Research on Negotiations in Organizations*, Vol. 1, Greenwich, CT: JAI Press, 1986.

关于这种人际互动基础上的组织公正，约翰·W. 巴德（Joan W. Budd）曾作出过精辟的论述：

这种公平标准源自于人类神圣的生命和尊严之中的伦理和崇教理论，源于自由和民主的政治理论。这是一种工具性标准，因为违背它，就意味着对个人享受完整的自由（工作）生活之能力的否定。[①]

国外学者格林伯格（Greenberg）还把这种互动公正进一步区分出两种情形。包括：一是"人际公正"。主要是指在执行决策程序时，上级主管是否或者在多大程度上能够做到尊重下一级员工的尊严，十分友善地公平对待每一位员工。二是"信息公正"。它是指上级是否或者在多大程度上能够把信息公开化地传递给组织内部的员工，或者向员工解释为什么要用某种形式的程序，为什么要执行某种行动方案。[②]

（二）组织公正感维度

研究者们所采用的研究角度不同，对组织公正感维度的理解众说纷纭，并且，各种易混淆的概念以及对各种维度的争执，也对组织公正感与其他变量间关系的研究，产生了一些困扰。

在此，笔者对组织公正感的维度划分加以简单的比较分析：

1. 单因素模式

从公正认知的角度出发，福尔杰和康恩思凯（Folger & Konovsky）认为，由于程序公正和分配公正之间相关程度很高，所以，它们对公正的感知实际上是一个问题的两个方面。[③] 他们认为，程序公正最终还是要受到

---

① ［美］约翰·W. 巴德著：《人性化的雇佣关系——效率、公平与发言权之间的平衡》，解克先、马振英译，北京大学出版社 2007 年版，第 33 页。

② Greenberg J.，"The Social Side of Fairness: Inerpersonal and Informational Classes Organization"，in Cropanzano R.（eds.），*Justice in Workplace: Approaching Fairness in Human Resource Management*，Hillsdale, NY: Erlbaaum, 1973.

③ Folger R.，& Konovsky M. A.，"Effects of Procedual and Distributice Justice on Reactions to Pay Raise Decision"，*Academy of Management Journal*，1989, 32（1）.

分配结果的影响，因此，在使用组织公正这一概念时，完全没有必要对其作出细分。所以，建议只采用组织公正单一整体概念来加以处理。

2. 双因素模式

双因素模式是由斯威尼和马凡林（Sweeney & MaFarlin）提出来的。在他们看来，程序公正和分配公正对不同的后果变量，具有不同的解释和预测能力。具体地说，前者主要预测的是以组织系统为参照体的结果变量（如组织承诺等），而后者则主要用于预测以个人作为参照体的一些结果变量（如薪酬满意度等）。[①]

利文撒尔曾经对分配公正感和程序公正感的重要性进行过比较研究，结果发现，对于普遍意义的公正判断而言，分配公正感比程序公正感的作用更加明显，也更加重要。[②] 这一观点同样得到了后续研究者福尔杰和克朗潘查恩（Folger & Cropanzano）的赞同。[③] 但是，也有一些研究学者得出了与之相反的结论。比如，亚力山大和拉德曼（Alexander & Ruderman）的研究发现，程序公正与六种员工行为后果变量间的关系中，有四个关系要比分配公正更强。[④] 后来，科恩—查拉歇和斯佩克特（Cohen-Charash & Spector）则主张把交往公正性与程序公正性区分开来加以研究。[⑤]

3. 三因素模式

比尔思和莫格把组织公正感划分出三个维度。他们认为，互动公正是独立于分配公正和程序公正的第三种组织公正感。支持这种三因素模式的学者普遍认为，程序公正和互动公正都能够对人们的行为，独立地产生影

[①] Sweeney P. D., & McFarlin D. B., "Workers Evaluation of the Ends and Means: An Examination of Four Models of Distributive and Procedual Justice", *Organizational Behavoir and Human Decision Processes*, 1993, 5.

[②] Leventhal G. S., Karuza J., & Fry W. R., "Beyond Fairness: A Theory of Allocation Preferences", in G. Mikula（eds.）, *Justice and Social Interaction*, NY: Springer-Verlag, 1980.

[③] Folger R., & Cropanzano R., *Organizational Justice and Human Resource Management*, Sage Publications, 1998, p. 260.

[④] Alexaander S., & Ruderman M., "The Role of Procedual and Distributicve Justice in Organizational Behavoir", *Social Justice Research*, 1987, 1.

[⑤] Cohen-Charash Y., &. Spector P. E., "The Role of Justice in Organizations: A Meta-Analysis", *Organizational Behavior and Human Decision Processes*, 2001, 86（2）.

响。马斯特森（Masterson）等学者研究主张，程序公正和互动公正，可以借助不同的干涉机制来影响其他变量。具体地说，程序公正可以预测与组织有关的后果，互动公正则可以用来预测与主管领导关系有关的后果。[①]学术界也有学者对此提出不同的观点，例如，克朗潘查恩和格林伯格倾向于将互动公正感看作是程序公正的社会形式。[②] 而台湾学者樊景立、郑伯曛则更加鲜明地主张把互动公正视为程序公正的组成部分。[③]

4. 四因素模式

格林伯格首次在把互动公正进一步细分为人际公正和信息公正的基础上，提出了包括系统公正、形式公正、人际公正和信息公正在内的组织公正感四维模式。他认为，之所以应该把人际公正和信息公正分开，是因为它们在逻辑上具有差异性，而且，各自能以不同的作用方式独立地产生影响。其中：人际公正感的作用主要是改变人们对结果的一种心理反应，它是通过人际处理方式来改变敏感性（sensitivity），往往能够使人们对那些不喜欢的结果，感觉其实并不那么坏。信息公正感主要是用来改变人们对程序的一种反应，具体地说，人们可以凭借必要的信息，对事件的本质给予更加充分的理解，进而对组织的决策过程的评价也会更加合理。[④] 后来，上述理论在克朗潘查恩和格林伯格的研究中，同样得到了验证。

科尔基特（Colquitt）等学者展开的验证性因子分析，结果同样支持人际公正和信息公从属于互动公正两大维度的观点。他们主张，把组织公正

① Masterson S. S. , Lewis K. , Goldman B. M. , & Taylor M. S. , " Integrating Justice and Social Exchange: The Differing Effects of Fair Procedures and Treatment on Work Relationships", *Academy of Management Journal*, 2000, 43.

② Cropanzano R. , & Greenberg J. , " Progress in Organizational Justice: Tunneling through the Maze", in C. L. Cooper, & I. T. Robertson (eds.), *International Review of Industrial and Organizational Psychology*, 1997, 12.

③ 樊景立、郑伯曛:《华人自评式绩效考核中的自谦偏差：题意、谦虚价值及自尊之影响》,《中华心理学刊》1997 年第 2 期。

④ Greenberg J. , " The Social Side of Fairness: Interpersonal and Informational Classes of Organizational Justice", in Cropanzano ER. , (eds.), *Justice in the Workplace: Approaching Fairness in Human Resource Management*, Hillsdale, NJ: Lawrence Erlbaum, 1993.

性划分为结果公正性、程序公正性、信息公正性和交往公正性四种类型。[①]
布雷德和泰勒（Blader & Tyler）则进一步指出，程序公正性还可以进一步
细分出正式决策过程、非正式决策过程、正式交往和非正式交往的质量。[②]
刘亚、龙立荣等根据中国的国情，提出了符合中国文化背景的组织分配公
正、程序公正、领导公正和信息公正四维度测量方法。[③]

（三）　新创企业雇员组织公正感

在创设新企业的初期，更多的是创业型企业。其典型特征是它所具有
的非规范性。它既缺乏明确的目标和计划，也没有清晰的职责范围界定标
准，但是，伴随着新创企业的成长，它必然又要求创业者重视目标和计
划，关注职责和权限，构建绩效评价体系。在创业之初，雇员对于企业的
非规范性行为是能够接受的，然而，在企业规模得以壮大的情况下，雇员
对非规范性的反感会不断加剧，进而其对组织公正感产生负面的评价，并
且，这种评价结果可能直接导致可雇佣型心理契约的违背，乃至产生离职
倾向。

第一，知识扩充与组织公正感。任何一位新创企业的内部雇员，当他
努力为企业付出辛劳，根据公平理论，他总期待着获得些什么。比如：期
望能够更为方便地获得创业知识，这种知识既可能是创业者的言传身教，
也可能是其他雇员间的彼此分享。尤其是对于充满创业热情的青年一代，
他们可能会作出这样的考虑，与其选择独立自主创业去面临巨大风险和挑
战，还不如先到某一家创业型企业工作，以旁观者的身份来获得创业经
验。这种"吃他人之堑，长自己创业之智"的做法，对于多数有志于创业
的朋友来说，也不失为一种理性之举。

---

① Colquitt J. A., Conlon D. E., Wesson M. J., Porter C. O., & Ng K. Y., "Justice at the Millennium: A Meta-analytic Review of 25 Years of Organizational Justice Research", *Journal of Applied Psychology*, 2001, 86 (3).

② Blader S., & Tyler T. R., "What Constitutes Fairness in Work Settings? A Four-component Model of Procedural Justice", *Human Resource Management Review*, 2003, 12.

③ 刘亚、龙立荣、李晔：《组织公正感的影响效果研究》，《管理世界》2003 年第 3 期。

　　如果雇员在新创企业内部长期从事着最基层的工作任务，始终得不到任何新知识的补充，那么，雇员就会为自己的付出得不到补偿而产生组织不公正感。当这种不公正感积蓄到一定程度，雇员就会产生吃亏情绪和愤恨心态，就会降低投入或者减少产出，以期待获得心理平衡，显然，这种情绪的扩大化将不利于新创企业的成长。

　　第二，能力提升与组织公正感。能力是一个集合名词，既包括传统意义上的计划、组织、领导、沟通、控制等管理能力，也包括与创业活动密切相关的能力，如识别和利用创业机会的能力、整合创业资源的能力、把创意转变为执行方案的能力等。[①] 国内学者李良成等以大学生为研究对象的一份研究结果表明，创业能力包括六个层次：自我效能、知识及专业技能、学习和创新能力、机会识别能力、人际关系能力，以及组织与管理能力。[②] 尽管他们的研究并没有区分知识与能力的差异性，但无论是传统的管理能力，还是创业能力，都是新创企业雇员非常关注的内容，他们通过为企业的努力付出，期待能够公平地获得自己能力的提升。如果雇员工作很努力，但却得不到自己能力的提高，他们就有可能会对新创企业产生一种组织不公正感，久而久之，会引发心理契约违背，甚至导致公司内部离职倾向的蔓延态势。

　　第三，职业发展与组织公正感。进入 21 世纪以来，工作内容易变性和无边界职业生涯观的出现，对过去那种传统意义上的人力资源管理模式，尤其是对雇员职业生涯管理提出了挑战。[③] 并且，这种挑战在新创企业中特别明显。当雇员加盟到一家新创企业之后，如果能够公平地获得提职机会，他会从内心感觉到一种成就感，那一纸印有总经理助理、副总经理、

　　① ［美］布鲁斯·巴林杰著：《创业计划：从创意到执行方案》，陈忠卫译，机械工业出版社2007 年版，第 40 页。

　　② 李良成、谭文立、杨国栋：《大学生创业能力模型研究》，《华南理工大学学报》（社会科学版）2014 年第 8 期。

　　③ 郭文臣、孙琦：《个人—组织职业生涯管理契合：概念、结构和动态模型》，《管理评论》2014 年第 9 期。

销售主管的名片，对于他融入社会圈都会带来很大的帮助。

如果通过他自己在新创企业的努力工作，使其能够具备在另一家更加卓越的企业里获得工作的资格，并且，新创企业的老板还支持他作出这种选择，雇员对原先那一家新创企业则会产生一种高度的感恩心态。俗话说，人往高处走，水往低处流，尽管此时，可能对那些继续留在原来企业的其他雇员来说，未必合情合理，但是，对于推动大众创新和繁荣区域创业仍然利大于弊。

当然，对于不同的雇员，或者同一雇员处在职业生涯成长的不同阶段而言，可雇佣性三个维度（知识扩充、能力提升和职业发展）的重要性程度各不相同，它们对组织公正感的影响也存在差异性，而且，最终是否必然会导致心理契约违背，以及心理契约违背后可能对新创企业所产生的负面效应，是学界和业界共同关注的一大焦点。

三、人际信任关系脆弱性及其修复

从心理契约履行角度看，谁能够代表新创企业一方，和雇员订立这种隐藏在内心深处的"真实"契约呢？理论意义上说，单位的法人代表最能体现组织一方。然而，在新创企业刚成立之初，尤其是在团队创业模式下，那些处在中高层管理者位置，对新创企业成长的重大经营管理问题具有发言权的全体创业团队成员，似乎都能代表着组织意愿，他们的解释和话语对拟进入新创企业的员工都具有权威性和影响力。这是因为，心理契约受制于雇员与法人企业之间，以及雇员与创业团队成员之间的信任关系。正是这种信任关系具有飘摇不定感，雇员与新创企业间的心理契约也可能处在快速变动的状态。

当代信任关系的理论研究，最先从 20 世纪 50 年代由心理学开始，后成为经济学、管理学、伦理学等多个学科共同的研究领域。从社会意义上看，它既是人们社会交往过程中必不可少的精神品质，也是存在特定人际关系中的一种心理状态。[①] 正是由于信任具有组织内的个体成员基于对对方行为和意图的积极预期，而自愿暴露弱点的现实特征，[②] 发生事与愿违的可能性非常高，人际信任关系天然地具有脆弱性。

(一) 人际信任关系脆弱性

人际信任是如此脆弱，以至于稍不小心就有可能破裂，特别是同事之间的信任关系更容易被破坏。[③] 现有的研究文献表明，真实的、经常性的、工作场所的人际信任破裂，其比例相当高，[④] 并且，修复破裂后的人际信任关系远比建立信任要困难得多，所以，人际信任破裂的负面影响往往会持续相当长时期。[⑤] 组织内的信任违背与不信任，信任关系破裂后的报复行为，都会给新创企业造成巨大的经济、情感和社会成本损失，[⑥] 进而产生破坏性结果。[⑦] 在刚刚成立不久的那个时期，人际信任关系破裂甚至可能给新创企业直接造成致命性的打击。

信任关系的脆弱性与信任关系极易存在破裂的风险有关。在信任发展过程中，信任关系的违背是一种正常反应，不过，它是可以被加以有效管理的。有的时候，信任关系产生破裂可能源于微不足道的小事件，如：伴随着新创企业的成长，创业团队成员以及一般性雇员对并不稳定的企业经

---

① Hosmer L., "Trust: the Connecting Link between Organizational Theory and Philosophical Ethics", *Academy of Management Review*, 1995, 20 (4).

② Rousseau D. M., Sitkin S. B., Burt R. S., et al., "Not so Different after all: A Cross-discipline View of Trust", *Academy of Management Review*, 1998, 23 (3).

③ 韩平、闫囿、曹洁琼:《企业内人际信任修复的研究内容与框架》,《西安交通大学学报》(社会科学版) 2012 年第 3 期。

④ Jones W., & Burdette M. P., *Betrayal in Relationships.*, in A. Weber & J. Harvey (eds.), *Perspectives on Close Relationships*, Boston: Allyn & Bacon, 1994.

⑤ Elangovan A. R., & Shapiro D. L., "Betrayal of Trust in Organizations", *Academy of Management Review*, 1998, 23 (3).

⑥ Aquino K., Tripp T. M., & Bies R. J., "Getting Even or Moving on? Power, Procedural Justice, and Types of Offense as Predictors of Revenge, Forgiveness, Reconciliation, and Avoidance in Organizations", *Journal of Applied Psychology*, 2006, 91 (3).

⑦ 姚琦:《组织行为学中的信任违背和修复研究》,《南开学报》(哲学社会科学版) 2011 年第 5 期。

营格局和发展前途，表现出不同程度的担心，甚至对成长质量、投资行为、收益分配等都会持有不同的看法，如果这种情况长期得不到交流和有效沟通，原本属于认知性质的冲突就有可能转变为情感性冲突，最终成为人际信任关系走向破裂的导火索。

关于人与人之间的信任关系脆弱性，可以从信任方、被信任方、信任环境及其他因素四个方面，加以全方位的考量。① 具体地说：

1. 信任方

信任方的信任倾向是影响人际信任脆弱性的重要因素。那些具有高信任倾向的人，往往具有很高的亲和力，更容易知觉到别人可信的那一面，② 而且，信任方与被信任者之间的信任程度也越高。③ 相反，如果信任倾向较低，对周围一切人和事经常持怀疑态度，甚至令人望而生畏，他就更不愿意去相信他人，误解他人行为意图的可能性也较高，久而久之，就会产生人际信任关系破裂。

信任方所具有的个体性格特质也关系到信任关系脆弱性。霍尔恩和吉米尔（Hollon & Gemmill）的研究曾经发现，那些外控性格强的、对待人生持乐观态度的、安全感高的人，都比较倾向于相信他人，人际信任关系一般也不会轻易出现破裂。反之，那些性格内敛的人，则容易怀疑他人，人际信任关系也容易因脆弱性而走向破裂。④ 另外，惠特利（Whitley）的研究还曾发现，那些对生活满意度高的人，以及对社会忠诚度高的人，往往倾向于信任社会的普通人，人际信任关系也不太容易发生破裂。⑤

---

① 胡尊亮、陈忠卫：《组织内部人际信任关系的破裂与修复》，《上海市经济管理干部学院学报》2014 年第 2 期。

② 韦慧民著：《组织信任关系管理：发展、违背与修复》，经济科学出版社 2012 年版，第 15 页。

③ Mayer R. C., Davis J. H., & Schoorman F. D., "An Integrative Model of Organizational Trust", *Academy of Management Review*, 1995, 20 (3).

④ Hollon C. J., & Gemmill G. R., "Interpersonal Trust and Personal Effectiveness in the Work Environment", *Psychological Reports*, 1977, 40 (2).

⑤ Whiteley P. F., "The Origins of Social Capital", in Deth V., Maraffi M., Newton K. & Whiteley P. (eds.), *Social Capital and European Democracy*, NY: Routledge, 1999.

2. 被信任方

信任本身是一个基于双方互动而作出自我判断的过程。从形式上看，信任无非就是在人际交往过程中，对被信任方是否会给予自己一种正面而又积极反馈的心理预期，所以，被信任方所具有的人格特征，往往也是导致人际信任关系脆弱性的重要因素。

究竟是被信任方的哪些特质，将最为严重地影响信任关系质量和发展方向，学术界的观点可谓五花八门。如：布特勒（Butler）等学者的研究表明，包括开放性、接受性、可用性、公平、忠诚、守诺、正直、能力、连贯性在内的被信任者特征，都可能影响到人际信任关系质量及其演化方向。① 克拉克和佩恩（Clark & Payne）则在剖析人格特征基础之上，将布特勒涉及的被信任方人格特征简化为六要素：能力、真诚、公平、连贯、忠诚、开放性。② 迈耶（Mayer）还重点研究了能力、仁慈、正直等人格特征对人际信任关系破裂的影响。③ 国外还有一些学者主张，被信任方的行为会直接影响到可信度的判断，进而成为人际信任关系破裂的直接因素。④

在新创企业中，如果高管层言行不一致，或者缺乏与雇员之间保持一种真诚的、开放式的沟通，均会影响到雇员对创业者（创业团队成员）的可信度判断，产生人际信任关系破裂的可能性大大增强。毫无疑问，对于新创企业来说，在初创时期，创业者的正直行为、控制权分享和授权、沟通的开放性，以及创业者发自内心对雇员的关心，是创业者应当努力展示其可信度的重要品格，也是赢得信任的基础。

---

① Butler J. K., "Towards Understanding and Measuring Conditions of Trust: Evolution of a Conditions of Trust Inventory", *Journal of Mangement*, 1991, 17 (5).

② Clark M. C., & Payne R. L., "The Nature and Structure of Workers' Trust in Management", *Journal of Organizational Behavior*, 1997, 18 (2).

③ 转引自韦慧民著：《组织信任关系管理：发展、违背与修复》，经济科学出版社 2012 年版，第 15—16 页。

④ 请参阅 Whitener E., Brodt S. K., & Werner M. A. J., "Managers as Initiators of Trust: An Exchange Relationship Framework for Understanding Managerial Trustworthy Behavior", *Academy of Management Review*, 1998, 23 (3)，以及莎利·毕培、克里米·克迪著：《信任：企业和个人成功的基础》，周海琴译，经济管理出版社 2011 年版等相关文献。

3. 信任环境

从信任双方所处的组织特性上看，信任关系的形成离不开组织特定的情境因素。无论是传统组织还是虚拟组织，无论是新创企业还是规模大的公司，无论是政府部门还是其他事业单位，组织所具有的差别化性质、工作流程、组织内部的文化氛围等因素会对信任产生影响。对于家族企业信任危机的根源，吴中伦、陈万明曾从委托代理风险、特殊信任缺陷、家族文化制约、制度建设缺位、管理机制落后等五个方面进行分析，深入探讨组织环境对信任关系的影响。①

从文化特性上看，信任是和文化紧密相连的社会现象。弗朗西斯·福山认为，中国、意大利南部地区、法国属于低信任文化，家庭起着核心作用，对家庭以外成员缺乏信任，人际信任关系容易发生破裂；而日本、德国、美国属于高信任文化，相对于那些低信任文化而言，这些国家的人际信任关系相对容易维持。②

巴伯（Barber）和斯洛维克（Slovic）相继从认知因素角度，研究过影响信任破裂的原因。前者主张，比起信任关系的建立而言，信任更容易受到破坏，③ 而后者则进一步发展了巴伯的观点，提出有多种认知因素可以解释信任建立过程与信任破坏过程的不对称。首先，负面事件（信任破坏）要比积极事件（信任建立）给人留下更加深刻的印象。其次，信任破坏的事件要比起信任建立来说，在信任双方认知判断水平上，具有相对较高的权重，因此，彼此间的信任更容易遭到破裂。④

4. 其他因素

信任者和被信任者处于不同角色时，对对方产生信任的人格特征要求

---

① 吴中伦、陈万明：《家族企业信任危机与劳动关系信任调整》，《科学学与科学技术管理》2009 年第 9 期。

② ［美］弗朗西斯·福山著：《信任：社会美德与创造经济繁荣》，彭志华译，海南出版社2001 年版，第 125—134 页。

③ Barber B., *The Logic and Limits of Trust*, New Brunswick, NJ: Rutgers University Press, 1983, p. 77.

④ Slovic P., "Perceived Risk Trust and Democracy", *Risk Analysis*, 1993, 13 (6).

也各不相同。郑伯壎通过对华人组织中上下属的信任关系研究发现，上司对下属信任的主要影响因素是彼此间的关系、下属的忠诚和才能，而下属对上司信任的主要影响因素是彼此间的关系、上司的慈悲与德行。[①] 正是基于这种不对称性，导致信任关系破裂的内在机理存在差异性，并且，从信任者与被信任者两个不同角度看，心理契约的具体期望也不相同，这就要求管理层在防止心理契约违背引发负面后果时，采取有针对性的管理策略。

根据著名社会学家韦伯的观点，信任可以包括普遍信任与殊化信任两种类型。在西方学者眼里，更多侧重于具有相同信仰和利益的人们之间所存在的普遍信任关系，而在中国，则普遍地看重人际交往过程的殊化信任，即建立在那些具有裙带关系的人们之间所存在的信任关系。"亲人信任"高于"熟人信任"，更高于"陌生人之间的信任"。[②] 中国传统的人际信任主要存在于熟人关系之中。[③] 随着社会转型，人际关系已经发生很大的变化，包括在熟人之间的相互关系中，交往的动机和方式也不同于过去。

传统社会中那种强调个人义务，忽视个人权利的信任发展模式，在今天社会的人际关系中已经发生了根本性改变。根据国内著名社会学家郑也夫的观点，熟悉本身并不等同于信任，因为熟悉只是生存中的一种主客体相互交融的状况，熟悉不是行动，只有信任才是一种行动。[④] 在虚拟化的电子商务环境下，网络迅速改变着人际联络的方式（如 QQ、微信、微博等），多数人对如何建立起信任还缺乏足够的准备，法律体系也不完善，社会舆论又缺乏切实可行的正面引导，因此，发生人际信任破裂的原因和结果甚至出乎大家的预料。

---

① 郑伯壎：《企业组织中上下属的信任关系》，《社会学研究》1999 年第 2 期。
② 张建新、张妙清、梁觉：《殊化信任与泛化信任在人际信任行为路径模型中的作用》，《心理学报》2000 年第 3 期。
③ 彭泗清著：《我凭什么信任你？——当前的信任危机与对策》，《健康报》1999 年 7 月 5 日。
④ 郑也夫著：《信任论》，中国广播电视大学出版社 2006 年版，第 103 页。

（二）人际信任关系修复策略

如前所述，人际间信任关系具有相对脆弱性的特点。这种信任脆弱性意味着信任关系一旦破裂，就会对信任双方的关系带来严重破坏，既妨碍到新创企业内部的人际沟通交流，又决定着创业决策质量和企业成长绩效。因此，关注组织内部人际信任关系修复同样具有重要的现实意义。

瓦妮莎·霍尔（Vanessa Hall）曾对商业中的信任关系，概括为三大特征：一是信任非常脆弱；二是信任轻易就能被破坏；三是当信任遭遇破坏后，通常都是无法修复的。① 换言之，商业活动中的信任修复十分困难，但并不是不能加以修复。

在人际信任关系破裂过程中，企业和雇员同时扮演着主体和客体的双重身份，既然组织内人际信任关系破裂是一个长期渐变和持续互动的过程，笔者将信任关系破裂过程区分为四个阶段，包括萌芽、僵持、对峙与和解时期。同时，结合信任方、被信任方、外部环境优化三个视角，② 分别对相关文献加以梳理。

1. 萌芽时期

在信任关系破裂的萌芽阶段，由于被信任方违反双方最初承诺，信任方在意识到自己的预期已经无法实现时，从其内心里产生失望、挫败及愤怒的负面情感反应。

处在萌芽时期的信任关系破裂，具有以下三个特点：

第一，信任方自我保护意识趋向强化。随着信任违背感的日渐增强，信任方将会通过对信任关系破裂的损失估计，采取必要的自我保护行动，从而降低自己对风险承担的意愿，设法抑制信任关系朝坏的方向发展。

第二，信任关系修复更大程度上依赖于被信任方。被信任方的心理因

---

① ［澳］瓦妮莎·霍尔著：《信任的真相：如何在商业世界中赢得绝对信任》，宫照丽译，东方出版社 2010 年版，第 12 页。

② 胡尊亮、陈忠卫：《组织内部人际信任关系的破裂与修复》，《上海市经济管理干部学院学报》2014 年第 2 期。

素，对信任关系修复效果产生的影响更大，尽管这种影响可能是间接的，但它通过影响信任方的感知，可以让信任方对其恢复信任关系。[①] 如果被信任方能够采取卓有成效的手段，证明自己并不愿意让信任关系走向破裂，那么，信任关系破裂的进程就可以受到遏制。

第三，信任关系破裂程度受时间、文化等外部因素影响。研究表明，立即信任违背比后期信任违背破坏性更大，[②] 另外，集体主义者偏好于隐晦的口头交流，而个体主义者更偏好直接的口头交流。[③] 所以，在此阶段的信任修复，必须考虑到建立起信任关系的时间长短，以及信任双方所具有的不同文化特质。

在信任关系恢复过程中，更大程度上需要被信任方的主动性，首先显示出真诚修复的形象。对此阶段的信任关系破裂，其修复策略主要包括：一是被信任方主动采取言语和行动双重措施，及时消除信任方内心深处负面情感和误会，从而，可以及时修复双方的信任关系；[④] 二是被信任方与信任方需要真诚沟通，可以有效降低信任方信任违背感。

2. 僵持时期

在信任关系破裂经历了萌芽阶段后，由信任方和被信任方之间尚未有效处理的分歧性事件，所带来的负面情绪更加激化，致使双方关系进入僵持激化时期。

处于僵持时期的信任关系破裂，具有以下两个特点：

第一，信任方在修复信任关系破裂问题上占有主导地位。依据韦纳（Weiner）归因理论，信任方在分析评价产生不愉快结果的原因时，首先会思考造成负面结果的真正原因，究竟是来自被信任方自身特质还是外部

---

① 韩平、闫围、曹洁琼：《企业内人际信任修复的研究内容与框架》，《西安交通大学学报》（社会科学版）2012 年第 3 期。

② Lount R. B., Zhong C. B., Sivanathan N., et al., "Getting off on the Wrong Foot: The Timing of a Breach and the Restoration of Trust", *Personality and Social Psychology Bulletin*, 2008, 34 (12).

③ Ren H., & Gray B., "Repairing Relationship Conflict: How Violation Types and Culture Influence the Effectiveness of Restoration", *Academy of Management Review*, 2009, 34 (1).

④ 韦慧民著：《组织信任关系管理：发展、违背与修复》，经济科学出版社 2012 年版，第125 页。

环境因素。如果信任关系破裂源于一些外在因素而非主观故意，或者说，归因结果与被信任方无关，那么，人际信任就不太容易被破坏。但是，如果信任关系破裂是由被信任方自身所致，信任方将仔细分析这种个人原因的稳定性和可控性。一般情况下，可以从被信任方的能力、仁慈和正直三方面进行原因分析，① 因此，信任方在修复信任关系破裂方面占据着主导地位。

第二，信任方对信任破坏者（被信任方）具有本能的抵制倾向，并且，抵制力的强弱将直接影响信任关系修复水平。② 一般而言，处在信任关系破裂的僵持时期，要让信任方改变对被信任方的态度，相对于萌芽时期要困难得多。

如何修复僵持阶段的信任关系破裂，国内学者吴娅雄③根据信任方对信任违背事件的感知，提出被信任方可以降低责任归因方式加以修复的三种方式，包括通过否认（denials）、辩解（excuses）和道歉（apologies）三种有效方式，干预受害方对信任关系破裂的归因过程。如果受害方在二次归因时，能够将其归因于外部那些不可控和不稳定的因素，实现人际信任破坏后的修复就会发生。

具体地说，就"否认"策略而言，主要是被信任方宣称自己并没有责任，声称信任破裂（违背）事件没有发生，或者即使发生了，也与自己没有过多的关联性。"辩解"策略和"否认"策略在本质上是一样的，都是为了达到降低违背行为的责任归因，减少对信任的破坏。其中，"辩解"声称信任破裂事件的发生是由被信任方不能控制的原因造成，而"道歉"策略则通过干预受害方的稳定性归因，达到修复信任的目的，在承认自己对不利事件负有完全责任的同时，发出遗憾和后悔的信号，并表示未来将付出努力，以保证不会再发生类似事件。

---

① Weiner B., *Human Motivation: Metaphors, Theories, and Research*, Newbury Park, CA: Sage, pp. 101-103.

② Kim P. H., Dirks K. T., & Cooper C. D., "The Repair of Trust: A Dynamic Bilateral Perspective and Multi-level Conceptualization", *Academy of Management Review*, 2009, 34 (3).

③ 吴娅雄：《从认知角度探析信任修复方式的作用机理》，《商业时代》2010 年第 33 期。

3. 对峙时期

在经历过僵持时期后，信任方和被信任方对负面事件的理解程度无法统一，双方的信任关系破裂，并走向"谁也不让谁"的对峙胶着状态。

处在对峙阶段的人际信任关系破裂存在以下两个特点：

第一，信任方的信任修复行为将直接影响信任修复效果。在这一时期，信任方采取沉默、反对、试探等应对信任关系破裂的行为，将通过影响被信任方的知觉和行为，进而影响到信任修复效果。①

第二，信任方和被信任方偶尔都会发出修复或放弃修复的信号。在对峙阶段，信任修复过程中的信任方（受害者）也需要采取和被信任方类似的行为，用不同方式回应被信任方（破坏者）的道歉。② 此时，只有彼此间先求同存异、搁置争议，以一种建设性的心态才能回到修复信任的轨道上来。

虽然信任关系破裂发展到对峙阶段时，双方心中像是暗藏着定时炸弹一样，怒火随时可能引爆，但是，也不是不可挽回。吉莱斯皮和迪兹（Gillespie & Dietz）针对信任关系破裂处在对峙阶段时，提出信任修复策略分为两类：不信任的约束策略（distrust regulation）和信任的展示策略（trustworthiness demonstration）。③ 姚琦则将约束策略进一步分为订立合约、建立和完善规范、惩罚、监督等，将展示策略分为道歉、赔偿损失。④ 韦慧民等学者还提出言语与行动的双重修复策略，其中，言语修复策略分为否认、道歉、开脱、合理化、缄默等，行动策略包括提供抵押、自我惩

---

① 韩平、闫围、曹洁琼：《企业内人际信任修复的研究内容与框架》，《西安交通大学学报》（社会科学版）2012 年第 3 期。

② Lewicki R. J., & Bunker B. B., "Developing and Maintaining Trust in Work Relationships", in Kramer R. M., & Tyler T. R. (eds.), *Trust in Organizations: Frontiers of Theory and Research*, Thousand Oaks, CA: Sage, 1996.

③ Gillespire N., Dietz G., "Trust Repair after an Organizational-level Failure", *Academy of Management Review*, 2009, 34 (1).

④ 姚琦：《组织行为学中的信任违背和修复研究》，《南开学报》（哲学社会科学版）2011 年第 5 期。

罚、引入监控等。① 从分析思路看，韦慧民和姚琦等学者的分类，在一定程度上是对吉莱斯皮和迪兹信任修复机制的发展，他们均提到了道歉、惩罚、建立和完善规范及引入监控等措施，但由于研究视角的不同，在策略上存在着一定的差异性。

概括学术界研究进展，可以发现，当信任关系破裂进入对峙阶段时，其修复一般遵循这样的路径：被信任方→通过语言、行动等修复方式→信任方的理解和宽容→结束信任关系破裂对峙→修复信任关系。

4. 和解时期

建立信任关系的最终目的，在于维持社会信任关系的永续存在，进而实现社会可持续发展，创建和谐社会。因此，在人际信任破裂的双方经历了一段阵痛之后，如果并没有产生重大损失的话，倘若经过信任双方，或者借助第三方力量的共同作用，人际信任破裂仍有可能进入渐趋好转的和解时期。在此时期，彼此间冰释前嫌，共同采取措施防止再度信任关系恶化，对于信任关系修复都是十分重要的策略。

从微观层面看，信任关系破裂是一个历史性过程。在经历萌芽、僵持、对峙阶段后，如果新创企业管理层主动作出些努力，真正体现出"退一步海阔天空"的思想境界，创业团队成员之间、创业者与雇员之间没有什么隔阂不可以克服，人际信任关系完全可以早日回归到健康轨道上来。伦和格雷（Ren & Gray）提出，成功的信任关系修复，需要破坏者和受害者双方共同作用，采取主动信任行为，促进主动信任发展。②

另外，建立和完善共同遵循的规范、自愿引入监控等机制在和解时期也尤为重要。因为，类似的外部环境优化，将大大提高被损坏的信任有效修复的速度。总体上来看，信任关系的和解，离不开信任方和被信任方共同努力，他们均对信任修复起到重要的推动作用，所以，需要相互谅解、

---

① 韦慧民、蒋白梅：《基于双主体视角的组织内信任修复模型构建》，《广西大学学报》（哲学社会科学版）2012 年第 2 期。

② Ren H., & Gray B., "Repairing Relationship Conflict: How Violation Types and Culture Influence the Effectiveness of Restoration", *Academy of Management Review*, 2009, 34 (1).

相互配合。有研究表明，信任修复与和解都是信任双方互动的过程，信任双方的心理和行为一定存在着相互影响的机制，并且，它还始终处在动态变化的一种状态。①

（三）　新创企业内部人际信任关系

新创企业人力资源管理有两大关键：一是拥有志同道合的合作伙伴作为创业团队成员，这是任何一家新创企业梦寐以求的事件，如何让这些创业团队成员伴随企业成长，充分发挥并挖掘其创新潜能，是创业管理的关键之一。二是面对一个供不应求的劳动力市场，招聘新创企业成长所需要的雇员，并使其能够死心踏实地为企业勤奋工作，同样也是初创企业的重点工作。

做好上述两项人力资源管理工作，必须从构建和谐稳定的人际关系入手。具体包括三个层次：

第一，创业团队内部成员之间的人际信任关系。罗布·亚当斯（Rob Adams）在分析初创期和发展的若干价值临界点时，曾指出，充实高级管理层和重要顾问人选是一项关键性任务，主要考察新加盟成员是否愿意把个人前途和事业压在这个机遇上。② 笔者认为，信任是创业团队内部一种有效的激励机制，它可以令彼此都保持对企业成长的高度责任心，使大家愿意对新创企业持续地情感投入。

创业元老们对后来加盟的团队成员在创业机会的把握能力、专业技能高低、业务素质可靠性等方面的主观心理评价，直接影响到创业团队内部信任关系的维系和发展。邓靖松曾以动态的视角，分析了高管团队人际信任的发展过程，并概括出信任心理过程及团队内部的信任特点

---

① 韩平、闫甸、曹洁琼：《企业内人际信任修复的研究内容与框架》，《西安交通大学学报》（社会科学版）2012 年第 3 期。

② ［美］罗布·亚当斯著：《创业中的陷阱》，刘昊明、谢楚栋、连晓松译，机械工业出版社 2008 年版，第 106 页。

（见表2—3）。① 在高管团队建立和发展过程中，经历了从谋算型信任、知识型信任到认同型信任的过程中，如果说信任包含着对对方隐藏在其行为背后种种试探和期望的话，团队成员之间信任互动的焦点，先后表现为从动机、认知到情感的转移过程。所以，克服创业团队内部人际信任关系的脆弱性，应当分析人际信任互动的过程以及信任状态特征，采取有针对性的措施来加以防范，从而有利于保证新创企业的持续发展成长壮大。

表2—3　创业团队成员间信任演化和阶段性特征

信任阶段	对被信任方关注的焦点	信任互动过程		团队信任的特征
		信任感知	信任表达	
第一阶段以谋算型信任为主导	动机	逐渐探测被信任方的人品和能力	向其他成员表达诚意，并展现自身能力	猜疑心态，谨慎行事
第二阶段以认知型信任为主导	认知	不断认识被信任方的人品和能力	向其他成员显示人品，证明能力	开放互动，深度相处
第三阶段以认同型信任为主导	情感	欣赏被信任方的人品和能力	对其他成员善意相助，信任投资	欣赏理解，精诚合作

资料来源：邓靖松著：《团队信任与管理》，清华大学出版社2012年版，第64—69页，经由笔者修改而成。

第二，创业者与一般雇员间人际信任关系。在新创企业内部，由于创业者往往兼具投资者和所有者双重身份，他们往往会比一般雇员更加关心新创企业的存活率，关心企业可持续成长的发展方向，而一般雇员对于新创企业则没有那种割舍不断的情感，或者至少说没有像创业者那般强烈。所以，新创企业在招聘一般雇员时，创业者会十分重视一般雇员与生俱来的可雇佣性，注重考察一般雇员的入职动机、工作能力、敬业精神和责任

---

① 邓靖松著：《团队信任与管理》，清华大学出版社2012年版，第64—69页。

感，并设法取信于一般雇员。

第三，一般雇员之间的人际信任关系。随着新创企业规模扩张和竞争实力增强，加盟新创企业雇员日渐增多，也许还会伴有部分老雇员的离职。在一般雇员之间，那些资历深的雇员可能会出现"倚老卖老"，而新雇员则渴望尽早从情感上加盟到新创企业，此时，加强企业内部人力资源管理就变得十分重要。尤其是构建起和谐融洽的企业文化，对促进新创企业成长非常关键，塑造以信任为导向的人际关系，直接影响企业能否创建积极健康的凝聚力。那种貌合心不合，或者内部滋生派系之争，结果只能导致信任关系高度紧张，乃至造成破裂的局面。

结论与启示

可雇佣型心理契约是一个跨管理学、社会学、心理学的概念。它以一种更加内隐的方式存在于雇员与组织之间，不易被企业高管层所察觉，但是，又能深刻地影响到雇员对待自身工作的态度和行为风格。个体与组织间关系、个体与个体间关系是研究可雇佣型心理契约的逻辑起点。本章重点围绕个人与组织匹配关系、组织公正感理论、人际信任脆弱性及其修复三大核心主题，展开理论梳理和焦点评析，并结合新创企业特点，阐述了与新创企业成长之间的内在关系。

第一，个人与组织匹配性的研究源于个人与环境的匹配关系。从新创企业发展到成熟的大公司，每一位雇员与新创企业之间存在的心理契约关系，无时无刻不在发生变化，组织对个人知识和能力的要求在改变，个人对组织的期望也在改变，彼此间匹配程度影响到公司成长质量和速度。尤其是在创业团队内部，既存在着个体成员与高管团队的匹配关系，也存在个体成员与公司的匹配关系，如何组建一支充满创业精神的新创企业高管团队，是每一家新创企业必须面对的挑战。

第二，组织公正感是个体成员对组织公正性的一种内心评价。即使是面临同样的政策、同样的环境、同样的方案，不同的人对该组织公平的感知结果也未必完全相同，并且，在把这种公正感区分为分配公正、人际公正和程序公正的情况下，处在企业不同管理层级的雇员，对这三种组织公正感的重要性评价也不完全相同。从可雇佣型心理契约角度看，雇员特别在意的是在知识扩充、能力提升和职业发展等方面，组织是否能够给予大家一种公正的获取和利用机会，而组织关注的是雇员的可雇佣性是否有利于组织的成长和发展。

第三，信任是个体成员基于对对方行为和意图的积极预期而形成的一种心理期待，它总是发生在具体的人际关系中。人际信任关系既受到信任者所具有的信任倾向，也受到被信任者的能力、仁慈和正直等因素的影响，同时，还会受到其他社会性因素（如家族文化、互联网络空间等）的共同影响。早期的信任研究比较关注信任类型和不同类型的人际信任形成的内在机理，而现在突出关注的是人际信任关系脆弱性，以及发生信任违背后的修复策略。从总体上看，信任破坏要比信任建立容易得多，考虑到新创企业处在企业成长的初期，创业者既不能坐等时间流逝而慢慢地去培养信任，而应当主动作为，设法去促进信任关系的形成，也要谨防在初创阶段人际信任关系随时发生破裂的风险，从而确保团队创业精神的传承，为新创企业成长提供精神动力。

第三章　可雇佣型心理契约及其差异性

当传统的终身雇佣制瓦解后，新创企业靠什么来招募并留住优秀的雇员？除书面的经济契约维系劳动关系外，如何重塑存在于雇员与新创企业间的心理契约呢？阿尔特曼和波斯特（Altman & Post）对 25 位《财富》500 强企业高管人员的调查发现，新型心理契约的基础是雇员的可雇佣性。[①] 这种新型心理契约强调企业与雇员之间存在一种交换关系，即企业期望获得雇员的高工作能力和高绩效，而雇员则希望自己可雇佣性的提高。这种新型心理契约的最大特点在于，雇员从追求终身雇佣转而追求终身可雇佣性提升。

本章在比较分析心理契约内容结构的基础上，创造性地提出可雇佣型心理契约的概念，并实证检验这种可雇佣型心理契约的差异性。

一、问题提出：心理契约二维结构及拓展

雇员与组织间心理契约包含内容很多，既有显性的，也有隐性的因素；既有物质的，也有精神的因素；既有短期的经济收益，也有长期的自我价值实现等，所以，要把心理契约内容结构作出分类，其结果取决于具体的分类标准。学术界对此方向的努力始终没有停止过。

---

① Altman B. W. , & Post J. E. , "Beyond the Social Contract: An Analysis of the Executive View at Twenty Five Larger Companies", in Hall D. T. (eds.), *The Career is Dead-Long Live Career*, San Francisco: Jossey-Bass, 1996.

（一）交易型心理契约与关系型心理契约

广为接受的分类结果是心理契约内容的二维结构思想。这种观点最初由法学家纳克奈尔（NacNeil）提出，后来经由莫里森和鲁滨逊等一批学者不断补充完善，鲁索等学者又多次实证研究支持该思想。他们主张，心理契约分为交易型和关系型两大类型，现已成为心理契约理论的主流学派。其中，交易型心理契约是雇员与组织之间最基本的契约内容，主要包括薪金、福利和工作条件等物质层面的期望和义务；关系型心理契约则突出雇员与组织之间的相互尊重，保持忠诚态度和彼此信任，表现为无法用金钱来衡量的抽象内容，如坦诚交流、理解对方、价值实现等。交易型心理契约和关系型心理契约具有不同的特点，简要比较如表 3-1 所示。

表 3-1　交易型心理契约与关系型心理契约的比较

比较项目	交易型心理契约	关系型心理契约
主导性内容	短期的经济交换和物质保证	既有短期经济交换，也有长期的情感投入
彼此投入程度	雇员对工作投入有限，组织也斤斤计较	雇员与组织的投入都比较高
显性化程度	高度显性化	高度隐蔽
灵活性程度	低度灵活性	具有动态性，彼此都愿意调整
契约期限	短期性，具有约定的时间框架	长期性，没有固定的时间界限
决定性因素	物质利益	彼此忠诚
承诺的形式	可以承诺具体的条件	难以成文的态度承诺

注：由笔者根据相关文献整理。

从雇员与组织间关系来看，在交易型心理契约条件下，雇员往往把自己的技能看得非常重要，认为从组织中所获得的经济报酬，组织所提供的工作条件是理所当然的，是自己为组织发挥出多少技能水平的决定因素。雇员也很少把自己的命运与组织成长紧紧地联系在一起，他们较少作出持续的组织承诺。根据交易型心理契约性质，雇员与组织间就像是处在一种"给多少钱，做多少事"的经济交换状态。

在关系型心理契约条件下，雇员与组织均更加倾向于关注长远的、广泛的利益，彼此都希望能够相互帮助、同舟共济、平等相待、彼此忠诚，组织愿意为雇员发挥其创造性提供宽松环境，给予工作灵活性、决策自由度和个人成长舞台，雇员也愿意为组织奉献智慧，体现组织公民行为，提供角色外工作绩效。国内学者余琛甚至认为，"关系型心理契约就像婚姻关系，是一种长期的联系，包含了一系列宽泛的、主观的以及相互关联的责任。"[①] 不过，在"关系维度"下包括的内容较多，其内容既可能是指向工作的，如雇员要主动承担角色外的工作任务，也可能是指向人的，如组织要关怀与尊重雇员，雇员要在组织中主动对他人提供支持和帮助等。

（二）心理契约维度划分的分歧

心理契约的内容沿着交易型和关系型两个维度的方向不断拓展。在国内外学者的共同努力下，先后出现"二维说""三维说"及"多维说"，部分有代表性的观点概括如表3-2所示。

表3-2　心理契约的内容维度

代表性学者（年份）	内容维度	基本特点
Rousseau（1990）；Arnold（1996）	交易契约 关系契约	交易契约追求经济的、外在需求的满足；关系契约追求社会情感方面需求的满足
Shapiro & Kessler（2000）	交易责任 培训责任 关系责任	培训责任是不同于交易责任与关系责任的一个独立维度
Kickul & Lester（2001）；Kickul, Lester & Finkl（2002）	内在契约 外在契约	内在契约是指雇主所承诺的，与雇员工作性质有关的内容；外在契约是指雇主所承诺的，与雇员工作完成有关的内容

---

① 余琛著：《心理契约视角：知识型人才职业成功的内外动力研究》，浙江工商大学出版社2010年版，第9页。

代表性学者（年份）	内容维度	基本特点
李原（2002）； 李原、孙健敏 （2006）	规范型责任 人际型责任 发展型责任	规范型责任指企业给雇员提供的经济利益和物质条件，雇员遵规守纪完成工作的基本要求；人际型责任表现为企业给雇员提供的人际环境和人文关怀，雇员为企业创造良好的人际环境；发展型责任指企业为雇员提供更多的发展空间，雇员自愿在工作中付出更多努力
陈加洲、凌文辁、 方俐洛 （2001，2003）	现实责任 发展责任	现实责任：组织为员工担负的维持员工当前正常工作生活所必需的、面向现在的责任义务；员工为组织担负的维持组织当前正常活动所必需的、面向现在的责任义务 发展责任：组织为员工担负的维持员工长期工作生活所必需的、面向未来的责任义务；员工为组织担负的维持组织长期发展所必需的、面向未来的责任义务
朱晓妹、王重鸣 （2005）	组织责任：物质激励、环境支持和发展机会 雇员责任：规范遵循、组织认同、创业导向	突出强调组织和雇员两个层次间的相互责任：包括雇员责任和组织责任 在雇员责任中，创业导向维度则是组织在发展成长和适应变革过中对知识型员工提出的高层次要求

注：由笔者根据相关文献整理而成。

在心理契约理论的发展过程中，学术界存在较多分歧的地方是：

第一，单向与双向的分析视角。古典学派以格斯特（Guest）以及英国学者赫里奥特（Herriot）等学者为代表，他们强调心理契约是雇佣双方对交换关系中彼此义务的主观理解，包括个体和组织在内的雇佣双方。而以鲁索、罗宾森和莫里斯等学者为代表，突出强调的是雇员个体对双方交换关系中彼此义务的主观判断，仅仅是指雇员理解的雇员责任和组织责任。

国内学者陈加洲、凌文辁、方俐洛运用探索性因素分析，得出双向考察心理契约的组织和雇员责任，并且，每一主体均需要履行现实责任和发展责任两个方面。[①] 现实责任立足于眼前的正常工作生活，彼此间应尽的

---

① 陈加洲、凌文辁、方俐洛：《企业员工心理契约的结构维度》，《心理学报》2003 年第3 期。

责任义务；而发展责任则是以面向未来和立足长远为出发点，彼此间应尽的责任义务。朱晓妹和王重鸣以知识型员工为研究对象，研究发现：在心理契约中，组织责任由物质激励、环境支持和发展机会三个维度构成，而雇员责任由规范遵循、组织认同、创业导向三个维度构成。[①] 这种分析思路，更加全面地体现了心理契约是雇主和雇员之间的一种互惠性预期。而李原则在其博士学位论文基础上，持续地开展了深入研究，他们认为，中国人生活在充满"关系"的社会中，特别强调社会联系和人际支持，所以，特别提出规范型责任、人际型责任和发展型责任三维观。在他们后来以配对样本而进行的实证研究中，还从两个不同角度，分别比较组织和雇员对心理契约在"组织责任"上的认知分歧，结果显示，这种认知差距显著影响到雇员对组织承担的责任意识和雇员的相关工作态度。[②]

第二，培训责任的独立性。自纳克奈尔发现交易型心理契约与关系型心理契约的传统分类之后，包括鲁索、阿诺德（Arnold）[③] 都相继支持并发展该观点，至今这种分类仍比较典型。后来，夏皮洛和凯斯勒（Shapiro & Kessler）尝试把培训责任从传统的二维结构体系中独立出来，[④] 这种做法也引起了学术界的极大关注。

二、可雇佣型心理契约概念形成

从 20 世纪 60 年代，国外学者开始对雇员的可雇佣性进行研究。经过五十多年发展，研究对象从失业人员、大中专学生、雇员扩展到管理人

---

① 朱晓妹、王重鸣：《中国背景下知识型员工的心理契约结构研究》，《科学学研究》2005 年第 1 期。

② 李原、孙健敏：《雇用关系中的心理契约：从组织与员工双重视角下考察契约中"组织责任"的认知差异》，《管理世界》2006 年第 11 期。

③ 可以参阅以下文献：Rousseau D. M. , "New Hire Perceptions of their Own and their Employer's Obligations：A Study of Psychological Contracts", *Journal of Organizational Behavior*, 1990, 11; Arnold J. , "The Psychological Contract：A Concept in Need of Closer Scrutiny?", *European Journal of Work and Organizational Psychology*, 1996, 15。

④ Shapiro J. C. , Kessler L. , "Consequences of the Psychological Contract for the Employment Relationship：A Large Scale Survey", *Journal of Management Studies*, 2000, 17.

员、女性群体、弱势群体等。从可雇佣性研究内容来看，学者主要关注于对可雇佣性概念界定以及外延拓展，研究正在从一种静态的观念，逐渐转向一种动态的、过程的观点。

早期学者更多关注个体所拥有的，在雇佣关系形成中能够发挥重要作用的潜能、能力和知识,[1] 后来，学者转而以一种动态的观察视角展开研究。如：从个人行为角度，范德黑登（Van De Heijden）主张，可雇佣性意味着个体获得、保持和利用某种资质或能力，以应对劳动力市场不断变化的行为倾向;[2] 英国学者布朗和杜吉德（Brown & Duguid）认为，可雇佣性是寻找和维持不同就业的相对机会;[3] 富盖特（Fugate）则进一步把可雇佣性区分为职业生涯的机会识别、个人适应性、社会资本和人力资本等四个维度。[4]

国内关于可雇佣性研究起步较晚。并且，多数学者的研究主要关注于就业能力、可雇佣性技能。从英文翻译来说，英文单词 employability，翻译成"可雇佣能力""可雇佣性""就业能力",[5] 并没有什么太大的差别，基本上属于研究者的文化传统和语言习惯。

纵观国内外研究成果，可雇佣性研究主要从社会、组织和个体等三个层次展开：

---

① 可以参阅以下文献：Charner I. , "Employability Credentials：A Key to Successful Youth Transition to Work", *Journal of Career Development*, 1988, 15（1）; Hillage J. , & Pollard E. , "Employability：Developing a Framework for Policy Analysis", *Labour Market Trends*, 1998, 17（16）; 以及 Tseng M. S. , "Self-perception and Employability：A Vocational Rehabilitation Problem", *Journal of Counseling Psychology*, 1972, 19（4）。

② Van der Heijden, Beatrice I. J. M. , "Prerequisites to Guarantee Life-long Employability", *Personnel Review*, 2002, 31（1）。

③ Brown J. , & Duguid P. , "Knowledge and Organization：A Social-practice Perspective", *Organizational Science*, 2001, 12（2）。

④ Fugate M. , Kinicki A. J. , & Ashforth B. E. , "Employability：A Psychosocial Construct, Its Dimensions, and Application", *Journal of Vocational Behavior*, 2004, 65（1）。

⑤ 此方面的国内文献较多，可以参阅刘小平：《企业员工可就业能力开发策略》,《预测》2005 年第 1 期；谢晋宇、宋国学：《论离校学生的可雇佣性和可雇佣性技能》,《南开学报》（哲学社会科学版）2005 年第 2 期；郭文臣、迟文情、肖洪钧、乔坤：《可就业能力研究：价值与趋势》,《管理学报》2010 年第 5 期。

第一，社会层次的研究。对可雇佣性的关注侧重于国家和地区劳动力就业市场发育角度，通过区分有就业能力和符合救济条件的个体差异，分别为国家政府制定劳动政策提供依据，突出研究让有就业能力的个体进入劳动力市场的通路，以及可雇佣性与经济发展的关系。

第二，组织层次的研究。必须看到的是，市场国际化、竞争白炽化、技术变革要求组织能够更加灵活地适应变革需求，所以，这一层次的研究倾向于把可雇佣性视为增强组织柔性的一种方式。雇佣那些具有丰富知识和广泛技能的雇员，是组织应对外部挑战性的重要策略。这种意义上的可雇佣性研究，往往从企业巩固和发展可持续竞争优势角度出发，探讨组织快速获取所需要的专业化人才途径，以达到企业最优化配置人力资源的效果。进一步延伸的课题，至少包括可雇佣性与企业文化关系、可雇佣性与内部激励制度关系、可雇佣性与雇员职业生涯策略之间的关系等。

第三，个体层次的研究。现阶段可雇佣性理论的研究对象，已经从贫困的、未被雇佣的人群转向关注全部人群。无边界职业生涯使雇员需要关注自身在组织内外获取工作的能力，个体层次的可雇佣性定义包含内容很多，例如强调适应性、灵活性、职业规划、职业技能、个体发展、终身学习等。其中，如何借助改革现行的教育体系和培训模式，创设企业大学之类的继续教育机构，致力于提高个体成员可雇佣性是研究热点。

从雇员个体就业角度看，可雇佣性可以表现为三个阶段：第一阶段是初次就业。个体努力寻找第一份工作进入劳动力市场，可雇佣性研究关注没有工作的个体是如何进入劳动力市场，包括残疾人、毕业生等未被雇佣的人群。第二阶段主要关注个体如何维持就业，也就是说，个体如何保持对雇主的吸引力。研究显示，它与劳动力市场特点以及个体能力与努力有关。第三阶段是获取新工作。重新寻找新工作的原因可能包括职业规划的需要、收入、家庭、组织变革以及工作环境等因素。因此，个体层次的可雇佣性理论发展经历了从最初获取工作，逐渐发展到维持就业和保持工作，然后，再发展到必要时重新获取工作。

提升雇员可雇佣性正在成为新型心理契约的一部分内容，组织和雇员都得承担起相应的责任。对于组织而言，应该在组织内部倡导一种可雇佣型文化，培养雇员的可雇佣性导向，使雇员能够在不同岗位、专业、职能、角色和组织之间流动。对于雇员自身而言，如果不注重提高自身可雇佣性，就有可能无法胜任他未来所要从事的工作，更无从把握未来出现在自身面前更令人满意的工作机会。所以，有学者认为维持和提升雇员的可雇佣性能力是雇员与组织之间一种新的心理契约，[①] 并且，彼此间应当加强交流与沟通，确保心理契约与经济契约均能在符合预期的情形下，发挥出提高生产效率的积极作用。

与此同时，以可雇佣性为基础的心理契约也是组织的一种社会责任。[②] 相比较于确定性环境下的心理契约而言，不确定性环境下心理契约的关注点、雇员责任和目标追求等都在发生微妙的变化，所以，对此项工作的重视，可以促进劳动力市场运转更加有效，进而促进社会财富增长。后来，希尔托普（Hiltrop）的研究也曾注意到，由于面临国际竞争加剧、增长缓慢、部分产品市场衰退等因素，不少企业不得不削减成本、降低价格、努力改进生产效率，这一切均与心理契约变化的方向密切相关。[③]

从人力资源管理角度看，心理契约关注的核心点正在从关心劳动关系稳定性向关心可雇佣性转变（见表3-3）。具体地说，在无边界职业生涯时代，组织和雇员之间的心理契约正在发生如下改变：在旧的心理契约下，雇员以对企业的忠诚换取长期或终身的就业保障，而在新的心理契约下，雇员以工作绩效换取可雇佣性的提升。[④] 心理契约的这种变化已经导致了就业保障和雇员忠诚度的减少，同时，雇员的就业价值观也在发生改

---

① Hiltrop J. M. , "The Changing Psychological Contract: The Human Resource Challenge of the 1990s", *European Management Journal*, 1995, (16).

② Van Buren III. , & Harry J. , "Boundaryless Careers and Employability Obligations", *Business Ethics Quarterly*, 2003, 13 (2).

③ Hiltrop J. M. , "Managing the Changing Psychological Contract", *Employee Relations*, 1996, 18 (1).

④ Altman B. W. , & Post J. E. , "Beyond the Social Contract: An Analysis of the Executive View at Twenty Five Larger Companies", in Hall D. T. (eds.), *The Career is Dead-Long Live Career*, San Francisco: Jossey-Bass, 1996.

变，雇员更多地希望获得能够跨越不同企业的可携带性技能、知识和能力，希望能从事有意义的工作，能获得工作中的学习机会，同时还努力发展多种工作网络和学习关系。

表 3-3　心理契约的特征变迁

比较项目	确定环境下传统心理契约	不确定环境下新型心理契约
关注期限	长期性	短期性
关注内容	安全性、均等化、共同责任	灵活性、个性化、个人责任
核心点	确保劳动关系稳定	致力于提高雇员可雇佣性
典型特点	确定性	高风险性
雇员投入	干得好	做得更好
内在机制	相互依赖、彼此信任	自我实现、机会主义
雇员责任	对公司体现忠诚	对职业追求完美
追求结果	按地位与身份付酬	按工作结果付酬

资料来源：Hiltrop J. M.，"Managing the Changing Psychological Contract"，*Employee Relations*，1996，18（1）。经由笔者稍加修正。

从国内外学者关于可雇佣性的定义看出，可雇佣性既是雇员具备的能够胜任当前工作的属性，同时，也是指在失业情况下，雇员能够重新获得新工作的属性。这种属性体现为与自身职业相关，以学习能力为基础的综合能力，综合能力表现为自身获得更多的知识、专业技能和通用技能（人际沟通、处理实际问题等）提高，职业发展速度加快等。按此逻辑，从雇员自身成长角度看，在这个充满不确定性和非理性行为的时代，把可雇佣性元素纳入到心理契约内容之中，既合情合理，也是一种顺理成章的选择。

今天已经没有任何组织可以保证雇员永久的就业安全，它们最多能够做到的是提高雇员的可雇佣性。[①] 所以，可雇佣性成为构建新型心理契约

---

① Baruch Y.，& Peiperl M.，"Career Management Practice: An Empirical Survey and Implications"，*Human Resource Management*，2000，39（4）.

的基础。①在此基础上，笔者尝试将可雇佣性与心理契约进行交融渗透，提出可雇佣型心理契约（employability psychological contract）这一概念。② 在新型雇佣关系模式下，雇员对组织的期望中融入更多追求可雇佣性的元素，更加重视企业能够提供给他们提高自身可雇佣性能力的机会。对于雇员可雇佣性的提高，体现在雇员知识、技能和能力的全方位改善，以及雇员职业目标得以实现等方面。

因此，从单向视角看，可雇佣型心理契约可以定义为，在某一特定的组织中，雇员对组织在满足其提高可雇佣性方面所履行责任和兑现承诺的一种主观评价。

三、理论与假设

对可雇佣型心理契约维度的划分，关键在于把握可雇佣性的内容。可雇佣性本身是一个抽象概念，可雇佣性技能才是对可雇佣性概念的操作化指标，二者具有共同的核心。③ 可雇佣性是一个具有集合性质的概念，它应当包括能够强化可雇佣性的一切知识、能力和态度。

与可雇佣性技能十分相近的另外一个概念是胜任力。笔者认为，可雇佣性同胜任力属于同一范畴的不同术语，两者具有共同核心。可雇佣性技能是指为工作服务的，可转化为一系列核心技能的组合，具体表现为必要的知识、技能和态度。而胜任力则表现为隐藏于有效工作或成功工作背后的某种能力，它可以保证工作任务出色地被完成。知识（knowledge）、能力（ability）、技能（skill）和其他一些可以保证出色地完成任务的特质性因素（other characteristics），组合形成可雇佣性技能与胜任力的共同核心。

---

① 何发平：《立足可雇佣性，培育员工忠诚度——一个心理契约的视角》，《中国人力资源开发》2009 年第 4 期。

② 郝喜玲、陈忠卫：《可雇佣型心理契约的维度及其测量》，《商业经济与管理》2012 年第 3 期。

③ 谢晋宇、宋国学：《论离校学生的可雇佣性和可雇佣性技能》，《南开学报》（哲学社会科学版）2005 年第 2 期。

（一）可雇佣型心理契约维度

学术界对可雇佣性技能的研究往往是围绕 KASO 的线索而展开，后来，谢晋宇和宋国学进一步补充拓展成 KASIB 模型，即把知识、能力、技能、中介变量（包括态度、个人品质等）、行为等作为可雇佣性与可雇佣性技能的共同点，可雇佣性技能作为衡量可雇佣性的一系列指标。[①]

对于 KASO 模型，有两点值得关注：一是"技能"与"能力"的外延有重复交叉之嫌。前者侧重于评价个人的专业性技术水平是否达到了工作任务所要求的最佳状态，后者侧重于评价个人在与人沟通、协调进程以及从事职能管理活动方面的胜任水平。但是，在中国国情下，人们习惯于混合使用两个概念。二是"其他因素"是一个值得深究的"知识洞"，相当多的内涵还有待进一步去挖掘。

早期哈佛大学教授卡茨（Katz）曾提出管理者共同地具备三项管理技能，并且，三项管理技能对于不同层次的管理者而言，其重要性存在差异。除专业方面的知识以外，管理者人际技能和概念技能必须在实践中得到培养，在批评中得到提高。可雇佣性中的"技能"和"能力"，与卡茨所指出的后两项技能具有相似性。在新创企业中，创业型领袖区别于一般领导者的最大不同点，在于对创业机会的把握能力上，他们往往会跳出传统局限，以超理性的思维观察新出现的创业机会。一些年轻雇员之所以加盟新创企业，很大程度上就是对创业型领导者在这方面能力上的迷恋。

互联网络的飞速发展，正在不断改变着人们接受新知识的模式，信息和数据的增长速度，远远超过了正常人能够想象到的水平。无论是新雇员还是老职工，如果不能在早期校园里所获得知识的基础上继续努力，那他很快就会沦为落伍者。一些大公司内部掀起电子学习（e-Learning）热潮，创建企业大学或者邀请名家进企业做辅导报告，或者派遣雇员到外进行知识培训，这些做法对提高雇员的可雇佣性十分必要。事实上，对于新创企

---

① 谢晋宇、宋国学：《论离校学生的可雇佣性和可雇佣性技能》，《南开学报》（哲学社会科学版）2005 年第 2 期。

业，同样不能例外，许多精明的创业者，从一开始就考虑给予自己和公司雇员进行必要的知识扩充，真正体现了"知识就是力量"的巨大感染力。

在这样一种充满技术非连续性变化的时代，查尔斯·汉迪（Charles Handy）曾精辟地指出知识更新和能力提升的重要性：

新型组织的关键在于，每个核心人员不仅要具备跟自己特定角色相称的专业知识，还需要知道和理解商业，要有分析技能、人际关系技能和概念技能，并且保证这些技能都是最新的。[①]

在无边界职业生涯时代，雇员可流动性增强，在流动中寻求职业发展，已经成为一种普遍的现象。因此，雇员在新时期所形成的心理契约中，要求企业增加有利于促进自身职业发展的内容，也在情理之中。[②] 一般来说，雇员自身可雇佣性可以保证自己管理职业生涯，会对工作的选择增加谈判的砝码。基库尔和雷斯特（Kickul & Lester）在研究中曾指出：心理契约结构中包括雇员职业发展的内容，并应在心理契约测量量表中突出雇员职业发展内容。[③]不过，国内学者翁清雄和席酉民[④]、袁庆宏等[⑤]在研究职业成长与离职倾向关系时，所采用的"职业成长"仍属于狭义层面的概念，并未能有效涵盖可雇佣型心理契约的这种边界，如公司激励雇员参与公司和部门决策等。本书对此概念加以了适当拓展，从而确保概念界定能够与学术界主流方向保持一致性。

从本质上说，可雇佣型心理契约的概念，其最主要特点是把可雇佣性

---

① ［英］查尔斯·汉迪著：《非理性的时代：工作和生活的未来》，方海萍等译，浙江人民出版社 2012 年版，第 116 页。

② Fugate M., Kinicki A. J., & Ashforth B. E., "Employability: A Psychosocial Construct, Its Dimensions, and Application", *Journal of Vocational Behavior*, 2004, 65 (1).

③ Kickul T., & Lester S. W., "Broken Promises: Equity Sensitivity as a Moderator between Psychological Contract Breach and Employee Attitudes and Beheavior", *Journal of Business and Psychology*, 2001, 16 (2).

④ 翁清雄、席酉民：《职业成长与离职倾向：职业承诺与感知机会的调节作用》，《南开管理评论》2010 年第 2 期。

⑤ 袁庆宏、丁刚、李珲：《知识型员工职业成长与离职意愿——组织认同和专业认同的调节作用》，《科学学与科学技术管理》2014 年第 1 期。

元素融入到心理契约内容中，因此，可以依据可雇佣性内容，来设计可雇佣型心理契约的内容结构。[1] 参照胜任力 KASO 模型，以及心理契约结构中职业发展维度，可以推断，可雇佣型心理契约包括知识补充（K）、能力提升（A）、职业发展（C）这三个核心部分。据此，提出以下假设：

H1：可雇佣型心理契约可以区分为相互独立的三个维度：基于知识补充的心理契约、基于能力提升的心理契约、基于职业发展的心理契约。

（二）性别与可雇佣型心理契约

性别不但是一个生物学意义上的概念，当把性别与雇员行为相连时，性别更多地体现为一个社会学概念。它也是最容易观察和分辨的个人特征，不需经过人际互动或者自我表述便可得知。

多数学者主张，性别在雇员心理契约中并没有显著差异性，[2] 后来，也有一些学者并不赞成这一观点。如佩顿和登帕斯特（Paton & Dempster）的研究结果认为，男性和女性的性格差异，造成了人们对问题认知和处理方式的不同，它会影响到决策制订过程，从而对组织结果产生影响。[3] 性别不同，雇员期待与组织的关系类型也可能不同。女雇员会更期望她们与组织之间保持一种长期雇佣关系，男雇员更偏好于灵活性契约。[4]

在一次由清华大学主办的论坛上，美国韦斯特伍德公司女总裁兼信息执行官苏珊·伯恩（Susan Byrne）曾结合自身工作经历做过比较，男性更自我，更具有竞争意识，女性更擅长交流、分享、感同身受。在她的公司里，男性员工都非常尊重她，从没有跟她抱怨些什么，相反，他们从没有

---

[1]　陈忠卫、郝喜玲：《基于人口特征变量的可雇佣型心理契约差异性研究》，《现代财经》2012 年第 12 期。

[2]　胡琪波、蔡建峰：《中小企业员工心理契约实证研究》，《南京大学学报》（哲学人文社科版）2013 年第 4 期。

[3]　Paton R., & Dempster L., "Managing Change from a Gender Perspective", *European Management Journal*, 2002, 20 (5).

[4]　杨柳、贾自欣：《个性化契约研究与展望》，《外国经济与管理》2010 年第 8 期。

料到跟女性在一起工作，会如此的开心。[①] 在学术研究中，彭川宇通过对 621 份问卷调查数据的分析得出：性别对雇员的关系型和发展型心理契约感知有显著影响。[②] 也有一些学者关注到雇员性别对心理契约产生和违背的影响，结果发现：女雇员比男雇员更重视心理契约，且更会提出自身的建议与想法来进行干预。女性雇员以其细腻而富有敏感性的特征，所感受到的心理契约违背程度也比男性雇员要多。王惠萍、吴国杰和张巧明通过 423 份有效问卷的研究发现，与男性教师相比，女性中小学教师更加关心自己的成长和提高、学校管理的人性化、工作的认可度、晋升和待遇公平性。[③]

根据以上分析可知，性别上的不同，造成人们问题认知和处理方式上存在差异，对心理契约内容理解以及心理契约建立和违背产生不同的影响。虽然可雇佣型心理契约与传统的心理契约内容不同，但是，笔者据此提出假设：

H2：在不同性别的雇员之间，可雇佣型心理契约具有显著差异性。

（三）年龄与可雇佣型心理契约

由于生长年代的不同，雇员个体会产生不同的价值观和信念。在现实生活中，相同年龄的个体成员，可能由于他们成长在共同时代背景，所以，往往会存在比较相似的价值观和信念，也容易产生共同语言和互动模式。

许多学者曾注意到年龄与管理者决策之间的关系。汉布里克和玛森（Hambrick & Mason）认为，年龄可以代表管理者的阅历和风险承担倾向，它将影响战略决策。年轻的管理者更愿意承担风险，而年长的管理者常处于经济和职业安全最为重要的阶段，更偏爱收入和职业的稳定，通常会选

---

① 以上内容源自一家由超过 400 名欧美女性企业家精英构成的 C200 组织接受清华大学经管学院访谈时的对话。具体参阅杨百寅：《爱老公，更爱创业》，《创业家》2011 年第 3 期。

② 彭川宇：《基于人口学特征的知识型员工心理契约感知差异性调查》，《工业技术经济》2008 年第 10 期。

③ 王惠萍、吴国杰、张巧明：《山东省中小学教师心理契约结构及影响因素》，《心理研究》2010 年第 4 期。

择规避风险。① 班特尔和杰克逊（Bantel & Jackson）的研究发现，高管团队的平均年龄越大，越不愿意采用进取性的企业战略，越倾向于回避风险，因而所推动的战略变革较少。② 另外，霍纳格、鲁索和格莱泽（Hornung，Rousseau & Glaser）的一项研究则表明，年龄会影响个性化契约的达成，年龄与灵活性和发展性个性化契约的达成都显著负相关。③ 也就是说，雇员年龄越大，越少就个性化契约与雇主进行协商，老雇员对自己获得个性化契约的信心不足。王庆燕和石金涛通过 477 份有效问卷的研究发现，年龄与心理契约中的教育训练义务预期和执行，以及关系性义务执行呈显著负相关关系。④

由于年龄上差异，雇员对可雇佣型心理契约内容理解的角度和深度不同。即使是可雇佣型心理契约违背是由组织单方面引发的，年龄差距悬殊的雇员之间，对此的归因性解释和判断也会各不相同，雇员的情绪体验和采取的行为也存在差异。基于上述分析，提出假设：

H3：在不同年龄的雇员之间，可雇佣型心理契约具有显著差异性。

（四）教育背景与可雇佣型心理契约

教育可以改变一个人的思维方式，提高风险决策能力，也可以让雇员在更为广泛的社会人群内快速地产生亲和力。一般情况下，个体具有不同的教育水平，可能意味着拥有不同的价值观、信念与经验，并且，相同的教育水平，往往意味着人们对同样事件的判断可能也会比较相近，也更容易取得共识。

关于教育水平与心理契约的关系，学者们的研究成果较多。它们涉及从心理契约内容到心理契约建立、违背等多个方面。比如：王庆燕和石金

① Hambrick D. C. , & Mason P. A. , "Upper Echelons: The Organization as a Reflection of Its Top Managers", *Academy of Management Review*, 1984, 9 (2).

② Bantel K. A. , & Jackson S. E. , "Top Management and Innovations in Banking: Does the Composition of the Top Team Make a Difference", *Strategy Management Journal*, 1989, (3).

③ Hornung S. , Rousseau D. M. , & Glaser J. , "Creating Flexible Work Arrangements through Idiosyncratic Deals", *Journal of Applied Psychology*, 2008, 93 (3).

④ 王庆燕、石金涛：《有效员工社会化的影响因素实证研究》，《管理科学》2006 年第 6 期。

涛的研究发现，教育程度与心理契约交易性义务预期呈显著正相关，大学教育程度比硕士教育程度的被试者的预期要低。[1] 袁方舟以贵州省少数民族员工为研究对象，实证研究发现：中专学历的员工与大专、本科学历员工之间，对薪金方面的心理契约差异显著。受过高层次教育的人，往往具备将自己的专业化知识应用于生产经营管理实践活动得天独厚的优势，对心理契约内容的期望值更高。[2] 凌文辁、张治灿、方俐洛认为，在具有不同学历水平的雇员之间，其理想承诺和机会承诺均存在显著差异。并且，学历越高，其理想承诺的比率越高，机会承诺的比率则越低。[3]

与其他因素相比，雇员教育水平通常能反映他的认知能力和技巧，较高的教育水平往往表明愿意接受新思想、新事物，也有能力适应新变化，同时，还具有较高的获取所需信息的能力。因此，个人受教育程度也可以认为是与掌握灵活应变、信息处理能力紧密相关的重要因素。可雇佣型心理契约包括基于知识补充、基于能力提升和基于职业发展的心理契约，而这三方面离不开雇员个体的新思想、新知识、新信息的补充，需要个体具有较强的适应性和较高学习能力和信息处理能力，据此提出以下假设：

H4：在受教育程度不同的雇员之间，可雇佣型心理契约具有显著差异性。

（五）经济性收入水平与可雇佣型心理契约

雇员经济性收入是其维系正常生活开支的保障，也是提高家庭生活质量的重要保证。在新创企业中，物质激励对促进雇员参与创业的积极性富有影响力。一些雇员之所以放弃原本安稳的公务员身份，或者放弃在大公司的工作机会，一个重要原因在于能够获取比先前更高的经济收入。与此同时，想把雇员长期留住，甚至需要新创企业能够提供与薪酬水平持续增长相匹配的保障机制。虽然工资和福利同是企业雇员薪酬体系的主要组成部

① 王庆燕、石金涛：《有效员工社会化的影响因素实证研究》，《管理科学》2006年第6期。
② 袁方舟：《贵州省少数民族员工心理契约调查研究》，《贵州民族研究》2009年第2期。
③ 凌文辁、张治灿、方俐洛：《中国职工组织承诺研究》，《中国社会科学》2001年第2期。

分，但是，由于两者在支付形式、分配规则上存在着本质差异，激励效果差别较大，所以，雇员对工资和福利收入的心理加工机制也存在较大区别。①

雇员对所获薪酬的满意度，由内心期望收入水平和实际感知收入水平之间的差异程度决定，是雇员对需求满足的自我主观评价过程。它也直接影响雇员与新创企业间所建立的可雇佣型心理契约稳定性。不少学者对收入与心理契约关系做过探索性研究，例如，袁方舟以贵州省少数民族员工为对象研究发现，不同月薪收入的少数民族员工在薪金和职位心理契约上都表现出不同程度的违背，薪金心理契约违背程度与月薪高低呈现明显的反比例，违背程度随月薪的升高而大幅降低。不同月薪收入的员工之间，在和薪金追求相关联的心理契约内容上，彼此间差异性极其显著。② 然而，赵继新、雷青青在专门研究"80后"员工心理契约类型的差异性时，结果却没有发现基于月平均收入视角的差异性。③ 笔者发现，上述研究存在的共同缺陷在于，他们都没有从可雇佣性视角去考察心理契约，从新入职雇员对新创企业的关注点迁移角度分析，即便是在雇员加盟新创企业获得满意的薪金收入情形下，雇员对知识渴望、能力提升，以及职业发展等方面，仍可能存在差异性。孙会、吴价宝就曾建议，针对初创建时期的雇员，中小企业应当在维护良好现实责任的同时，努力改善发展责任。④

按照上述分析逻辑，对于不同的经济性收入水平雇员而言，可雇佣型心理契约内容存在一定的差异性，并且，可雇佣型心理契约发生违背和破裂的概率也存在差异。据此，提出以下假设：

H5：在不同年经济性收入水平的雇员之间，可雇佣型心理契约具有显著差异性。

① 贺伟、龙立荣：《实际收入水平、收入内部与员工薪酬满意度的关系——传统性与部门规模的调节作用》，《管理世界》2011 年第 4 期。

② 袁方舟：《贵州省企业少数民族员工心理契约调查研究》，《贵州民族研究》2009 年第 2 期。

③ 赵继新、雷青青：《"80后"员工心理契约类型倾向研究》，《北方工业大学学报》2014 年第 2 期。

④ 孙会、吴价宝：《中小企业人力资源管理人性化与规范化研究——基于员工心理契约动态分析的视角》，《财会通讯》2013 年第 7 期。

四、研究设计

（一）量表开发过程

根据前面分析，可雇佣型心理契约涉及雇员对组织在履行其增长雇员知识、提升雇员能力、关心雇员职业发展等方面义务的一种主观评价。本书采用的调查问卷题项，其开发过程主要包括以下四个步骤：

第一，收集国内外学者开发与可雇佣型心理契约三个维度高度相关的问卷。其中：从知识补充角度的心理契约题项，主要参考的是基库尔、雷斯特[①]和乔治（George）[②] 的文献。从能力提升和职业发展角度的测量项，主要参考了谢晋宇、宋国学[③]和翁清雄、席酉民[④]的相关文献。

第二，由于上述知识补充、能力提升和职业发展的三个视角，均需要与心理契约方面实行有机渗透，才能转化成核心概念的测量题项。所以，又邀请专家学者和从事企业人力资源管理实践部门负责人，共计48人，参加了由笔者主持的两次内部讨论会，认真听取了与会人员对可雇佣型心理契约结构和内容的不同看法。

第三，从五家企业随机选取30名雇员，由笔者和所指导的研究生分五个小组进行深入访谈，重点是围绕可雇佣型心理契约展开交流，收集他们对雇佣关系中相互责任与义务的不同看法。

第四，对通过以上步骤所形成的"雇佣双方相互责任"条目和反馈意见，进行归类、合并、修订，并在评估各测量题项的合理性和重要性基础

---

① Kickul T., & Lester S. W., "Broken Promises: Equity Sensitivity as a Moderator between Psychological Contract Breach and Employee Attitudes and Behavior", *Journal of Business and Psychology*, 2001, 16 (2).

② George S., "Employee Development, Commitment and Intention to Turnover: A Test of 'Employability' Policies in Action", *Human Resource Management Journal*, 2006, (16).

③ 谢晋宇、宋国学：《论离校学生的可雇佣性和可雇佣性技能》，《南开学报》（哲学社会科学版）2005 年第 2 期。

④ 翁清雄、席酉民：《职业成长与离职倾向：职业承诺与感知机会的调节作用》，《南开管理评论》2010 年第 2 期。

上，进行预试验以筛选项目，最终得到关于可雇佣型心理契约的调查问卷（详见附录 1 的第一部分）。

心理契约可以看作是由一系列关于关系双方对等权利义务的主观假设构成，是一组关于"如果……，那么……"的集合体。从"本我立场"出发，心理契约突出强调组织首先要作出贡献或先履行义务，然后，才能换得员工相对等的行为表现。[①] 据此，对可雇佣型心理契约的问卷共设计 17 个测量题项。其中，基于知识补充的心理契约量表包含五个问项，例如"公司创造条件，让雇员能够分享知识""公司经常邀请专家传授最新的行业动态和专业知识"等。基于能力提升的心理契约量表包含五个问项，例如："公司支持我与其他雇员合作，从而提高克服困难的能力""公司注重提高雇员人际沟通能力"等。基于职业发展的心理契约量表包含七个问项，例如"公司注重创造宽泛的职务晋升机会""公司提供给我的工作与我职业目标相近"等。

在正式发放的调查问卷中，采取指导性用语加以阐述，提醒测试者在比较"您对公司的预期"与"公司实际履行承诺"之间差异的基础上，真实地回答出个人对企业在履行相应承诺或承担相应责任方面满意程度的答案。各问项均采用利克特（Likert）5 级量表，其中，1 代表"极不满意"，5 代表"非常满意"。

（二）数据采集与处理方法

本次实地调研的时间是从 2011 年 7 至 9 月，历时 2 个月。调研地区主要是以中国中、东部地区为主，包括安徽省、江苏省、浙江省、湖南省、山东省等。在调研问卷发放与回收过程中，除了笔者利用创业与企业成长研究所的核心研究队伍外，还通过与校团委合作，遴选了一支参与暑期大学生实践活动的 27 位本科生。为了最大程度地消除参与调研的在校本科生

---

① 根据罗索的观点，可以将心理契约划分为持"本我立场"和"组织立场"两人流派，前者主张组织应当先作出贡献或者履行义务，而后者则强调自己先做好分内之事。详见杨杰、凌文辁、方俐洛：《心理契约破裂与违背刍议》，《暨南学报》（哲学社会科学版）2003 年第 2 期。

对研究主题的陌生感，笔者还对他们进行过 2 个小时的短期专业培训。

此次调研活动共发放问卷 275 份，回收 250 份，有效问卷 209 份，有效回收率为 76.0%。对被调查者的描述性统计发现（见表 3-4）：在 209 份有效问卷中，从性别看，男性占 58.85%，女性占 41.15%；从年龄分布看，30 岁以下占 62.20%，30—40 岁占 20.10%，40 岁及以上占 17.70%；从文化程度背景看，中学及以下占 9.57%，中专和大专占 45.93%，本科占 40.19%，研究生占 4.31%；另外，从雇员年经济性收入来看，在 1 万元以下者占 10.53%，1 万元—3 万元占 40.67%，3 万元—6 万元占 29.19%，6 万元及以上占 19.62%。

表 3-4　样本描述性统计

变量	类别	数量	比重（%）	变量	类别	数量	比重（%）
性别	男	123	58.85	工作年限	1 年以下	14	6.70
	女	86	41.15		1—5 年	90	43.06
年龄	20 岁以下	1	0.48		5—10 年	38	18.18
	20—30 岁	129	61.72		10—15 年	21	10.05
	30—40 岁	42	20.10		15—20 年	11	5.26
	40—50 岁	36	17.22		20—25 年	18	8.61
	50—60 岁	1	0.48		25 年及以上	17	8.13
年收入水平	1 万元以下	22	10.53	职位	高层管理者	7	3.35
	1 万元—3 万元	85	40.67		中层管理者	41	19.62
	3 万元—6 万元	61	29.19		基层管理者	44	21.05
	6 万元—10 万元	32	15.31		一般员工	115	55.02
	10 万元及以上	9	4.31		其他	2	0.96
本单位工作时间	1 年以下	49	23.45	文化程度	小学及以下	2	0.96
	1—5 年	104	49.76		中学	18	8.61
	5—10 年	25	11.96		中专、大专	96	45.93
	10—15 年	10	4.78		本科	84	40.19
	15—20 年	7	3.35		研究生	9	4.31
	20—25 年	8	3.83	合计		209	100.0
	25 年及以上	6	2.87				

五、实证结果

（一）信度与效度

信度分析目的在于检测可靠度，即研究工具衡量结果的内部一致性程度。本书采用克隆巴赫 α 系数（Cronbach Alpha）和组合信度（Composite Reliability）进行信度检验。首先，分析了可雇佣型心理契约三个维度和总量表的 α 系数，结果显示，基于知识补充的心理契约、基于能力提升的心理契约、基于职业发展的心理契约的三个维度克隆巴赫（Cronbach）α 系数依次为 0.77、0.70、0.86，各量表的克隆巴赫 α 系数均在 0.70 以上，并且，总体的克隆巴赫 α 系数为 0.90。依据学术界提出的一般标准，克隆巴赫 α 系数介于 0.5—0.7 是最常见的很可信范围，据此说明整个问卷的内部一致性较好。因此，本次问卷调查所获得的数据可信度高。

另外，组合信度是对所有测量变量信度的综合评价。当潜在变量的内部一致越高时，组合信度的值也越高，专家建议值为 0.6 以上。经检验，本书基于知识补充的心理契约、基于能力提升的心理契约、基于职业发展的心理契约的三个维度的 CR 值分别为 0.778、0.766、0.864，总体的组合信度 0.929，均高于福耐尔和拉克尔（Fornell & Larcker）[1] 的建议值。可见，具有很高的内部一致性。

效度检验旨在分析测的工具在多大程度上能够确实测出所欲测量的特质或功能。内容效度主要考察问卷项目对有关行为或内容取样的适当性，若测量内容涵盖所有研究计划所要探讨的架构及内容，就表明具有优良的内容效度，专家评定和经验法是考察内容效度的两种典型方法。

笔者主要采用以下方法保证量表的内容效度：第一，本量表设计参考了国内外学者成熟问卷。第二，与心理契约方面专家、学者和企业人力资

---

[1] Fornell C. R., & Larcker D. F., "Evaluating Structural Equation Models with Unobservable Variables and Measurement Error", *Journal of Marketing Research*, 1981, 18 (1).

源实践者进行深入访谈，收集他们对可雇佣型心理契约结构和内容的看法。第三，与五家企业共计30名员工联系，分五组进行小组深入访谈，并对其开放式问卷内容进行概括和分析。第四，问卷初步设计出来以后，在小范围内进行了试测，征求被访谈对象的意见，多次以团队形式进行讨论，对问卷进行修改。以上这些措施可以保证量表的内容效度。

（二）因子分析

为了确定本问卷的潜在构面，在项目分析之后，先进行探索性因子分析。在进行探索性因子分析之前，对样本做了 Kaiser-Meyer-Olkin（简称 KMO）测度和巴特利特（Bartlett）球形检验，结果发现：KMO = 0.924，Chi-Square = 1123.900，df = 78，p = 0.000。由此表明，该样本非常适用于因子分析。

然后，通过采用主成分分析法提取共同因子，选取特征值大于 1.0 以上的共同因子，旋转使用极大方差法。鲍姆（Baum）等学者认为，在探索性因子分析过程中，如果测量条款的因子荷载系数小于 0.5，应当予以删除处理。据此思路，参照 SPSS 计算得到的因子荷载矩阵，对量表 17 个条目统一作出删减：将因子荷载小于 0.5，或同时与多个因子高度相关的问项分别剔除，最终，得到了三个特征值大于 1 的因子，共包含 13 个测量条目，累计解释方差 62.055%（见表 3-5）。

表 3-5　可雇佣型心理契约的探索性因子分析

变量	项目内容	因子 F1	因子 F2	因子 F3
基于职业发展的心理契约	公司激励我参与企业或部门决策	0.744		
	公司注重创造宽泛的职务晋升机会	0.743		
	公司给予我职务晋升的速度较快	0.731		
	公司提供给我的工作与我职业目标相近	0.652		
	公司支持我积累工作经验，为未来职务晋升做准备	0.594		
	公司提供给我个人职业生涯规划指导	0.568		

变量	项目内容	因子 F1	因子 F2	因子 F3
基于知识补充的心理契约	公司能让雇员十分方便地获取信息与专业知识		0.718	
	公司创造条件，让雇员能够分享知识		0.694	
	公司经常邀请专家传授最新的行业动态和专业知识		0.691	
	公司经常提供知识培训		0.575	
基于能力提升的心理契约	公司支持我与其他雇员合作，从而提高克服困难的能力			0.799
	公司注重提高雇员人际沟通能力			0.689
	公司支持我提高处理各种现实问题的能力			0.604
特征值		3.352	2.569	2.146
方差解释率（%）		25.786	19.762	16.507
累计方差解释率（%）		21.151	45.548	62.055

　　因子 F1 的六个测量题项，描述了雇员对新创企业履行其关心雇员职业发展的义务而实施的一系列业务活动的满意程度，涉及参与决策、职务晋升机会、职业生涯规划等，按照原有构思，将其命名为"基于职业发展的心理契约"。

　　因子 F2 的四个测量题项，描述了雇员对新创企业履行其增长雇员知识的义务而实施的一系列业务活动的满意程度，涉及获取知识、分享知识、传授知识等内容，按照原有构思，命名它为"基于知识补充的心理契约"。

　　因子 F3 的三个测量题项，所测量内容涉及雇员对新创企业履行其提升雇员能力的义务而实施的一系列业务活动满意程度，主要涉及人际沟通能力、克服困难能力、处理事务能力等。按照原有构思，把它命名为"基于能力提升的心理契约"。

　　一般认为，若问项所属因子负荷量超过 0.5 以上时，则该问项的变量，具有相当的解释能力。从表 3-5 中可以看出，设计的问卷题项都落在假设的因子构面上，并且各个问项因子负荷量中，属于同一因子的项目因素负荷量最小值为 0.568，可以区别出各构面所隐含的因子，而且，符合所定义的因子个数，说明该问卷具备良好的建构效度。

在此，笔者还通过验证性因子分析，以确认假设模型的拟合程度，其目的在于验证可雇佣型心理契约三维度结构的合理性，并进行收敛效度和区别效度的检验，对量表的建构效度做进一步分析。

本书使用 AMOS6.0 进行验证性因子分析，研究采用极大似然法。其拟合指标的基本数据是：卡方值 $\chi^2 = 102.023$，自由度 df = 62，拟合优度 GFI = 0.931，差别拟合指数 IFI = 0.963，相对拟合指数 CFI = 0.963，标准拟合指数 NFI = 0.911，近似误差均方差 RMSEA = 0.056，虽然 RMSEA 略大于 0.05，但也小于 0.08，因此，各项拟合指数均达到理想状态，三因子结构模型整体拟合度较好（见表 3-6），说明该问卷具有较好的建构效度。

表 3-6　可雇佣型心理契约验证性因子分析模型比较

模型	因子描述	χ^2	df	GFI	IFI	CFI	NFI	RMR	RMSEA
三因子模型	K；A；C	102.023	62	0.931	0.963	0.963	0.911	0.046	0.056
两因子模型	K+A；C	118.193	64	0.918	0.950	0.950	0.897	0.051	0.064
	K+C；A	135.462	64	0.904	0.934	0.933	0.882	0.055	0.073
	K；A+C	126.177	64	0.910	0.943	0.942	0.891	0.068	0.086
单因子模型	K+A+C	151.994	65	0.891	0.920	0.919	0.868	0.057	0.085

注：K 代表基于知识补充的心理契约，A 代表基于能力提升的心理契约，C 代表基于职业发展的心理契约，+代表合并为一个因子。

收敛效度是指测量同一概念不同问项之间的相关度。本书使用平均变异抽取量（Average Variance Extracted，简称 AVE）来测量，它可以表明潜在变量各测量题项对该潜在变量的平均解释能力。AVE 值大于 0.5，这意味着解释了超过问项 50% 以上的方差。由于 AVE 值介于 0.472—0.522 之间（见表 3-7），除了一个变量接近 0.5，其余都超过了 0.50 的临界要求，可见，设计的问卷具有良好的收敛效度。另外，样本的两两变量相关系数平方介于 0.311—0.384，低于最小的 AVE，故推估笔者设计的量表在三个维度之间具有良好的区别效度，据此，假设 1 成立。

表 3-7 区别效度的验证性因子分析

变量	1	2	3
基于知识补充的心理契约	0.472		
基于能力提升的心理契约	0.311	0.522	
基于职业发展的心理契约	0.370	0.384	0.518

注：阴影上数值为各因子的 AVE 值，其左下方为各成对变量相关系数的平方。

（三）基于年龄和性别视角差异性

对不同年龄上雇员的可雇佣型心理契约进行单因素方差分析，t 值检验结果表明：在可雇佣型心理契约及其内含的三个维度上，F 值的显著性均大于 0.05，表明不同年龄雇员在可雇佣型心理契约及其三个维度上并不存在差异性。

与此同时，针对不同性别的雇员进行独立样本 T 检验，在可雇佣型心理契约及其三个维度上，T 值的显著性均大于 0.05，表明不同性别雇员在可雇佣型心理契约及其三个维度上不存在差异性，分析结果见表 3-8。据此可知，假设 H2 和 H3 没有通过验证。

表 3-8 基于年龄和性别雇员的可雇佣型心理契约差异

变量	特征值	可雇佣型心理契约	基于职业发展的心理契约	基于知识补充的心理契约	基于能力提升的心理契约
年龄	F	0.837	0.990	0.316	0.863
	Sig.	0.434	0.374	0.729	0.424
性别	T	0.056	0.070	0.091	0.023
	Sig.	0.956	0.945	0.928	0.982

（四）基于教育背景视角差异性

针对雇员可雇佣型心理契约进行文化程度的单因素方差分析，结果发现，可雇佣型心理契约和基于知识补充的心理契约、基于能力提升的心理契约维度的 F 值显著性均小于 0.05，而在基于职业发展的心理契约维度上 F 值的显著性大于 0.05，表明受教育程度不同的雇员在基于知识补充的心理契约、基于能力提高的心理契约方面具有显著差异性，而在基于职业发展的心理契约方面差异性不显著。另外，在可雇佣型心理契约上，F 值的显著性为 0.01，小于 0.05，表明不同文化程度雇员在可雇佣型心理契约方面存在显著差异性，假设 H4 获得支持。

笔者还进一步使用多重方差分析和探索不同文化程度与基于知识补充和能力提升的心理契约两维度之间关系（见表 3-9），结果发现：在基于知识补充的心理契约维度上，文化程度在大专以下的雇员心理契约并不存在显著差异，而在本科生和大专生之间的心理契约存在显著差异，并且，本科生对心理契约感知水平较高，研究生和本科生间心理契约不存在显著差异。在基于能力提升的心理契约维度上，相似的结论同样存在。

表 3-9　基于教育背景的可雇佣型心理契约间多重方差分析

自变量	教育背景（I）	教育背景（J）	Mean Difference（I-J）	Std. Error	Sig.
基于知识补充的心理契约	中学及以下	中专、大专	-0.254	0.200	0.206
		本科	-0.495*	0.203	0.015
		研究生	-0.851*	0.327	0.010
	中专、大专	本科	-0.241*	0.122	0.049
		研究生	-0.597*	0.284	0.037
	本科	研究生	-0.356	0.286	0.214
基于能力提升的心理契约	中学及以下	中专、大专	-0.151	0.176	0.393
		本科	-0.375*	0.178	0.036
		研究生	-0.6985*	0.287	0.016
	中专、大专	本科	-0.225*	0.106	0.037
		研究生	-0.548*	0.249	0.029
	本科	研究生	-0.323	0.251	0.200

注：*表示 $P < 0.05$。

（五）基于经济性收入水平视角差异性

从雇员的年经济性收入水平角度，对雇员可雇佣型心理契约的单因素方差分析结果是，F值为4.216，显著性为0.006，小于0.05，表明不同年收入水平雇员的可雇佣型心理契约存在显著差异。再进一步考察可雇佣型心理契约三个维度差异性，结果发现：基于职业发展的心理契约、基于知识补充的心理契约的F值显著性分别为0.006和0.02，均小于0.05，而在基于能力提升的心理契约维度上的F值显著性大于0.05，据此得出结论，不同年收入水平雇员在基于职业发展的心理契约、基于知识补充的心理契约方面存在显著差异，而在基于能力提升的心理契约方面差异性却并不显著。假设H5部分获得支持。

下面继续使用多重方差分析，进一步验证不同收入水平度与基于职业发展和知识补充的心理契约两维度间的关系。从表3-10所显示的结果看，在基于职业发展的心理契约维度上，在年收入为6万元以下的雇员间心理契约不存在显著差异，而在年收入6万元以上与6万元以下的雇员心理契约存在显著差异，并且，年收入在6万元以上的雇员心理契约感知水平较高。在基于知识补充的心理契约维度上，相似的结论同样存在。

表3-10　基于收入水平度的可雇佣型心理契约间多重方差分析

自变量	年收入水平 （I）	年收入水平 （J）	Mean Difference （I-J）	Std. Error	Sig.
基于职业发展的心理契约	1万元以下	1万元—3万元	-0.317	0.188	0.093
		3万元—6万元	-0.297	0.195	0.130
		6万元及以上	-0.697 **	0.208	0.001
	1万元—3万元	3万元—6万元	0.0195	0.132	0.882
		6万元及以上	-0.380 *	0.149	0.012
	3万元—6万元	6万元及以上	-0.400 *	0.159	0.012

续表

自变量	年收入水平(I)	年收入水平(J)	Mean Difference (I-J)	Std. Error	Sig.
基于知识补充的心理契约	1万元以下	1万元—3万元	−0.337	0.195	0.086
		3万元—6万元	−0.274	0.203	0.178
		6万元及以上	−0.650**	0.216	0.003
	1万元—3万元	3万元—6万元	0.063	0.137	0.648
		6万元及以上	−0.313*	0.155	0.045
	3万元—6万元	6万元及以上	−0.376*	0.165	0.024

注：＊表示 P<0.05，＊＊表示 P<0.01 。

结论与启示

从可雇佣性角度考察心理契约，无论是基于知识补充、能力提升，还是职业发展的心理契约，它们容易受到雇员个体自我感知因素的深刻影响。在新创企业中，可雇佣型心理契约的形成与发展，甚至还受到雇员对公司创业理念与创业管理模式评价的影响，包括雇员对新创企业的远景、对创业机会把握能力、对员工成长的关心等方面的自我评价。

（一）结论

在无边界职业生涯时代，雇员的可雇佣性对职业生涯成功起着关键作用。同时，这也导致组织和雇员之间的心理契约始终处在动态变化之中，雇佣双方都更加关注雇员可雇佣性的提升。本章创造性地提出"可雇佣型心理契约"这一概念，并开发出测度可雇佣型心理契约的有效方法。本章创新之处在于解决了可雇佣型心理契约的测度难题，从而丰富和完善了可雇佣性理论，为深入研究心理契约奠定了坚实基础。

第一，提出可雇佣型心理契约概念，并将其进一步区分为基于知识补充的心理契约、基于能力提升的心理契约、基于职业发展的心理契约三个维度。这些维度既包含可雇佣性内容，又体现了雇员和企业之间心理契约的动态性，与以往心理契约的二维模型、三维模型有很大变化，为心理契约研究提供了一个全新视角。

可雇佣型心理契约的重要性还在于，在充满动态复杂性的商业竞争环境中，越来越多的企业寿命变得短暂，"三十年河东，三十年河西"的竞争格局不断成为企业新常态，以致无法保证所有雇员在 60 岁退休时，企业依旧"健在"，所以，雇员会十分自觉地将可雇佣性纳入到心理契约之中。更何况，随着中国人生活质量和健康状况的改善，人均寿命又在提高，即便是退休以后，试图借助其可雇佣性，发挥余热的大有人在。

德鲁克曾有一段精彩的描述：

对于大多数人来说，40 年、50 年总是从事一种工作实在太长。他们的工作劲头逐渐退化，他们感到无聊，失去往日的工作热情，开始"在职养老"，并最终成为周围人的负担。[①]

上面这段话，深刻揭示了在职职工若安于现状，不注重提高自身可雇佣性，既是个人的悲剧，也会对企业成长带来负担。诚如在第一章所指出的那样，新技术方兴未艾的进步，促进了职业概念的推陈出新，传统终身雇佣关系已经被打破，全社会对劳动力流动的认识，也已回归到正常的心态中。无论是企业还是雇员，彼此双方都愿意把可雇佣性作为心理契约的重要组成部分。从企业角度看，可雇佣性高，意味着雇员素质越高，而这种高雇佣性技能的雇员，是企业竞争优势来源的重要保证。从雇员角度看，企业赋予雇员提高自身可雇佣性的空间，意味着自己能在企业内部（依靠内部可雇佣性）或者企业外部（依靠外部可雇佣性）的劳动力市场上，具有更高的就业优势。[②]

第二，开发设计可雇佣型心理契约的测量量表。通过对该量表的实证

[①]　［美］彼得·F. 德鲁克著：《德鲁克文集（第一卷）：个人的管理》，沈国华译，上海财经大学出版社 2006 年版，第 177 页。

[②]　关于雇员内部可雇佣性与外部可雇佣性的观点，可以详见本书第 6 章相关内容。

结果分析，将可雇佣型心理契约的结构划分为三个维度是合理的。这在一定程度上丰富了心理契约内容结构的研究视角，也是对可雇佣性研究的进一步拓展，同时，还可以为未来继续探索心理契约对态度和行为的影响打下基础。

如何辨识不同时期加盟到企业的雇员个体成员的期望，理解不同雇员可雇佣型心理契约的差异性与演化规律，并且，通过心理契约管理加以疏导和干预，是需要雇员自身和管理层备加重视的课题。本章关于可雇佣型心理契约差异性的结论，有助于辨识不同个体在不同时期对可雇佣性的心理定位，进而提出有效的管理策略。[1] 随着时代进步，既要避免性别和年龄歧视，应当给予女性员工、不同年龄段员工以同样的知识扩充、能力提升的机会，也应关注不同性别和年龄段员工对职业发展的不同期望。

新创企业往往规模小，创业者完全可以根据每位雇员的个人特质，因人而宜地配备辅导员制度。相对于年轻人而言，50 岁以上的劳动者失业后，很难再获得就业机会，但是，德国政府制定了"Mini 工作"和"1 欧元工作"计划，前者侧重于提供以短期、兼职为特征的再就业机会，而后者则是指提供收入微薄的公益性工作岗位，[2] 旨在提供再就业机会，有效降低失业率。所以，及时与新入职雇员进行全面而充分的沟通，给予他们可雇佣性提升的机会，有效把握雇员可雇佣型心理契约的变化，对于繁荣创业经济、促进大众创业来说都很有意义。

随着新创企业成长，尽早成立人力资源部是一个很好的选择，其功效应当是取代创业者个人英雄主义，凭感情用事的工作作风。本章对可雇佣型心理契约量表的开发，可以最大程度地为改变初创时期由老板一人说了算的粗放式管理模式，导入专业化管理队伍，以及如何专注于可雇佣型心理契约管理提供决策依据。

---

① 陈忠卫、郝喜玲：《基于人口特征变量的可雇佣型心理契约差异性研究》，《现代财经》2012 年第 12 期。

② 以上数据源于 2014 年第 11 期《中国之翼》所刊载的关于"事业间隔年"的系列报告。

(二) 展望

心理契约理论研究虽然已经取得丰硕成果，但是，到目前为止，心理契约还没有一个被普遍接受的定义。不同学者对于心理契约是什么，以及它被期望用来干什么都有着不同的理解和看法。其结果是，学者们所测量的似乎大多是同一个概念的不同方面。心理契约研究涉及的问题很多，然而，对内容和结构的剖析，无疑是进一步探讨其他问题的基础和保证。[①] 现有关于心理契约结构研究所得到的结果相互之间尚存在着较大分歧，有待做进一步理论论证和实证检验。

未来值得进一步研究的方向包括：

第一，从可雇佣型心理契约角度，创新人力资源管理模式。诚如希尔托普所指出的那样，过去的心理契约建立在这样的一种假设前提下，即人们会自觉地忠诚于他们所从属的公司。但是，今非昔比，这种假设前提已经不复存在，越来越多的雇员已经转向忠诚于他们自己的专业和技能，他们变得更加"自我"，更加关心自己的职业发展，包括从本企业内部转向外部的发展机会。[②]

与传统的心理契约内容一样，可雇佣型心理契约体现在雇员与组织之间的彼此期待与承诺兑现与否的比较过程，具有隐蔽性。在未来人力资源管理实践中，如何选择从扩充雇员知识面、提升各种类型的能力，以及提供职业发展的机会入手，把人力资源优势变成人力资本优势都需要有足够的理论研究成果做支撑。

第二，从雇员与企业成长的组合视角，关注可雇佣型心理契约变化轨迹。从雇员成长角度看，随着年龄增长，教育水平的提高，以及经济性收入增长，雇员与企业间的心理契约会发生动态性改变。以教育水平为例，

[①]　李原、孙健敏：《雇用关系中的心理契约：从组织与员工双重视角下考察契约中"组织责任"的认知差异》，《管理世界》2006 年第 11 期。

[②]　Hiltrop J. M., "Managing the Changing Psychological Contract", *Employee Relations*, 1996, 18 (1).

知识经济社会的到来，促使那些受过高层次教育的人不断走向社会的前台，处在企业发展的中心位置。他们掌握着关键资源的知识，[①] 所以，他们拥有足够强势的谈判筹码，在企业面临新挑战的情形下，要求赋予可雇佣型心理契约更新的内容。在不同控制变量（如企业规模、行业特点等）条件下，可雇佣型心理契约有着怎样的差异性，仍有待进一步研究。

另外，从企业成长角度看，可雇佣型心理契约的具体内容也会发生转移和改变。这种改变既可能源于个人追求进步的内在动力，也可能源于组织成长和转型发展提出的新要求。鲁索认为，心理契约的形成主要包括四个阶段：雇佣前阶段、招聘阶段、早期社会化阶段和后期经历阶段，每一阶段都有相应的行为和信念对心理契约形成产生影响。[②] 而在莫里森和鲁滨逊看来，心理契约违背同样也经历了三个阶段：感知到承诺未履行、感知到契约违背、感知到契约破裂，在每一个阶段也会受到不同的认知加工过程的影响。[③] 可雇佣型心理契约的形成以及违背是否也符合上述模型，关注可雇佣型心理契约的动态变化特点，以及在这个过程中的影响因素，同样还需要进行深入探讨。

第三，从因果关系的角度，验证可雇佣型心理契约履行对雇员行为的影响。本章仅仅只是提出了可雇佣型心理契约概念，并借助胜任力模型对其内容结构进行划分，分析了基于人口特征变量的差异性。未来的研究可以转向关注可雇佣型心理契约履行对雇员行为的影响，包括组织公民行为、职业生涯选择、组织认同、离职行为、工作满意度等。而且，对于可雇佣型心理契约履行的测评，可以选择雇员与雇主两个不同主体，对可雇佣性同一维度进行双向考察，将极大地提高研究成果的现实指导意义。另外，本书对可雇佣型心理契约维度的划分，仍处在探索性阶段，未来还可

---

① ［美］彼得·F. 德鲁克著：《德鲁克文集（第一卷）：个人的管理》，沈国华译，上海财经大学出版社 2006 年版，第 183 页。

② Rousseau D. M., "Schema, Promise and Mutuality: The Building Blocks of the Psychological Contract", *Journal of Occupational and Organizational Psychology*, 2001, 74.

③ Morrson E. W., & Robinson S. L., "When Employee Feel Betrayed: A Model of How Psychological Contract Violation Develops", *Academy of Management Review*, 1997, 22 (1).

以对此结构进行进一步优化，以期能够更加直观明了地解释可雇佣型心理契约不同维度对雇员行为的影响效果。

第四，从演化逻辑的角度，剖析可雇佣型心理契约违背的内在机理。可雇佣型心理契约强调雇员对组织责任和义务的心理期望，对这种权利和义务感知带有主观判断成分。如第一章所述，尽管学术界就心理契约违背及其对后续态度（行为）的影响，已经开展了相当数量的实证研究，但仅限于交易型心理契约和关系型心理契约的传统内容结构。如果按照本章对可雇佣型心理契约的三维度划分结果，这种可雇佣型心理契约的违背存在什么样的内在规律？在可雇佣型心理契约违背与其后续态度（行为）变量之间存在哪些中介变量、调节变量？它们的作用效果如何？这些都有继续做进一步研究的必要性。

第四章　可雇佣型文化、心理契约违背
与雇员角色绩效的关系

　　新创企业从创建之日起，企业文化便在悄然形成。无论是何种文化类型，积极的还是消极的，它们都会潜移默化地影响到公司每一位雇员。企业文化将会成为规范和约束雇员行为的准则，所以，如何让企业文化与公司发展战略相匹配，如何让企业文化体现到人力资源管理模式中，如何让企业文化伴随企业成长的阶段性而实现有效变革，是新创企业加强内部组织管理的重要任务。创业者与创业团队完全可以借助企业文化的力量，引导并激发起个体成员的创业热情。

　　企业文化可以通过三种不同的力量来激励和影响个体：一是与工作相关的内在激励，二是外在的经济力量，三是以人的信念和价值观念为基础的影响力。[①] 在这三种力量之中，人的信念和价值观是企业文化的核心。事实上，"可雇佣性"本身包含并不是简单的物质激励因素，而是作为组织文化的一个重要组成部分而存在，因此，可雇佣型文化的概念也就油然而生。

　　创业者志向对于新创企业成长十分重要。尽管人们一谈起创业精神，总喜欢把它与创新、冒险、快速行动、积极进取、规模扩张等褒义词联系在一起，但是，如果创业者的志向仅仅只是为了实现"创建个人王国的梦想和希望"，或者追求个人财富最大化，那么，这一家新创企业不久以后，

---

　　① 　马剑虹、倪陈明：《企业职工的工作价值观特征分析》，《应用心理学》1998 年第 1 期。

初始的个体创业精神也会遭受侵蚀，可能会退化为知足常乐型企业文化。相反，如果创业者志向在于成就一番事业，证明自身的社会价值，那么，创业者就会致力于打造永不满足型企业文化，并且，当越来越多的雇员从羡慕初始创业者的创业行为，发展到模仿甚至践行其创业精神时，创业者个体创业精神也会逐渐演化为公司创业精神。

一、问题提出：可雇佣型文化与新创企业成长

每个企业都有其独特的文化，新创企业亦是如此。可雇佣型文化（employability culture）是指公司对创业团队成员或者普通雇员，通过提高其可雇佣性技能，以支持实现个人发展目标和成就动机，并且，公司高管层的这种长远性意图，能够内化为全体雇员普遍持有的价值理念、行为准则和自觉行为的一种发展状态。其中，致力于提升培养可雇佣性的价值观是企业可雇佣型文化的核心。

（一）可雇佣型文化特征

企业文化对于个体成员角色绩效以及企业绩效的重要作用被学术界引起重视，发生在 20 世纪 70 年代以后。20 世纪 70 年代末至 80 年代初，日本经济对美国经济造成了巨大冲击，美国学者威廉·大内（William Ouchi）由此专门研究起日本企业成功的奥秘，结果发现，日本企业能够战胜美国企业的最大原因在于文化。在那些成功施行可雇佣型文化的组织里，组织成员往往能以更加积极的姿态，勇敢地面对工作变化和外部挑战。由于可雇佣型文化更多地体现在企业文化的认知层面，[①] 并且，这个认知层面（与企业文化的情感层面不同）关注或者牵涉到个人成长之类的工作行为，研究表明，企业文化的认知层面感知与组织成员留在组织内

[①]　Ostroff C. R. , "The Effects of Climate and Personal Influences on Individual Behavior and Attitudes in Organizations", *Organizational Behavior and Human Decision Processes*, 1993, (56).

的意向具有相关性。①

事实上，可雇佣型文化并非空穴来风，自威廉·大内的观点形成以来，许多学者都自觉或者不自觉地从提高可雇佣性角度研究过企业文化问题。可雇佣型文化具有以下典型特征：

第一，坚持以人为本。威廉·大内在比较美国 A 型组织与日本 J 型组织的差异性时发现，美国企业往往由领导者个人决策、雇员处在被动服从地位，而日本企业则擅长于利用集体决策，所以，主张美国不能简单地把日本模式照搬到美国，而应当有所创新，于是，提出了符合美国文化特点，又充分借鉴和学习了日本经验的 Z 理论。② 显然，他已经充分注意到个人参与决策的重要性和利用团队决策的必要性。在可雇佣型文化中，高层管理者会像对待成人一样地对待所有雇员，像对待合作伙伴一样地对待雇员，给予雇员更多的自由和尊重。这种普遍存在的氛围可以引导雇员对待组织内部工作的态度和行为。③ 相反，那种只像花费资金、购置机器实现自动化一样地对待雇员的做法，④ 在 21 世纪显然已经不合时宜。

第二，突出能力至上。早在 1982 年，托马斯·彼得斯（Thomas J. Peters）和罗伯特·沃特曼（Robert H. Waterman）合著的《追求卓越》一书，总结提炼出卓越企业的八条基本特质。其中有四条涉及卓越企业重视提高雇员的能力，包括：

一是崇尚行动。那些卓越的公司最大特征莫过于以行动为导向，这些行动有助于培养多方面的能力，如信息透明和开放网络中的沟通能力，任务分解和流动性团队小组中"化整为零"的系统思考能力，鼓励试验和不害怕失败氛围中的学习能力等。

---

① Carr J. Z. R., Schmidt A. M., Ford J. K., & DeShon R. P., "Climate Perceptions Matter: A Meta-analytic Path Analysis Relating Moral Climate, Cognitive and Affective States, and Individual Level Work Outcomes", *Journal of Applied Psychology*, 2003, (88).

② ［美］威廉·大内著：《Z 理论》，朱雁冰译，机械工业出版社 2013 年版，第 30—66 页。

③ Schneider B., Brief A. P., Guzzo R. A., "Creating a Climate and Culture for Organizational Change", *Organizational Dynamics*, 1996, (24).

④ ［美］托马斯·彼得斯、罗伯特·沃特曼著：《追求卓越》，北京天下风经济文化研究所译，中央编译出版社 2000 年版，第 250 页。

二是接近顾客。那些卓越的公司往往具有被顾客牵着走的倾向，他们对顾客的重视程度远远超出对开发技术和降低成本的重视程度。在此类公司中，可以有效培养雇员服务至上能力，让雇员懂得质量至上的意义，引导雇员如何倾听顾客声音，以及帮助雇员如何发现合适的市场等。

三是自主创新。大企业之所以能够创造令人羡慕的业绩，其中一个最重要原因在于他们既有大公司的风范，又能按照小企业的方式行事。① 卓越的业绩源于他们能够传承并延续初始创建时期的企业家精神，对员工充分地授权，使创业团队企业家精神自然地过度到高层管理团队企业家精神，甚至演化为公司企业家精神。②

四是宽严并济。过于自由散漫和过于刻板教条的企业文化，都不利于雇员成长，也容易导致管理频频失误和业绩持续下滑。在彼得斯和沃特曼看来，公司宽严并济的本质在于公司的集权指导和最大化的个人自治（即"自己做自己的分内工作"）相结合。在具有浓厚可雇佣型文化的公司里，既能够让大家明白做事要遵守规则，又主张自治、创业和鼓励基层创新。

第三，注重职业发展。在充满可雇佣型文化的企业里，企业制度设计的出发点在于激励雇员发展自我，支持雇员自由地学习和接触组织内外的新生事物。在具有浓厚可雇佣型文化的企业里，在本单位内就有很多自我发展的机会和条件供雇员选择，所以，个体感知到促使其离开组织的"推力"也非常小。于是，雇员就会选择留在企业，更好地表现自己和寻求发展，同时，也产生了较高的角色绩效。③ 威廉·大内深刻地认识到，美国企业注重短期雇佣，而日本企业实行终身雇佣制；美国企业注重短期绩效考核，日本企业突出长期考核。所以，Z 理论主张，未来企业应当实行长期雇佣制，但评价和晋升过程不要像日本企业那样漫长。

正是由于可雇佣型文化的上述特征，所以，可雇佣型文化成为了新时

---

① ［美］托马斯·彼得斯、罗伯特·沃特曼著：《追求卓越》，北京天下风经济文化研究所译，中央编译出版社 2000 年版，第 206 页。

② 陈忠卫著：《创业团队企业家精神的动态性研究》，人民出版社 2007 年版，第 284 页。

③. Van Scotter JR., & Motowidlo S. J., "Interpersonal Facilitation and Job Dedication as Separate Facets of Contextual Performance", *Journal of Applied Psychology*, 1996, (81).

期企业成长的精神支柱，也因此越来越受到学术界和管理学界的重视。

（二）可雇佣型文化与企业成长的关系

新创企业成立的初始阶段，创业者个人往往具有绝对权威，个人集权是这一类企业文化的核心。权力文化在新创企业中是通过所谓"移情作用"的特殊沟通方式，达到决策速度的闪电化。[①] 但是，如果缺乏创业团队内部成员之间的信任关系，或者缺乏创业者与一般雇员之间的信任关系，这种"移情作用"在现实中也会被大打折扣。现实中，创业者又特别喜欢这种管理模式，权力文化有可能被滥用，而且经常被滥用。创业者是英雄的化身，但是，如果创业者文化不能尽快过渡到可雇佣型文化，新创企业的生命力就会十分有限。

可雇佣型文化概念的提出，充分体现了把企业文化的作用机制，延伸到心理学研究领域。这种借助心理学对人的心理和行为之间关系的研究思路，可以解读可雇佣型心理契约形成和发展的心理现象。[②] 按照传统文化的思维，如果让雇员获得知识扩充、能力提升和职业发展，无疑等于"让人变得如我们自己一样优秀"。[③] 事实上，多数雇员除了羡慕和赞成创业者价值观以外，更期望自己能够从创业者身上学到真本领。可雇佣型文化的价值也正是在于能够激发起更多雇员成为英雄的精神动力，达到一种"只要努力，谁都可以成为像创业者一样的英雄"之内部氛围。

问题的关键在于，创业者看待雇员或者其他创业团队成员有朝一日比自己还要更加优秀的态度。如果创业者担心他人比自己优秀，可能会危及自己的权威和尊严，影响到自己的社会地位，那么，可雇佣型文化将无法得到维持，更谈不上发展。并不是每一次的可雇佣型心理契约违背，都必然会让雇员产生降低角色绩效的行为，也并非必然会导致雇员的离职行

---

① 陈传明主编：《西方管理学经典命题》，江西人民出版社 2007 年版，第 284 页。
② 陈春花、曹洲涛等著：《企业文化》，机械工业出版社 2010 年版，第 8 页。
③ ［英］杰夫·卡特赖特著：《文化转型：企业成功的基础》，郁启标等译，江苏人民出版社 2004 年版，第 39 页。

为。只有当类似的可雇佣型心理契约违背事件，一而再、再而三地发生，雇员才会通过自身心理活动过程，作出可能不利于新创企业实现可持续性成长的行为，可雇佣型文化无法继续支撑新创企业成长。

对于新创企业来说，根本就经不起雇员大面积出现心理契约违背的折腾，也不允许雇员阳奉阴违的消极行为存在。如果让可雇佣型心理契约一而再、再而三违背的话，新创企业就有可能遭遇灭顶之灾。创业者从一开始就会把能够提高可雇佣性作为招聘雇员的诱因，因为他们深知，这种做法可以更加容易地引起那些处在就业市场竞争中"待业者"的兴趣。一旦新雇员入职后，如果他们也能充分地感受到这种可雇佣型文化的存在，提高可雇佣性是新创企业人力资源管理重要法宝时，新入职雇员可能会努力地为企业做贡献。

可雇佣型文化也是促进新创企业持续成长的精神支柱。所以说，不要认为只有成立时间较长的大公司存在可雇佣型文化建设问题，那些新创企业同样需要注重可雇佣型文化建设。同时，也不要认为，可雇佣型文化是新创企业成立以后再做的事情，其实，在招聘雇员时就应当发出新创企业重视可雇佣型文化的信号。

二、理论与假设

长时期以来，关于文化、价值观和行为之间内在关系，以及彼此间的作用机理，都是人们认识中的一个"黑箱"。人们曾尝试从不同角度解释企业文化影响个体行为的运行机制，主要包括：一是从文化传递角度研究认为，企业文化是先通过影响价值观，然后，传导并影响个体行为;① 二是从组织文化认同角度研究认为，企业文化价值观的社会化传播影响到个

---

① 参阅以下文献：Denison D. R. , "What is the Difference between Organizational Culture and Organizational Climate? A Native's Point of View on a Decade of Paradigm Wars", *Academy of Management*, 1996, 21（3）; Schall M. S. , "A Communication Rules Approach to Organization Culture", *Administrative Science Quarterly*, 1983,（28）。

体成员的组织认同，进而影响到个体行为，即企业文化通过组织认同，影响到个体行为；[1] 三是从文化场域角度研究认为，组织成员实际上处在某种文化场中，他的行为因受到文化场的作用，而逐渐趋于和公司所倡导的相一致。[2] 不过，这些研究范式的共同缺陷在于缺乏与新创企业特殊性的结合，并且，大多数模糊了企业文化的具体类型。笔者所关注的是可雇佣型文化是否总是有利于激发雇员积极地为新创企业工作，并使其角色绩效产出的最大化。

（一）可雇佣型文化与角色绩效

在高度重视可雇佣型文化建设的新创企业里，往往意味着雇员对企业拥有很强的适应性，并且，高管成员也会注意通过创建可雇佣型文化，尽可能地激发出每一位入职雇员的可雇佣性导向，努力使他们能够更多地获得成长与发展机会，获得更多的团队内部知识分享的机会，企业在这些方面的付出，将对个人发展起到一定的支持作用。[3] 根据奥克吉、安纳丽丝和卡伦（Aukje, Annelies & Karen）等学者所主张的观点，那些需要对外界变化保持很强适应能力的组织，应该重视营造可雇佣型文化，它将有助于降低离职倾向，提升个体角色业绩。[4]

组织结构、技术、工作任务的变化，要求雇员能够适应新角色转型，努力改善既有工作表现以及获得新技能训练的机会等。[5] 组织可以尝试通

---

① 苏雪梅、葛建华：《员工社会化视角下的企业文化作用机制研究》，《科学学与科学技术管理》2009 年第 12 期。

② 姚公安、覃正：《企业文化的场效应》，《软科学》2006 年第 4 期。

③ Schneider B., Brief A. P., & Guzzo R. A., " Creating a Climate and Culture for Organizational Change", *Organizational Dynamics*, 1996, (24).

④ Aukje N., Annelies V. V., & Karen V. D., "Understanding the Factors that Promote Employability Orientation: The Impact of Employability Culture, Career Satisfaction, and Role Breadth Self-efficiency", *Journal of Occupational and Organizational Psychology*, 2009, (82).

⑤ 这方面的观点可以参阅以下文献：Chan D., "Understanding Adaptation to Changes in the Work Environment: Integrating Individual Difference and Learning Perspectives", *Research in Personnel and Human Resource Management*, 2000, (18) 以及 Pulakos E. D., Arad S., Donovan M. A., & Plamondon K. E., "Adaptability in the Work Place: Development of a Taxonomy of Adaptive Performance", *Journal of Applied Psychology*, 2000, (85)。

过营造可雇佣型文化的氛围，促进个体成员积极改进自我，提高适应多变环境的能力。有研究表明，那些感受到组织可雇佣型文化的个体成员，会对外界变化表现出更为积极的反应。[①] 更进一步分析，在一支充满可雇佣型文化的创业团队中，如果团队内部成员对顾客问题的知识存量具有高度差异化的观点，那么，由于创业团队具有了多样化认知能力，恰恰可以借助成员之间的思想交流与观点交锋，更有可能开发出创新性更强的产品/服务。[②]

在新创企业内部，可雇佣型文化对创业团队成员角色绩效的积极影响表现在：一是通过组织采取措施，帮助个体提高可雇佣性能力，达到改善雇员角色内绩效之效果；二是吸引那些重视自己可雇佣性提高的成员，让其能够安心地留在新创企业内部工作，自觉地产生角色外绩效；三是创业团队成员之间彼此相互学习，取长补短，共同创造角色绩效。在 20 世纪初，美国3M 公司刚刚创建之时，就着手建立过一套创业行为准则，并且，鼓励与支持内部创新和创业行为。3M 公司提出了非常著名的"15%原则"，它要求每一位员工至少用 15%的时间和精力花在独立创新项目上。[③] 可以说，3M 公司每一项重大创新都源自 15%原则，以及隐藏其后的可雇佣型文化。

从理论与实践两个方面角度看，如果新创企业具有可雇佣型文化特质，由于个体可以接受或者选择符合自身愿望的价值观、使命感，共同商量人际沟通方法，所以，可雇佣型文化对雇员积极性和主动性的调动往往起着正能量效果。据此，提出如下假设：

H1：可雇佣型文化与创业团队成员角色绩效呈显著正相关。

H1a：可雇佣型文化与创业团队成员角色内绩效呈显著正相关。

H1b：可雇佣型文化与创业团队成员角色外绩效呈显著正相关。

---

① Tierney P., "Work Relations as a Precursor to a Psychological Climate for Change: The Role of Workgroup Supervisors and Peers", *Journal of Organizational Change Management*, 1999, (12).

② 杨俊、田莉、张玉利、王伟毅：《创新还是模仿：创业团队经验异质性与冲突特征的角色》，《管理世界》2010 年第 3 期。

③ ［美］尼尔·桑伯里著：《重塑创业精神：像创业者一样领导成熟企业》，杨斌译，中国财政经济出版社 2008 年版，第 89 页。

（二）心理契约违背与角色绩效

雇员角色绩效很大程度上取决于组织能否满足其需求和期望，这些需求和期望的内容体现的是个体对组织的心理契约状态。学术界的研究按照两条线索展开：一是直接用心理契约来预测角色绩效。国内外已有大量研究证明心理契约可以较好地预测角色绩效，特别是关系绩效（属于角色外绩效范畴）；二是考察心理契约在雇员个体期望与其绩效表现之间发挥着重要的作用。比如，格斯特研究认为，当组织越能满足个体期望，越能保持个体与组织之间积极的心理契约关系，个体的组织支持、感情承诺和绩效产出水平也会越高。[1]

与此相反的情形是，雇员对承诺的理解和雇员对实际所感知的获得之间的差异性，是心理契约违背的根源所在。在现实中，并不是所有的雇员在其感知到心理契约破裂时，都会采取过激的甚至是充满敌意的行为反应，他们也可能仅仅只是降低自己角色绩效而已。[2] 在以往有关心理契约违背问题的研究成果基础上，鲁滨逊和莫里森认为，如果个体意识到组织没有主动履行雇佣关系所承诺的义务，那么，个体成员就会产生相应的情感反应和对组织较低的认知评价。[3]

在新创企业内部，如果新加盟的创业团队成员，意识到自己所在组织已经发生了心理契约违背，那么，雇员承担的工作义务和付出努力的程度就会随之下降，换言之，他们会降低其角色内和角色外绩效，以获取某种心理上的平衡。相反，如果新创企业和新创企业高管团队能够很好地履行心理契约，主动承担所承诺的相关义务，那么，个体成员就会同样努力地兑现他们对组织的承诺，与创业团队其他成员一道共同攻坚克难，甚至会不计个人得失地通过提高角色内和角色外绩效，共同促进新创企业成长。

---

① Guest D. E., "Is the Psychological Contract Worth Taking Seriously?", *Journal of Organizational Behavior*, 1998（19）.

② 陈忠卫著：《创业团队企业家精神的动态性研究》，人民出版社 2007 年版，第 236 页。

③ Robinson S. L., Rousseau D. M., "Violating the Psychological Contract：Not the Exception but the Norm", *Journal of Organizational Behavior*, 1994, 15（3）.

笔者在把心理契约违背区分为交易型心理契约违背和关系型心理契约违背的情况下，提出如下假设：

H2：创业团队成员交易型心理契约违背与角色绩效呈显著负相关。

H2a：创业团队成员交易型心理契约违背与角色内绩效呈显著负相关。

H2b：创业团队成员交易型心理契约违背与角色外绩效呈显著负相关。

H3：创业团队成员关系型心理契约违背与角色绩效呈显著负相关。

H3a：创业团队成员关系型心理契约违背与角色内绩效呈显著负相关。

H3b：创业团队成员关系型心理契约违背与角色外绩效呈显著负相关。

（三）可雇佣型文化、心理契约违背与角色绩效

企业文化影响个体的心理活动模式，然后，影响雇员相应的行为表现和工作产出。可雇佣型文化作为一种企业文化，培养和提高个人可雇佣性的价值观，是可雇佣型文化的核心。根据波特·马金等学者的观点，企业文化决定了将要存在的心理契约类型。他们在《组织和心理契约：对工作人员的管理》一书中曾有这样的一段描述：

> 从管理者的观点看，心理契约是"我做决策，你按要求的去执行"即可，虽然下级也能够提出建议，但只有在管理者允许时，才可以这样去做。从下级的观点看，"我只执行要求我去做的，我不必负任何责任"。[1]

随着新创企业的成长，心理契约……的内容会发生变化。当个体在较强的可雇佣型文化氛围内，他有可能认为，组织一直在为自己提供了成长和发展的平台，这将有利于提高自身的可雇佣性。作为一种具有积极作用的可雇佣型文化，其促动力量取决于雇员对其信仰和价值标准的内化或者弃绝。[2] 即使是在待遇、地位等方面暂时存在一些不尽如人意之处，创业

---

[1]　[英] 波特·马金、凯瑞·库帕、查尔斯·考克斯著：《组织和心理契约：对工作人员的管理》（第二版），王新超译，北京大学出版社 2000 年版，第 306—307 页。

[2]　[英] 杰夫·卡特赖特著：《文化转型：企业成功的基础》，郁启标等译，江苏人民出版社 2004 年版，第 78 页。

团队成员也会因可雇佣型文化的存在，感觉到日后有机会得到补偿。所以，通常情况下，在可雇佣型文化强的新创企业中，雇员不再会被动地等待组织迅速的关心和关注，而是经常性地主动反省自己，继续在愉快合作的团队氛围中，积极付出以提高自身本领，发生可雇佣型心理契约违背的可能性很小。据此提出假设：

H4：可雇佣型文化与创业团队成员心理契约违背呈显著负相关。

H4a：可雇佣型文化与创业团队成员交易型心理契约违背呈显著负相关。

H4b：可雇佣型文化与创业团队成员关系型心理契约违背呈显著负相关。

按照企业文化的心理作用机制，创业团队成员与新创企业间心理契约违背在可雇佣型文化与角色绩效间很可能存在中介效应。创业团队内部充满着权力文化，它是以心理疏远感为基础的。按上述分析逻辑，不同的创业团队成员往往通过对新创企业的算计型结果来决定他是否愿意，或者在多大程度上愿意为企业付出自己的投入。魏峰、李燚、任胜钢的研究发现：组织心理契约违背与组织人际公正对管理者组织忠诚存在交互作用。[①]事实上，组织内部人际公正与否和可雇佣型文化具有相通性，一般情况下，组织内部的人际关系越和谐，雇主越能够采取公正思维来对待每一位雇员的晋升机会，同时也意味着可雇佣型文化更具人性化特点。由此推断，心理契约违背的程度在可雇佣型文化与角色绩效间存在着中介效应，即可雇佣型文化通过减弱心理契约违背程度，可以减轻乃至消除心理契约违背对角色绩效所产生的负向影响。在此，提出以下一系列假设：

H5：交易型心理契约违背在可雇佣型文化与角色绩效间存在中介效应。

H5a：交易型心理契约违背在可雇佣型文化与角色内绩效间存在中介效应。

---

① 李燚、魏峰、任胜钢：《组织公正和心理契约违背对管理者行为的影响》，《管理科学学报》2007年第12期。

H5b：交易型心理契约违背在可雇佣型文化与角色外绩效间存在中介效应。

H6：关系型心理契约违背在可雇佣型文化与角色绩效间存在中介效应。

H6a：关系型心理契约违背在可雇佣型文化与角色内绩效间存在中介效应。

H6b：关系型心理契约违背在可雇佣型文化与角色外绩效间存在中介效应。

综合以上关于新创企业可雇佣型文化、心理契约违背与创业团队成员角色绩效关系的理论假设，在此构建起如图4-1所示的概念性框架。

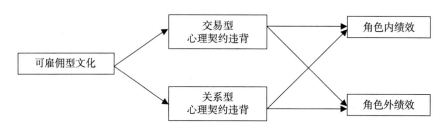

图4-1　可雇佣型文化、心理契约违背与角色绩效关系的概念性模型

三、研究方案设计

本书以新创企业成立时间为八年以内的创业团队成员为研究对象。在采用问卷调查之前，先进行过面对面的前期访谈。这种访谈做法具有四个目的：一是让问卷填写者增进对可雇佣型文化重要性的思想认识；二是消除对"心理契约违背"的测量可能反映出一种消极情绪的顾虑；三是获得创业团队成员的配合和认可；四是为分析可能获得的实证结论，发现一些有价值的线索和实践依据。

（一）问卷设计与发放

为了保证问卷结构及内容的合理性，对问卷制作采用了从访谈、设计、讨论、试测到修改测量题项的循环往复过程。在文献回顾和访谈的基础上，参照既有量表及创业团队成员的特征，初步开发出研究量表，召集校级创业与企业成长研究所的核心成员和部分研究生，共同讨论问卷措辞，然后，再通过预测试，完善正式调研问卷。其中，预测试经历两周时间，共发放问卷 57 份，回收问卷 53 份，有效问卷 47 份，预测试有效问卷回收率为 82.5%。

在对有效问卷数据进行信效度分析之后，笔者保留了"公司主张雇员应当保持工作的灵活性和弹性""公司倡导在单位内部进行工作岗位的交流""公司鼓励并支持雇员拓宽自身技能""雇员的大胆创新在本公司内部是得到鼓励的"，作为测量可雇佣型文化的四个题项。同样的思路，笔者筛选并保留用以测量交易型心理契约违背的题项 4 个，测量关系型心理契约违背的题项 3 个，测量角色内绩效和角色外绩效的题项均为 4 个。并且，最终保留的题项所组成的测量项目，其克隆巴赫 α 系数均达到 0.7 以上，表明问卷具有良好的信度。

在大规模问卷发放环节，笔者采用便利抽样法和滚雪球式抽样相结合的方法。即由调查人员与被调查者先进行访谈，请被调查者进行问卷填写的同时，由他推荐从属于同一创业团队的其他成员，然后再继续扩大访谈和填写问卷的对象。正式问卷发放始于 2011 年 7 月，历时两个多月，调研地区包括安徽、江苏、浙江、山东、广东等省创业相对活跃的市县区，主要是以中国中、东、南部地区为主。

（二）描述性统计

正式问卷共发放 220 份，回收问卷 193 份，剔除部分缺失项较多的问卷、填答态度明显存在不认真的问卷，以及并非由创业团队成员所填的问卷后，最终得到有效问卷 189 份，有效回收率为 85.91%。考虑到研究对象仅限于成立时间不足八年的新创企业，最终共获取符合条件的创业者182人，涉及153家企业。

从样本调查者角度看，如表4-1所示，男性创业团队成员较多，占59.34%；20—40岁的中青年被调查者较多，累计占比64.28%；大专、中专和本科学历层次的居多，占65.38%；在公司正职和副职岗位从事高层管理工作者89人，占被调查者的48.90%；在公司的任期分布比较均匀。

表4-1　被调查创业团队成员分布

项目	类别	数量	比重(%)	项目	类别	数量	比重(%)
性别	男	108	59.34	所任职务	董事长/行政总裁/总裁及副职/企业主/企业合伙人	33	18.13
	女	74	40.66		总经理/副总经理/厂长	56	30.77
年龄	20岁以下	13	7.14		财务总监/总会计师	23	12.64
	20—30岁	69	37.91		首席信息/技术主管	11	6.04
	30—40岁	48	26.37		行政经理/人事经理	20	10.99
	40—50岁	47	25.82		总工程师	3	1.65
	50—60岁	13	7.14		市场营销/销售总监	24	13.19
	60岁及以上	2	1.09		其他	12	6.59
文化程度	小学及以下	7	3.85	在公司内任现职时间	1年以下	49	26.92
	中学	35	19.23		1—2年	47	25.82
	中专、大专	75	41.20		2—5年	56	30.77
	本科	44	24.18		5—8年	30	16.48
	硕士	17	9.34	合计		182	100.00
	博士	4	2.20				

另外，从153家样本来源企业的角度看，如表4-2所示，本次问卷调查以民营企业居多，共127家，占83.01%；雇员规模在300人以下的134家，占样本来源企业87.93%，说明样本就新创企业的规模普遍不是很大。从公司成立年限的分布情况看，成立时间在1年以下的，共14家，占

9.15%，成立时间在1—2年、2—5年、5—8年的企业数分别为39家（占25.50%）、56家（占36.60%）和43家（占28.10%）；从创业团队规模来看，创业团队成员在3—4人者最多，共79家（占51.63%）。

表4-2　被调查样本企业分布

项目	类别	数量	比重（%）	项目	类别	数量	比重（%）
公司所有制性质	国有	2	1.31	所在行业性质	制造业	82	53.60
	民营	127	83.01		信息传输、计算机服务和软件业	12	7.84
	外资	12	7.84		住宿和餐饮业	12	7.84
	合资	8	5.23		交通运输、仓储和邮政业	12	7.84
	其他	4	2.61		租赁和商务服务业	10	6.54
创业团队成员数	2人	15	9.80		房地产业	7	4.58
	3—4人	79	51.63		居民服务和其他服务业	2	1.31
	5—6人	46	30.07		文化教育、体育和娱乐业	6	3.92
	7—8人	20	13.07		其他	10	6.54
	9人以上	3	1.96	雇员规模	1—50人	82	53.94
公司成立年限	1年以下	14	9.15		51—300人	52	33.99
	1—2年	39	25.50		301—1000人	19	12.42
	2—5年	56	36.60	合计		153	100.00
	5—8年	43	28.10				

综合上述两个角度的描述性统计分析，可以发现：无论从被调查者特征分布，还是从样本从属企业结构上看，被调查者和样本企业均具有广泛性和代表性。

（三）变量测量

对于关键变量测量，尽可能地参考具有一定权威性的参考问卷，并结合创业型企业成长的特点，适当进行修正而成。同时，对此类变量的测量，采用利克特5级量表的计分方式，依据"非常不符合""不符合""一般""符合""非常符合"的顺序，分别给予1、2、3、4、5分。得分越高，表示该变量陈述的测量题项越符合实际，得分越低，表明越不符合实际。其中，在心理契约违背的测量中，笔者适当做了技术处理，对所有题项均采用反向测量法，即得分越低，表明心理契约实现程度越高，与之相对应，表明心理契约违背程度越低。

　　1. 可雇佣型文化

　　依据前面的分析思路，可雇佣型文化被定义为公司通过提高雇员可雇佣性技能，以支持实现个人发展的一种内在价值理念和行为准则。问卷题项参考的是奥克吉、安纳丽丝和卡伦编制的可雇佣型文化量表，[①] 包括"雇员的大胆创新在本公司内部得到鼓励""公司主张雇员应当保持工作的灵活性和弹性""公司倡导在单位内部进行工作岗位的交流""公司鼓励并支持雇员拓宽自身技能"等四个题项。经检验，可雇佣型文化量表的克隆巴赫 α 系数为 0.783，大于 0.7，表明测项内部一致性较高，通过了信度检验。

　　对可雇佣型文化量表的数据进行 KMO 检验和 Bartlett 球形检验，样本 KMO 值为 0.774，是个较为理想的数值，在 Bartlett 球形检验中，卡方值 χ^2 为 128.216，自由度 df 为 6，显著性水平 sig. 值为 0.000，达到显著性水平，由此表明，样本数据适合进行因子分析。

　　利用 SPSS16.0 采用主成分法作因子分析，提取出"可雇佣型文化"因子（见表4-3），累计方差解释率为 67.794%。由于这些题项，描述的是公司鼓励雇员拓宽技能、支持工作交流、鼓励创新等有利于个体提高自身可雇佣性的企业文化内容，按照原有构思，故把该因子命名为"可雇佣型文化"。

[①] Aukje N., Annelies V. V., & Karen V. D., "Understanding the Factors that Promote Employability Orientation: The Impact of Employability Culture, Career Satisfaction, and Role Breadth Self-efficiency", *Journal of Occupational and Organizational Psychology*, 2009, (82).

表4-3 可雇佣型文化因子分析结果

项 目 内 容	可雇佣型文化
雇员的大胆创新在本公司内部得到鼓励	0.825
公司倡导在单位内部进行工作岗位的交流	0.810
公司鼓励并支持雇员拓宽自身技能	0.775
公司主张雇员应当保持工作的灵活性和弹性	0.776
特征值	2.427
方差解释率（%）	67.794
累计方差解释率（%）	67.794

注：采用主成分提取法。

2. 心理契约违背

鲁索认为，心理契约反映的是个体所认知的组织应尽的责任与义务。那么，心理契约违背则是指雇员主观上知觉到组织无法执行或者未予履行其应尽的义务与责任。[1] 新创企业创业团队成员心理契约履行则是新创企业创业团队成员对公司有效兑现其应尽责任与义务的一种主观评价。

心理契约违背则是从反向的观点来研究心理契约，与心理契约履行相比，两者都是指组织履行心理契约的程度。在实际操作中，衡量心理契约的违背程度往往是先衡量心理契约履行，再将其所得到的资料予以反向编码而成。[2]

其基本原理是：如果个体认知的心理契约与组织真正执行之间存在着缺口，缺口大，表示心理契约的违背程度高，即组织履行心理契约的程度低；如果缺口小，表示心理契约违背程度低，即组织履行心理契约程度高。既然两者都与组织履行心理契约程度有关，那么，心理契约实现程度高，即表示心理契约违背程度低；相反，心理契约实现程度低，即表示心

---

① Rousseau D. M., "Psychological and Implied Contracts in Organizations", *Employee Responsibilities and Rights Journal*, 1989, 8 (2).

② 类似这种反向测量方法，也可以参阅：Robinson S. L., & Rousseau D. M., "Violating the Psychological Contract: Not the Exception but the Norm", *Journal of Organizational Behavior*, 1994, 15 (3); Robinson S. L., Kraatz M. S., & Rousseau D. M., "Changing Obligations and the Psychological Contract", *Academy of Management Journal*, 1994, 37 (1).

理契约违背程度高。

笔者采取上述的思路，在实证研究过程中，先测量了新创企业创业团队成员心理契约履行，然后，再把所得数据进行反向编码，即成为心理契约违背的测量值。

笔者在参考米尔沃德和霍普金斯（Millward & Hopkins）[①] 关于心理契约违背的量表基础上，借鉴了陈加洲[②]、陈忠卫等学者[③]先前开发的心理契约量表基础上修订而成。其中，关于新创企业创业团队成员交易型心理契约履行的测量共设 4 项：提供良好工作环境和物质条件、根据工作业绩提供相应薪酬、按照约定标准支付薪酬和根据工作业绩给予相应福利；关系型心理契约履行的测量共设 3 项：富有挑战性的工作、发自内心的关心个人成长、创业团队成员间相互信任。

经信度检验的结果是：心理契约破裂总量表的克隆巴赫（Cronbach）α 系数为 0.847，交易型心理契约破裂和关系型心理契约破裂量表的克隆巴赫（Cronbach）α 系数分别为 0.816 和 0.751，均大于 0.7，表明心理契约破裂问卷的内部一致性程度较高，信度在可以接受的范围内。另外，对心理契约违背量表的探索性因子分析结果表明，样本 KMO 值为 0.839，是个很理想的数值，在巴特利特球度检验中，χ^2 值为 322.534，自由度为 21，显著性水平 sig. 值为 0.000，达到显著性水平，表明样本数据适合进行因子分析。

利用 SPSS16.0 采用主成分法做因子分析，心理契约违背呈现出两因子结构（见表 4-4），两个因子分别解释总变异的 34.980% 和 32.131%，累计方差解释率为 67.111%。其中，测项 TPC1、TPC2、TPC3 及 TPC4 进入因子 1（F1），描述了个体的薪酬、福利、晋升等趋于经济、物质利益方

---

① Millward L. J., & Hopkins L. J., "Psychological Contracts, Oganizational and Job Commitment", Journal of Applied Social Psychology, 1998, 28 (16).

② 陈加洲著：《员工心理契约的作用模式与管理对策》，人民出版社 2007 年版，第 203—207 页。

③ 陈忠卫、魏丽红、王晶晶：《高管团队心理契约与组织绩效关系的实证研究——基于企业相对规模的比较》，《山西财经大学学报》2009 年第 2 期。

面的心理契约内容，故将其命名为"交易型心理契约违背"。测项 RPC1、RPC2、RPC3 进入因子 2（F2），它描述了个体获得组织关心、彼此信任、接受挑战性的工作等趋于关系方面的心理契约内容，故将其命名为"关系型心理契约违背"。

表 4-4 心理契约违背因子分析结果

反转后的测量题项	交易型心理契约违背（F1）	关系型心理契约违背（F2）
您对以下事项并不感觉到满意：		
TPC2. 公司按照约定标准支付个人薪酬和福利	0.855	−0.020
TPC3. 公司根据工作业绩提供个人相应薪酬	0.746	0.421
TPC4. 公司在为创业团队成员提供物质条件与工作环境	0.699	0.411
TPC1. 公司根据个人工作业绩给予相应福利	0.689	0.323
您对以下事项并不感觉到满意：		
RPC2. 公司对创业团队成员成长给予格外关心	0.205	0.836
RPC3. 新创企业的创业团队成员间彼此信任	0.127	0.802
RPC1. 公司安排给你富有挑战性的工作	0.374	0.675
特征值	3.685	1.013
方差解释率（%）	34.980	32.131
累计方差解释率（%）	34.980	67.111

注：采用主成分提取法，极大方差法（Varimax with Kaiser Normalization），旋转收敛于 3 次；表中题项已经按反转后的题意陈述。

另外，笔者曾对心理契约违背量表进行过验证性因子分析，结果表明：GFI、IFI、CFI、NFI、TLI 指标值分别为 0.958、0.981、0.980、0.942、0.968，均大于 0.9，同时，RMR 小于 0.05，仅有 RMSEA 值 0.062，虽然大于 0.05，但也小于 0.08。因此，各项指标值结果较为理想，从而验证了心理契约违背二维度模型的假设。

3. 角色绩效

在新创企业中，雇员的权力并不能彻底按照自己的个人意愿来尽情发挥，多数新进入者都安分守己，以正式系统和程序为原则，新创企业对于他们的忠告是"遵守规则"，① 别兴风作浪。此类角色文化的服务风格在现实中普遍存在，其核心在于雇员与新创企业间的交换关系。考虑到问卷对象仅限于在新创企业中具有决策权的创业团队成员，笔者在研究中，倾向于选择"角色绩效"而非"工作绩效"来作为因变量加以处理，并将其区分为两个维度：角色内绩效、角色外绩效。

角色内绩效（in-role performance）是指创业团队成员完成其工作职责范围内的任务情况，属于角色内行为所取得的任务绩效。不过，虽然属于工作职责范围内，但是，它也会随组织中工作和职位的不同存在差异。② 考虑到角色内绩效对具体工作任务具有较强针对性，笔者选择那些通用性强的测量题项。主要参考的是威廉斯和安德森（Williams & Anderson）③ 开发的成熟量表，并根据个体成员所从属的创业团队实际，由笔者稍加改编而成。包括"按时完成工作任务""足额地完成分配的任务"等4项。

角色外绩效（ex-role performance）是指个体从事其职责范围以外的事情，主要包括在承担更多的额外工作时所取得的绩效。在实际测量时，笔者参考了王辉、李晓轩、罗胜强④，以及张弘、赵曙明⑤在国内实证研究中所采用过的测量题项。不过，后者采纳的题项也曾参考了范思科特和莫特威尔德（Van Scotter & Motowidlo）编制的量表，包括"人际促进"和"工作奉献"等内容，所以，显得更加合理，符合中国本土化情境。

角色绩效总量表的内部一致性系数（Cronbach's α）为0.824，角色内绩效和角色外绩效量表的克隆巴赫系数 α 值分别为0.772和0.773，均大于0.7，表明角色绩效问卷项目间信度在可以接受的范围内，内部一致性

①　[英] 波特·马金、凯瑞·库帕、查尔斯·考克斯著：《组织和心理契约：对工作人员的管理》（第二版），王新超译，北京大学出版社2000年版，第73页。

②　王辉、李晓轩、罗胜强：《任务绩效与情境绩效二因素绩效模型的验证》，《中国管理科学》2003年第8期。

③　Williams L. J. , & Anderson S. E. , "Job Satisfaction and Organizational Commitment as Predictors of Organizational Citizenship and In-role Behaviors", *Journal of Management*, 1991, (3).

④　王辉、李晓轩、罗胜强：《任务绩效与情境绩效二因素绩效模型的验证》，《中国管理科学》2003年第8期。

⑤　张弘、赵曙明：《雇佣保障与员工绩效的关系研究》，《南京社会科学》2010年第4期。

较高，信度达到可接受的范围。

探索性因子分析结果表明，样本的 KMO 值为 0.834，是个较为理想的数值，在巴特利特（Bartlett）球形检验中，卡方 χ^2 值为 319.793，自由度为 28，显著性水平 sig. 值为 0.000，达到显著性水平，表明样本数据适合做因子分析。

利用 SPSS16.0 采用主成分法做因子分析，角色绩效量表呈现出清晰的二因子结构（见表 4-5），分别解释了总变异的 38.325% 和 31.832%，其累计方差率达 70.157%。其中，因子 F1 的题项描述了利用休息时间工作、承担职责范围外工作等角色外绩效内容，按照原有构思，将其命名为"角色外绩效"。因子 F2 的题项描述了履行职责、按规定时间完成分配任务等有关角色内绩效的内容，故按照原有构思，将其命名为"角色内绩效"。

表 4-5　角色绩效因子分析结果

测量题项	角色外绩效（F1）	角色内绩效（F2）
我会主动地去完成自己意想不到的工作	0.815	0.083
在自己职责范围以外，我也会去承担一些工作任务	0.762	0.277
我愿意主动承担额外工作	0.747	0.209
我会利用休息时间工作，以保证任务按时完成	0.637	0.273
我能足额地完成所分配的工作任务	0.323	0.785
我能履行职位说明书中规定的工作职责	0.140	0.771
我能按规定时间完成工作任务	0.127	0.762
我能完成组织交办的所有工作	0.265	0.651
特征值	3.641	1.488
方差解释率（%）	38.325	31.832
累计方差解释率（%）	38.325	70.157

注：采用主成分提取法，极大方差法（Varimax with Kaiser Normalization），旋转收敛于 3 次。

另外，笔者对角色绩效进行验证性因子分析，结果发现：GFI、IFI、

CFI、NFI、TLI 指标 0.953、0.975、0.974、0.917、0.962，均大于 0.9，RMR 值 0.035，小于 0.05，仅有 RMSEA 值 0.057，虽然略大于 0.05，但也小于 0.08。因此，各项指标都均处在理想的水平范围内。角色绩效量表通过验证性因子分析，表明支持角色绩效二维模型。

四、实证结果

（一）相关分析

在此先探讨一下可雇佣型文化、创业团队成员与新创企业间心理契约违背、角色绩效变量间的两两相关性。如表 4-6 所示，根据皮尔逊（Pearson）系数可以看出，可雇佣型文化与角色内绩效之间相关系数为 0.328，在 0.01 水平上显著正相关，假设 H1a 成立。可雇佣型文化与角色外绩效之间相关系数为 0.306，在 0.01 水平上显著正相关，假设 H1b 同样成立。可雇佣型文化与角色绩效之间相关系数为 0.362，在 0.01 水平上显著正相关。据此，假设 H1 成立。

表 4-6　变量描述性统计和相关分析结果

变量	均值	标准差	1	2	3	4	5	6
1. 交易型心理契约违背	2.2623	0.84663						
2. 关系型心理契约违背	2.1011	0.80619	0.585**					
3. 心理契约违背	2.1817	0.73584	0.896**	0.885**				
4. 可雇佣型文化	3.9201	0.80177	-0.593*	-0.722*	-0.736*			
5. 角色内绩效	4.1516	0.60179	-0.419*	-0.341*	-0.428*	0.328**		
6. 角色外绩效	3.8443	0.74227	-0.342*	-0.369*	-0.399*	0.306**	0.520**	
7. 角色绩效	3.9980	0.58696	-0.431*	-0.409*	-0.472*	0.362**	0.842**	0.899**

注：N=122，** 表示 p<0.01，* 表示 p<0.05，双尾检验。

交易型心理契约违背与角色内绩效之间相关系数为-0.419，在0.05水平上显著负相关，假设H2a成立。交易型心理契约违背与角色外绩效之间相关系数为-0.342，在0.05水平上显著负相关，假设H2b成立。交易型心理契约违背与角色绩效之间相关系数为-0.431，在0.05水平上显著负相关。据此，假设H2获得支持。

关系型心理契约违背与角色内绩效之间相关系数为-0.341，在0.05水平上显著负相关，假设H3a成立。关系型心理契约违背与角色外绩效之间相关系数为-0.369，在0.05水平上显著负相关，假设H3b的成立。关系型心理契约违背与角色绩效之间相关系数为-0.409，在0.05水平上显著负相关。据此，假设H3获得支持。

可雇佣型文化与交易型心理契约违背之间相关系数为-0.593，在0.05水平上显著相关，假设H4a的成立。可雇佣型文化与关系型心理契约违背之间相关系数为-0.722，在0.05水平上显著相关，假设H4b成立。可雇佣型文化与心理契约违背之间相关系数为-0.736，在0.05水平上显著相关。综上所验证的结论，假设H4成立。

（二）交易型心理契约违背的中介效应

中介效应可以解释自变量通过什么样的机制来影响或预测因变量。需要探讨的是，可雇佣型文化是否会通过降低心理契约违背程度，从而减轻心理契约违背对角色绩效的负向影响的问题。笔者在此进一步采用多元回归模型来分析心理契约违背在可雇佣型文化与角色绩效之间是否存在中介效应。

1. 交易型心理契约违背在可雇佣文化与角色内绩效间中介效应

在此，采用逐层回归分析方法来检验中介效应，其中，可雇佣型文化为自变量、角色内绩效为因变量，把交易型心理契约违背为中介变量。模型一是角色内绩效（Y）对可雇佣型文化（X）的回归分析，模型二是交易型心理契约违背（M）对可雇佣型文化（X）的回归分析，模型三是角色内绩效对可雇佣型文化、交易型心理契约违背进行回归分析。

根据表 4-7 可知，依次检验前两步（前三个 t 检验）都是显著的，回归系数 c、a、b 分别是 0.246、-0.626、-0.246，在 0.01 水平上显著，所以，交易型心理契约违背对可雇佣型文化和角色内绩效的中介效应显著。而在模型三中，当把自变量 X（可雇佣型文化）和中介变量 M（交易型心理契约违背）均进入回归方程时，自变量的回归系数-0.246，且在 0.01 水平上显著，而中介变量交易型心理契约违背的回归系数为 0.092，并不显著，所以，交易型心理契约违背存在完全中介效应，假设 H5a 得到支持。

表 4-7   交易型心理契约违背在可雇佣型文化与角色内绩效间中介效应分析

| 模型 | 标准化回归系数 | | 回归系数检验 | | F | 调整后的 R² |
			SE	T		
模型一 X：可雇佣型文化 Y：角色内绩效	C	0.246	0.065	3.807**	14.495**	0.100
模型二 X：可雇佣型文化 M：交易型心理契约违背	A	-0.626	0.078	-8.064**	65.028**	0.346
模型三 M：交易型心理契约违背 X：可雇佣型文化 Y：角色内绩效	b c'	-0.246 0.092	0.073 0.077	-3.373** 1.196	13.564**	0.172

注：SE 为标准误，** 表示 $p<0.01$，* 表示 $p<0.05$。

2. 交易型心理契约违背在可雇佣文化与角色外绩效间中介效应

同理，以可雇佣型文化为自变量、以角色外绩效为因变量、以交易型心理契约违背为中介变量的中介效应分析结果如表 4-8 所示。其中，模型四是角色外绩效对可雇佣型文化的回归分析，模型五是交易型心理契约违背对可雇佣型文化的回归分析，模型六是角色外绩效对可雇佣型文化、交易型心理契约违背进行回归分析。

表4-8　交易型心理契约违背在可雇佣型文化与角色外绩效间中介效应分析

模型	标准化回归系数		回归系数检验		F	调整后的 R^2
			SE	T		
模型四 X：可雇佣型文化 Y：角色外绩效	c	0.283	0.080	3.523**	12.408**	0.086
模型五 X：可雇佣型文化 M：交易型心理契约违背	a	−0.626	0.078	−8.064**	65.028**	0.346
模型六 M：交易型心理契约违背 X：可雇佣型文化 Y：角色外绩效	b c′	−0.217 0.147	0.093 0.098	−2.338* 1.503	9.168**	0.119

注：SE 为标准误，** 表示 $p<0.01$，* 表示 $p<0.05$。

从表4-8中可以看出，依次检验前两步（前三个 t 检验）都是显著的，回归系数 c、a、b 分别是 0.283、−0.626、−0.217，在 0.01 水平上显著，所以，交易型心理契约违背在可雇佣型文化和角色外绩效间中介效应显著。而在模型六中，当自变量 X（可雇佣型文化）和中介变量 M（交易型心理契约违背）均进入回归方程时，自变量的回归系数 0.147，并不显著，而中介变量的回归系数−0.217，且在 0.05 水平上显著，所以，交易型心理契约违背在可雇佣型文化和角色内绩效间具有完全中介效应。因此，假设 H5b 成立。

根据上面两部分的验证结果，假设 H5 获得全部支持。

（三）关系型心理契约违背的中介效应

需要探讨的另一个问题是，关系型心理契约违背是否在可雇佣型文化与角色绩效之间存在类似于前述的中介效应呢？在此，仍采用多元回归模型验证系列相关假设。

1. 关系型心理契约违背在可雇佣文化与角色内绩效间中介效应

当把可雇佣型文化为自变量，角色内绩效为因变量，以关系型心理契约违背为中介变量的回归分析结果如表4-9所示。其中，模型七是角色内绩效对可雇佣型文化的回归分析，模型八是关系型心理契约违背对可雇佣型文化的回归分析，模型九是角色内绩效对可雇佣型文化、关系型心理契约违背进行回归分析。

表4-9　关系型心理契约违背在可雇佣型文化与角色内绩效间中介效应分析

模型	标准化回归系数		回归系数检验		F	调整后的 R^2
			SE	T		
模型七 X：可雇佣型文化 Y：角色内绩效	c	0.246	0.065	3.807**	14.4958*	0.100
模型八 X：可雇佣型文化 M：关系型心理契约违背	a	-0.725	0.064	-11.415**	130.307**	0.517
模型九 M：关系型心理契约违背 X：可雇佣型文化 Y：角色内绩效	b c'	-0.163 0.128	0.092 0.093	-1.765 1.386	8.933**	0.116

注：SE 为标准误，** 表示 $p<0.01$，* 表示 $p<0.05$。

从表4-9中可以看出，回归系数 c 是 0.246，在 0.01 水平上显著，但是，回归系数 a 和 b，有一个不显著，所以，需要对此进行 sobel 检验。经过进一步验证，得到的 Z 统计值为 1.7378，显著性水平为 0.0823，低于 0.05 的显著性水平。由此看来，关系型心理契约违背在可雇佣型文化与角色内绩效间的中介效应不显著。因此，假设 H6a 并不成立。

2. 关系型心理契约违背在可雇佣文化与角色外绩效间中介效应

以可雇佣型文化为自变量，角色外绩效为因变量，关系型心理契约违背为中介变量，运用 SPSS 软件进行中介效应分析，结果如表4-10 所示。其中，模型十是角色外绩效对可雇佣型文化的回归分析，模型十一是关系型心理契约违背对可雇佣型文化的回归分析，模型十二是角色外绩效对可雇佣型文化、关系型心理契约违背进行回归分析。

表4-10 关系型心理契约违背在可雇佣型文化与角色外绩效间中介效应分析

模型	标准化回归系数		回归系数检验		F	调整后的 R^2
			SE	T		
模型十 X：可雇佣型文化 Y：角色外绩效	c	0.283	0.080	3.523**	12.408**	0.086
模型十一 X：可雇佣型文化 M：关系型心理契约违背	a	−0.725	0.064	−11.415*	130.307**	0.517
模型十二 M：关系型心理契约违背 X：可雇佣型文化 Y：角色外绩效	b c′	−0.285 0.076	0.113 0.114	−2.523* 0.673	9.663**	0.125

注：SE 为标准误，** 表示 $p<0.01$，* 表示 $p<0.05$。

从表4-10可知，依次检验前两步（前三个 t 检验）都是显著的，回归系数 c、a、b 分别是 0.283、−0.725、−0.285，在 0.01 水平上显著，所以，关系型心理契约违背在可雇佣型文化和角色外绩效间中介效应显著。而在模型十二中，当把自变量 X（可雇佣型文化）和中介变量 M（关系型心理契约违背）均进入回归方程时，自变量回归系数 0.076，并不显著，而中介变量的回归系数 −0.285，且在 0.05 水平上显著，所以，关系型心理契约违背具有完全中介效应。因此，假设 H6b 获得支持。

综合上述验证结果可知，假设 H6 部分获得支持。

五、结果讨论

心理契约体现在个人和组织两个层面，具有隐含性、主观性、互惠性的特点，并且，随着新创企业成长，极易发生一些内容上的改变。从总体上看，心理契约发生违背后，雇员会选择什么样的行为反应，主要取决于两大因素：一是特定的组织情境。在新创企业中，雇员会通过探寻心理契约违背发生的根源，反思彼此应当承担的责任，进而采取与心理契约违背相当的行为反应；二是特定内容或者事件。雇员们会思考心理契约违背的内容，到底是交易型心理契约还是关系型心理契约的层面，是创业团队其他成员的人为故意，还是无法控制的外部事件引发了心理契约违背，然后，在对特定的内容和事件作出评估后，选择自己的行为反应。

第一，新创企业可雇佣型文化与创业团队成员角色绩效之间具有显著正相关性。

笔者认为，新创企业营造可雇佣型文化的氛围，可以促进创业团队成员注重提高自身可雇佣能力，并通过大胆的集体创新行为，有利于提高自我创业能力和对多变环境的适应能力，进而显著地提高角色绩效。另外，无论新创企业创业团队成员是亲人、家属、朋友，还是新近招募到团队的其他陌生人而非圈内熟人，如果多数成员具有提高自身可雇佣性的强烈需求，那么，在可雇佣型文化氛围内，则会让大家在创业团队内部付出更为上乘的角色行为，共同促进新创企业成长。

国内家族企业研究领域的权威专家李新春在接受《世界经理人》记者采访时，对国内家族企业普遍面临二代传承的问题时，曾做过这样一段评价：

当然我们说家族企业也可以聘用职业经理人，但是，未必所有的家族企业都有合适的职业经理人。外部职业经理人市场能够提供很好的人才库，问题的关键则是家族企业怎么能为职业经理人提供合适的平台。这里面涉及两点：一是家族和企业有无良好的治理结构，否则，职业经理人进去很容易受到家族裙带关系影响，很难做好自己的职业工作；二是职业经理人和家族企业之间能不能达到满意的信任关系。①

从这段话中，可以发现，家族企业内部的可雇佣型文化对职业经理人的深刻影响，并且，如果家族企业缺乏一种开放的可雇佣型文化，即使招聘到职业经理人，也可能限于他与家族成员之间难以轻易得到调解的暧昧关系，结果使其难以施展拳脚，无法取得满意的角色内绩效与角色外绩

---

① Nature：《关键时代的家族企业管理——访中国家族企业研究中心主任李新春教授》，《世界经理人》2014 年第 11 期。

效。笔者认为，家族企业作为新创企业中的特例，要促进其尽快地成长，除了完善内部治理结构以外，更为重要的培养一种可雇佣型文化。

从总体上看，如果说新创企业内部存在可雇佣型文化，意味着公司特别注重为雇员提高专业技能，掌握应变能力创造机会，雇员也会在完成角色内绩效的同时，乐于承担额外任务，形成角色外绩效。对于初创时期的中小企业而言，许多工作任务需要创业团队成员主动承担，如果说创业者从一开始就加强以可雇佣性为导向的企业文化建设，创业团队成员对职务内与职务外工作就不会刻意去区分，而是会尽自己所能，所以，新创企业营造一种可雇佣型文化显得多么重要！

第二，在新创企业内部，心理契约违背对创业团队成员角色绩效呈显著负向影响，并且，交易型心理契约违背对其角色内绩效的预测效果要明显高于角色外绩效。

创业是基于商业机会的发现，以及追逐商业利润而采取的一种行为。之所以加盟创业团队，一些人并不是图安稳的生活节奏和经济性收入，而是在于从创业中模仿，在创业中学习。这种创业实践中的学习过程，具有查尔斯·汉迪所描述的偶发性学习（incidental learning）性质，[①] 它不会自然地呈现在眼前，更多时候需要靠创业团队成员的智慧和悟性。目前，中国新创企业的创业团队成员，多数是为了生存而开始创业生涯的，其初始动机并非属于机会型创业。[②] 生存型创业主要目的是为了就业及生存，因此，薪酬福利等物质方面的需求较高，新创企业创业团队成员本身对交易型心理契约违背反应更为灵敏，也就在情理之中。

新创企业创业团队成员交易型心理契约违背对角色内绩效的预测效果要比对角色外绩效的预测效果更显著。这是因为，新创企业的资金有限，不可能大幅度地提升奖励幅度，[③] 所以，当新创企业创业团队成员对薪酬

---

① ［英］查尔斯·汉迪著：《超越确定性：不确定性时代的变革与机会》，周旭华译，浙江人民出版社 2012 年版，第 41 页。

② 董保宝、葛宝山：《经典创业模型回顾与比较》，《外国经济与管理》2008 年第 3 期。

③ 胡琪波、蔡建峰：《中小企业员工心理契约实证研究》，《南京大学学报》（哲学人文社科版）2013 年第 4 期。

福利等方面的预期远大于实际所得时，即新创企业创业团队成员交易型心理契约违背时，最先受到影响的是角色内绩效，雇员在工作上表现得不太令人满意。在新创企业中，虽然雇员之间的交流更为频繁，但是，更多地倾向于"师傅带徒弟"式的雇员培训模式，缺乏长远规划和清晰发展战略，而且，要让创业团队成员牢固地树立起患难中见真情的勇气，显得十分困难，培养起一种在逆境中创业才能证明自身价值的动力也并非易事，所以，关系型心理契约实现对角色外绩效的影响，也不可能取得像对角色内绩效一样大的影响力。

第三，可雇佣型文化对交易型心理契约违背和关系型心理契约违背均有显著负向影响作用，并且，可雇佣型文化对关系型心理契约违背的解释能力要远高于交易型心理契约违背。

新创企业可雇佣型文化决定着创业团队成员的相处方式，决定着不同成员对企业存在意义的认知，[①] 它最终将体现在可雇佣型心理契约内容之中。本章实证结果表明，可雇佣型文化完全可以促进形成个体与企业间健康运行的心理契约关系，进而对降低交易型心理契约违背发生的概率具有保障功能，另外，可雇佣型文化对于预防和抑制关系型心理契约违背同样起着很大的缓冲功能。

一方面，可雇佣型文化确实能够影响到人的心理活动，具有潜移默化的效果。《论语》中有这么一段描述，"知之者不如好之者，好之者不如乐之者"。所阐述的基本含义是，懂得它的人，不如爱好它的人；爱好它的人，又不如以此为乐的人。如果把其中的"它"理解为新创企业，那么，在充满可雇佣型文化背景下，如果有相当数量的雇员能够把心思放在知识扩充、能力提升和职业发展等崇高目标的追求上，并能以此为乐，而不是倾向于挖空心思地去揣摩其他雇员的心态，甚至以一种消极的心态，对待新创企业成长中的逆境，发生心理契约违背的可能性将大大缩小。

另一方面，可雇佣型文化中所提倡的内部交流工作，具有关心个体自

---

① ［英］波特·马金、凯瑞·库帕、查尔斯·考克斯著：《组织和心理契约：对工作人员的管理》(第二版)，王新超译，北京大学出版社 2000 年版，第 281 页。

我发展性质，这种价值观直接影响关系型心理契约的有效维护，特别是对新创企业关心个人成长、给予个人信任、给予挑战性工作等内容的感知，并且，由于关系型心理契约事关彼此间的信任，事关赋予雇员从事富有挑战性工作等一些更加隐蔽性的承诺，而可雇佣型文化也与隐藏于企业的价值观有关，所以，相对于交易型心理契约违背的作用更强烈一些也合乎新创企业的特点。

第四，在可雇佣型文化与雇员角色绩效之间，心理契约违背的中介效应大部分得到验证。

这一结论完全符合可雇佣型文化通过个体心理活动，进而作用于个体行为的作用机制。虽然交易型心理契约违背在可雇佣型文化与角色内绩效间起到中介效应，可雇佣型文化可以通过降低交易型心理契约违背程度，从而减轻了交易型心理契约违背对角色内绩效的负效应，但是，交易型心理契约违背的负向作用仍然存在而无法被消除。也就是说，首先，可雇佣型文化确实通过降低交易型心理契约违背水平，从而减缓了交易型心理契约违背对角色内绩效的负效应。其次，可雇佣型文化只能"减缓"，而不能消除交易型心理契约违背对角色内绩效的负效应。

由南开大学张玉利教授领衔的"新企业创业机理与成长模式研究"课题组，曾对 2009—2011 年中国新生创业活动作出过动态跟踪调研（CPSED）。他们在新生企业选择什么样的成员进入创业团队的问题上，得出了如下结论：

对团队形成原因主要可以从志趣相投、资源和能力两个方面考察。其中最重要的是志趣相投，占 44.3%；其次是两者兼而有之，占 29.2%；再次是重要资源和能力，占 26.4%。这表明志向和兴趣的一致性，即创业者心理层面的契合是创业团队形成的最主要原因。[①]

① 南开大学"新企业创业机理与成长模式研究"课题组：《中国创业活动透视报告：中国新生创业活动动态跟踪调研（CPSED）报告（2009—2011 年）》，清华大学出版社 2012 年版，第 103 页。

　　由此看来，如果新创企业创业团队成员只是单纯依靠资源和能力互补来结成创业团队，而缺乏心理层面的默契，创业团队形成高整合效率也是很困难的。更进一步探究为什么在充满可雇佣型文化的新创企业中，未必总能取得令人满意的积极效果呢？这可能与创业团队内部可能滋生"社会性懒散"（social loafing）有关。一般来说，创业团队内部具有集体主义倾向，而在此环境下，个体绩效容易埋没在团队绩效之中，难以精确地加以区分开，社会性懒散的行为表现及其后果均比较模糊，[①] 难以辨认。这种社会性懒散行为的存在，可以给本章所得出的心理契约违背只是存在部分中介效应的结论一种合理的解释。

　　研究还发现，创业团队成员关系型心理契约违背在可雇佣型文化与角色外绩效间扮演中介效应功能，可雇佣型文化对创业团队成员与新创企业间的关系型心理契约违背呈显著负效应，对角色外绩效起间接正效应。换言之，可雇佣型文化可以通过降低关系型心理契约违背程度，从而减轻关系型心理契约违背对角色外绩效的负效应，但是，关系型心理契约违背的负向作用仍然存在。或者说，可雇佣型文化只能"减缓"，而不能消除关系型心理契约违背对角色外绩效的负效应。

　　根据汉密尔顿（Hamilton）的观点，西方父权制社会强调的是"个人"最终优位，而中国家长制社会则强调"角色"的最终优位。[②] 换言之，西方父权制社会强调身份地位优越于个人的权力，并给予他一种命令权，以及他可以正当行使命令权的领域，与之相对应的是，中国家长制社会则强调下属应当顺从上级，赋予了他们象征性顺从的角色义务，并且，还依据一套特定的角色关系，限定其权力及服从关系。如果说西方国家的企业里注重以"爱"规范相互关联的成员间情感，而在中国的新创企业里，规范彼此情感关系相当部分往往依赖于一种"敬"意。[③]

　　① 陈忠卫、魏丽红：《创业团队内部社会性懒散研究述评》，《商业研究》2009年第1期。

　　② Hamilton, G., "Patriarchalism in Imperial China and Western Europe: A Revision of Weber's Sociology of Diminution", *Theory and Society*, 1984, 13.

　　③ 郑伯壎：《企业组织中上下属的信任关系》，《社会学研究》1999年第2期。

结论与启示

　　关于企业文化的研究如火如荼，越来越多学者正在对它进行深度开发，作出了一些应用性和衍生性的研究。像过去那种泛泛地讨论企业文化，对医治企业长时期积累的疾病所具有"消炎"或"康复"的作用，已经没有太多的价值。在新创企业中，虽然没有类似长期累积起来的病症，企业家个人特质与企业文化如出一辙，这是因为，新创企业的所有者、经营者、雇佣者集于一身，企业文化中较多地烙有企业家个性也是必然。但是，必须看到的是，如何尽快让创业者文化蜕变成以企业家精神为核心的公司文化是创业管理的重要任务。国内学者曾昊、陈春花、乐国林主张，组织文化的研究既要与职能管理（如人力资源管理、战略管理、职业生涯规划等）相联结，也要与管理事件（如发生企业并购、产生劳资冲突等）相结合起来研究。[1]

　　如果把创业看作是一连串创新与冒险行为的集中体现，那么，可以推断，并不是创业者文化的变革带来创业新机会，而是开发和利用新机会迫切需要新创企业重视文化变革。[2] 正是基于这样一种分析思路，本章导入可雇佣型文化的概念，并实证检验可雇佣型文化对心理契约违背与其后果之间关系的影响，最大的启示在于：一是要关注可雇佣型文化与心理契约违背所具有的交互作用，二是不能盲目夸大可雇佣型文化的积极作用。

　　本章实证研究所获得结果，既体现出心理契约与人力资源管理结合的深度，也反映出可雇佣性在新创企业成长的重要性。它至少带给管理实践以下启示：

　　第一，并不是新加盟成员都愿意与新创企业保持同甘共苦团队精神。

---

　　① 曾昊、陈春花、乐国林：《组织文化研究脉络梳理与未来展望》，《外国经济与管理》2009年第7期。
　　② ［美］尼尔·桑伯里著：《重塑创业精神：像创业者一样领导成熟企业》，中国财政经济出版社2008年版，第191—192页。

一般地说，创业团队内部合作关系之所以出现，是因为人们考虑到未来还会与其再次相遇。客观上说，你今天的行为选择（合作还是欺骗），将会影响到别人再次相遇时对你的态度（合作还是报复）。如果创业团队成员未来能够频繁地在一起工作，就没有独立于对方的最佳选择方案。① 然而，在新创企业成长初期，来自各方面的外部压力不可预测，来自新创企业内部管理不善，都可能引发内讧。所以，必须注意到这样一种倾向，即一些新创企业的创办者可能会天真地认为，所有创业团队成员都会和自己同舟共济，齐心协力，共同为企业的未来而奋斗，甚至误以为创业团队成员会和企业荣辱与共、风险共担，并不会太在意眼前的物质利益分配，或者他们愿意接受等企业规模做大了，再给予创业团队成员经济补偿的方案。其实这种观点并不总是合适的。

第二，可雇佣型文化并不必然会有助于激发起全体成员创业精神。

新创企业创业团队成员共同努力的成果体现在公司绩效上，但究竟每一位成员的创业绩效有多大，谁贡献得更多，往往无法准确得知，久而久之，可能会出现部分创业团队成员"偷懒"现象。新创企业创业团队成员各有所长，不可能全部是专家，也不可能全都是"多面手"，创建可雇佣型文化重要目的在于激励创业团队成员提高主动性和创造性，在促进企业成长中证明和实现自我价值。问题是这种培养雇员可雇佣性倾向的做法并不必然能够奏效，关键在于要时刻关注心理契约发生违背的可能性。所以，在实际工作中，只有把心理契约健康运营放在重要位置，维护和巩固好创业团队成员与新创企业间心理契约关系，才有可能出现有利于创业团队企业家精神放大的效果。

从企业成长战略角度看，那些渴望快速成长的新创企业，如果仅仅想通过规模经济途径来实现效益增长，它就必须努力让创业团队成员不断提高创业管理能力，以应对环境不确定性的巨大挑战。然而，那些试图借助扩大经营领域来实现范围经济的新创企业，则需要让创业团队成员具备从

---

① 郑也夫著：《信任论》，中国广播电视大学出版社 2006 年版，第 43 页。

事新业务领域的专门知识和特殊能力。无论是前者还是后者，都需要在新创企业内部树立起可雇佣型文化。水平化流动固然可以唤醒雇员精神状态，而使企业利润获得增长，但是，要实现经营业务的扩张，则必须立刻扩大、补充或者更新创业团队成员的知识和技能。① 所以说，只有对创业团队成员职业生涯发展进行必要投资，才有可能取得可雇佣型文化与心理契约实现之间的和谐关系，并且，只有保持这种和谐关系与新创企业成长战略相匹配，才能形成每位创业团队成员角色绩效最大化，进而使新创企业实现高绩效的目标。

第三，心理契约违背并不必然导致心理契约破裂及随后的消极行为。

心理契约违背仅仅是雇员自我主观的一种心理评价，未必一定会导致心理契约破裂，乃至更加消极的负面效果。即便是自认为新创企业没有兑现初始的承诺，他仍然可能通过两条路径避免消极行为的发生：一是比较法。在雇员感知到心理契约真的发生违背的情形下，如果雇员自己能够选择到一个合适的"标杆"，或者在同事们的帮助下，共同找到"标杆"，证明自己并不属于那些受到了不公正待遇的人，或者发现自己所受到不公正感远比所参照的"标杆"要低得多，那么，心理契约破裂及其随后的消极行为就不可能发生。二是解释法。雇员在感知到心理契约发生违背的情形下，如果能够平心静气地反思自己的行为，或者周围的人给予了雇员一种合理的解释时，雇员将设法换位思考新创企业采取某种行为背后的真实意图，找到新创企业之所以并没有兑现初始承诺，也是合情合理乃至迫不得已的理由。在这种情况下，同样也可能并不会发生心理契约破裂，以及紧随其后的消极行为。

---

① Van der Heijden, "Prerequisites to Guarantee Life-long Employability", *Personnel Review*, 2002, 31 (1).

第五章　组织公正感、组织承诺与雇员角色绩效的关系

　　由于新创企业存在资源相对缺乏、经营管理模式不稳定，以及未来发展不确定性等新进入者缺陷，很难让普通雇员与企业形成同生死、共患难的情感依赖。所以，发生可雇佣型心理契约违背的现象更为普遍。创业研究较多地关注创业者及其团队，而对新创企业中普通雇员的心理特征及其行为表现研究相对较少。

　　可雇佣型心理契约制约着雇员与新创企业间交换关系的发展方向。这种交换关系体现为：如果企业能够为雇员提供知识扩充、能力提升和职业发展的机会，那么，雇员就会从心底里产生愿意为组织贡献的一种情感承诺。相反，如果企业并不能公正地提供雇员在知识扩充、能力提升和职业发展等方面的机会，或者压根儿就不提供此类机会时，雇员就会渐渐地产生厌恶感，不乐意持续地为新创企业发展作出自己的贡献。

　　本章以新创企业作为研究对象，聚焦于新创企业中的普通雇员，研究新创企业雇员组织公正感对组织承诺和角色绩效的影响，旨在从组织行为学角度揭示在新创企业中可雇佣型心理契约形成与发展的内在机理。

一、问题提出：组织承诺与新创企业成长

　　随着新创企业成长，早期入职的雇员在决定是否继续与创业者合作，是否仍然积极承担角色内绩效和角色外绩效时，常常面临着双重困境：一方面，合作有助于维系与创业者的稳固关系，继而从新创企业发展中获得

个人收益；另一方面，合作引致被创业者"剥削"的可能性——雇员没有得到与其投入相称的产出。并且，新创企业发展方向的不确定性和经营业绩的不稳定性又在加剧这种矛盾。不确定感知越强烈，个体对公平的需求就更强，公平效应就更为显著。[1] 创业者如何让普通雇员形成与企业"同生死、共患难"的情感依赖，如何在新创企业经营尚不稳定的情况下，期望其雇员对组织能够作出连续承诺，这是理论界和实践界都很关注的重大课题。

（一）组织承诺类型

组织承诺（organizational commitment）是雇员对所在单位的一种情感性依赖关系，与"组织认同""组织归属感"具有基本相似的意义。美国社会学家贝克（Becker）最早提出此概念，他认为，组织承诺是指随着雇员对组织单方面投入的增加，雇员发自内心地产生全身心地投入到组织各项工作的一种感情。[2] 这种组织承诺是随着岁月流逝雇员对组织渐渐产生的一种内在责任感。显然，可雇佣型心理契约关系更加和谐，雇员对企业的组织承诺程度就高，而雇员的组织承诺水平越高，发生可雇佣型心理契约违背的可能性就越小。所以，组织承诺既可以用来解释雇员为什么愿意留在某家单位，也是检验雇员对组织忠诚度的重要评价指标。

在不同社会文化背景下，契约法规、工资福利待遇、价值观念、道德规范、理想追求、个人的能力与兴趣等因素，都会对组织承诺不同维度造成不同程度的影响。学术界倾向于三因素模型，包括：

第一，感情承诺。由于受到雇员对企业曾经的投入、参与程度的影响，在雇员内心里产生了一种对组织认同的情感。持有这一类承诺的雇员，多数人主张"我喜欢把组织看成是我的家"。

---

[1]　施丽芳、廖飞、丁德明：《个人声誉关注作为心理不确定的缓解器：程序公平——合作关系下的实证研究》，《管理世界》2012 年第 12 期。

[2]　Becker H. S. , "Notes on the Concept of Commitment", *American Journal of Sociology*, 1960, 66.

第二，规范承诺。由于受到社会文化氛围和传统观念的影响，在雇员内心已形成一种倾向于有义务留在本单位的社会责任感。持有这一类承诺的雇员，多数人主张"组织应当得到我的忠诚"。

第三，连续承诺。为了不失去在本单位已经拥有的位置，以及通过长时间努力所换来的优厚福利和待遇，雇员不得不选择留在本单位的一种承诺。它与雇员离开本组织的机会成本相关。持有这一类承诺的雇员，多数人主张"我没有可选择离开组织的理由"。

综合上述三类组织承诺，可以用一句话来概括：人们之所以留在组织内工作，是因为他们愿意（感情）、有需要（连续），或者是感觉应该如此（规范）。[1]国内学者张勉、张德、王颖曾以来自西安 15 家企业中的 742 位雇员为研究样本，运用协方差结构等式模型，验证了组织承诺的上述三因素模型同样适用于中国企业雇员。[2]刘小平、王重鸣的研究，则主张把组织承诺合并为两类，即感情承诺和规范承诺合并为态度承诺，持续承诺则命名为权衡承诺。[3]然而，凌文辁、张治灿、方俐洛以中国企业和中国职工为研究，实证获得了中国职工组织承诺的五因素模型[4]。相比较于多数西方学者的观点而言，他们特别增加两大心理结构性因素：一是理想承诺。重点考察单位能否提供雇员各项工作条件和学习提高及职位晋升的机会，重视个人的成长，以及理想目标的实现。二是机会承诺。重点考察雇员留在本单位的根本原因是否与其无法找到其他更满意的单位有关，或者由于雇员的技术水平低，所以，无法另找一份满意的工作。这一分析思路与本书在第三章所验证的可雇佣型心理契约内涵有异曲同工之妙。

---

①　［英］波特·马金、凯瑞·库帕、查尔斯·考克斯著：《组织和心理契约：对工作人员的管理》（第二版），王新超译，北京大学出版社 2000 年版，第 86 页。

②　张勉、张德、王颖：《企业雇员组织承诺三因素模型实证研究》，《南开管理评论》2002 年第 5 期。

③　刘小平、王重鸣：《组织承诺及其形成过程研究》，《南开管理评论》2001 年第 6 期。

④　这是国内最早自主研制的"中国职工组织承诺问卷"，并实证获得五因素模型。包括感情承诺、理想承诺、规范承诺、经济承诺和机会承诺。具体参阅凌文辁、张治灿、方俐洛：《中国职工组织承诺研究》，《中国社会科学》2001 年第 2 期。

（二）组织承诺在新创企业中的重要性

新创企业对每个雇员的角色往往尚未清晰界定，所以，可能需要雇员承担较多的角色内和角色外工作。受市场等价交换心理影响，雇员往往将获得报酬的多少作为衡量付出的重要标准，却不愿意承担超过自身责任范围的其他职责；另外，新创企业在运营中存在着需要大家保持齐心协力，不计个人得失的任务比较多，强调组织成员在工作中自觉地发挥个体创造性和主动性，并适时开展集体决策等，具有鼓励创新和容忍失败的文化，重视分享信息和团队合作，能够让雇员快速学习和成长。[①]这两方面交互影响，导致新创企业一部分雇员的流动性较大，组织承诺度低，但是，也有一部分雇员愿意和企业共同成长，他们表现出对组织具有较强的情感认同。

也正是因为如此，在新创企业中，雇员对组织的承诺具有不稳定性。它要求创业者必须伴随新创企业快速成长，加强人力资源管理模式的改进和创新，不能再坚持过去那种远近亲疏的圈子关系，来安排雇员的工作岗位和任务分解。

迈克·特纳（Mike Turner）曾任美国提沃里系统（Tivoli）公司的副总裁。罗布·亚当斯在其著作《创业中的陷阱》（*A Good Kick in the Ass*）中，曾有一段迈克·特纳对创业者所提出的建议：

当公司逐渐成长的时候，人们很容易忘记前路漫漫，以后的情况可能纷繁复杂，容易变得目光短浅。因为这个时候他们的注意力只是集中在公司的某个部门，人们经常无法理解所有的事情如何彼此结合形成一幅巨大的图画。更为重要的是，他们不知道如何帮助公司取得成功。[②]

---

① Jelinek M., & Litterer J., "Toward Entrepreneurial Organizations: Meeting Ambiguity with Engagement", *Entrepreneurship Theory and Practice*, 1995, 19 (3).

② ［美］罗布·亚当斯著：《创业中的陷阱》，刘昊明、谢楚栋、连晓松译，机械工业出版社2008年版，第209—210页。

迈克·特纳也正是基于这种认识，所以，他始终坚持认为，无论何时，大公司也得像新创企业那样去开拓业务，不过，即使新创企业成长了，也必须还要让雇员了解企业远景规划，并且，应该使他们发自内心地形成组织承诺，懂得让自己工作与公司远景保持高度吻合，对个人成长也是有利的。所以说，让雇员形成较强的组织承诺，对于新创企业成长的意义非同一般。

从创业者角度看，企业越是处在发展顺境时期，越要关注到自身是否对所有雇员持有一视同仁的公正感，不能再像当初那样只是集中于某一个或者专注于若干个部门，更不能一叶障目，而要致力于打造并传承团队创业精神。另外，从雇员角度看，伴随新创企业成长，以及自己加盟到公司的资历积累，他可能会越来越在意组织公正感。包括分配公正、程序公正和人际公正在内的任何一种组织公正感被扭曲，都会让那些老雇员产生降低组织承诺的态度，进而影响到新创企业成长速度和质量。

二、理论与假设

在转型经济背景下，中国政府提出实现"中国梦"的伟大理想，人们致力于改善物质生活水平的"个人梦"也属合情合理。在现阶段的国内新创企业中，雇员普遍期待"不患寡而患不均"的分配公正感，但是，不同雇员对组织公正感的理解并不一致，他们对组织公正感的期待水平也不完全相同。并且，这种组织公正感，将会影响到他是否愿意产生较高的组织承诺，影响到他对新创企业的组织认同感，进而影响到雇员绩效。

（一）雇员组织公正感与组织承诺的关系

一般说来，随着雇员加盟新创企业时间的延长，雇员不但会关心经济性收入的增幅水平，更关心公司在经济性收入分配过程中所体现的公平性。不像在传统官僚组织体系中，信息可能会被看作是权力的象征，在新创企业中，基于管理制度和运作模式还不是很成熟的特征，创业者与雇员之间往往可以进行更多非正式的、持续的互动交流，彼此之间信息沟通也比较顺畅，并且能够充分地共享，管理行为也表现出较强的灵活性和相对自由的执行力，这些对雇员形成组织承诺产生着深刻影响。

组织公正对于改善雇员工作态度、组织承诺、留职意愿等一系列的组织绩效指标，都具有显著效果。[①] 严丹等学者的实证结果，支持组织公正感与组织承诺存在显著的正相关关系。[②] 但是，在细分组织公正类型的前提下，陈松等学者曾使用642份有效样本做过研究，结果发现：分配公正、程序公正对组织承诺具有非常显著的预测作用，然而，互动公正对组织承诺预测作用却不显著。[③] 与此相似，国外学者穆尔曼（Moorman）等共选取了420位企业雇员和管理者作为样本，研究曾得出，程序公正与情感承诺和继续承诺都有显著正相关关系，但程序公正与情感承诺的关系比与继续承诺的关系更显著。[④] 马斯特森等也赞同此观点，他们选取美国东北部私立学校651位教师作为样本，研究发现：程序公正要比互动公正更能解释雇员的组织承诺；程序公正对组织承诺具有更显著的影响，所以，提高雇员的程序公正感会更加有利于提高雇员组织承诺。[⑤] 李秀娟、魏峰的研究发现，互动公正与组织承诺具有显著正相关关系，还进一步指出，互动公正对组织承诺的影响力最强，分配公正的影响力最弱。[⑥] 刘璞、井润田、刘煜的研究同样认为，互动公平对组织承诺的情感承诺和持续承诺两个维

① 何轩：《互动公平真的就能治疗"沉默"病吗？——以中庸思维作为调节变量的本土实证研究》，《管理世界》2009年第4期。

② 严丹、张立军：《组织公正与组织公正行为——组织承诺的调节作用实证研究》，《工业工程与管理》2010年第5期。

③ 陈松、方学梅、刘永芳：《组织公正感对组织承诺的影响》，《心理学报》2010年第2期。

④ Moorman R. H., Niehoff B. P., & Organ D. W., "Treating Employees Fairly and Organizational Citizenship Behavior: Sorting the Effects of Job Satisfaction, Organizational Commitment, and Procedural Justice", *Employee Responsibilities and Rights Journal*, 1993, 6 (3).

⑤ Masterson S. S., Lewis K. G., Goldman B. M., & Taylor M. S., "Integrating Justice and Social Exchange: The Differing Effects of Fair Procedures and Treatment on Work Relationships", *Academy of Management Journal*, 2000, 43.

⑥ 李秀娟、魏峰：《组织公正和交易型领导对组织承诺的影响方式研究》，《南开管理评论》2007年第5期。

度都具有积极的预测作用，然而，分配公平只对情感承诺具有积极的预测作用，它对持续承诺却并没有显著影响。[①]

由此看来，对组织公正和组织承诺变量加以适度细分，将有助于揭示个体雇员与组织之间的心理契约形成和发展的内在规律性。笔者认为，以往大多数研究是以一般企业的雇员为研究对象，这些研究结论对新创企业雇员的研究具有启发和借鉴意义。与此类似，在新创企业中，如果创业者与雇员之间，可以有机会就组织公正与否的问题随时进行充分沟通，企业内部人际关系会愈加融洽，雇员也更愿意为企业付出努力，并从内心认同企业价值观，形成雇员对新创企业的承诺和忠诚。换言之，在组织公正感高的新创企业里，雇员组织承诺度越高，对企业越会表现出忠诚情感。据此，提出假设：

H1：在新创企业中，组织公正感与雇员组织承诺呈正相关关系。

H1a：在新创企业中，分配公正感与雇员组织承诺呈正相关关系。

H1b：在新创企业中，程序公正感与雇员组织承诺呈正相关关系。

H1c：在新创企业中，互动公正感与雇员组织承诺呈正相关关系。

（二）组织承诺与角色绩效

依据雇员的组织承诺，能够更好地分析其工作行为，预测其角色绩效。威廉斯和安德森通过对 127 位管理者的问卷调查发现，组织承诺和角色内绩效间有比较弱的正相关关系。[②] 张生太等根据中国特定情境的研究，也获得了相似的结论，即雇员的组织承诺对其绩效产生显著的正向影响。[③] 在把雇员绩效区分为关系绩效和任务绩效的情形下，范斯克特（Van Scotter）发现关系绩效与感情承诺的相关系数要大于任务绩效与感情承诺

① 刘璞、井润田、刘煜：《基于组织支持的组织公平与组织承诺关系的实证研究》，《管理评论》2008 年第 11 期。

② Williams L. J., & Anderson S. E., "Job Satisfaction and Organizational Commitments as Predictors of Organizational Citizenship and In-role Behaviors", *Journal of Management*, 1991, 17 (3).

③ 张生太、杨蕊：《心理契约破裂、组织承诺与员工绩效》，《科研管理》2011 年第 12 期。

的相关系数。[①] 波得萨克夫（Podsakoff）等曾对组织公民行为进行研究时，也获得过相似的结论，即组织承诺和组织公民行为的各个维度都呈现正相关关系。[②] 艾伦和迈耶斯（Allen & Meyer）也发现，情感承诺与组织公民行为之间具有显著正相关关系，即雇员对组织的情感承诺越高，雇员就越容易表现出组织公民行为，组织公正感可以通过组织承诺影响雇员的组织公民行为。[③] 所以，学术界普遍的主张是，雇员的组织承诺由企业重视提高组织公正感所导致，它有利于增强雇员对组织的归属感，进而更愿意为其所在的组织服务，愿意从事更多却并不属于角色内的额外工作任务。

一般来说，新创企业处在相对困难的发展初期，它们正在经历着发展方向和生存能力的双重考验，所以，尚未能准确地界定自己的组织角色，缺乏清晰的角色定位，每位雇员需要承担完成的任务也并不十分明确，需要创业者花费很大精力和很多时间来加以动态谋划。尽管在新创企业成长过程中，可能会出现组织内部冲突和无效率现象，但是，如果在这种情况下，新创企业雇员的承诺度高，表明雇员对自己所在企业的认可度也越高，愿意承担所涉及的各项责任和义务，雇员也愿意追随创业者所设定的目标，所以，雇员在工作中的表现积极，会全力提高自身的绩效水平。据此，提出假设：

H2：新创企业雇员组织承诺与角色内绩效呈正相关关系。

H3：新创企业雇员组织承诺与角色外绩效呈正相关关系。

（三）组织承诺的中介作用

一般而言，雇员在感知到分配公平以后，他会选择努力工作，以回报

---

①　Van Scotter JR.，"Relationships of Task Performance and Contextual Performance with Turnover, Job Satisfaction and Affective Commitment"，*Human Resource Management Review*，2000，10（1）.

②　Podsakoff P. M.，& Mackenzie S. B.，"Organizational Citizenship Behaviors: A Critical Review of the Theoretical and Empirical Literature and Suggestions of Future Research"，*Journal of Management*，2000，26（3）.

③　Allen N. J.，& Meyer S. P.，"The Measurement and Antecedents of Affective Continuance and Normative Commitment to the Organization"，*Journal of Occupation Psychology*，1990，63.

组织的关怀和对他的信任。但是，如果当雇员感知到组织不公正时，他就可能会采取偷懒、消极怠工、磨洋工等具有反生产性质的工作行为，[①] 用以表达自己对组织的不满情绪。根据社会交换理论，当雇员从组织内得到超出其预期的回报时，雇员会更愿意表现出有利于组织的工作行为和人际行为，从而为组织造就更加优秀的绩效。其实，亚当斯的公平理论，也从分配结果公平性上阐述过这种思想，但是，公正性对角色绩效的影响，并不总是都那么显著，其影响的具体路径也尚待深入挖掘。[②]

厄尔多甘（Erdogan）的研究曾表明，分配公平感可能会通过责任感，对绩效产生影响，也就是说，当雇员感知到的分配公平较高时，他们会对组织产生较高的责任感，继而表现出愿意更积极为组织工作的角色行为，最终提高组织绩效。[③] 在此，他所指的这种责任感，具体表现为规范承诺，所以，组织承诺可以作为组织分配公正影响角色绩效的中介机制。

国外学者金和莫博涅（Kim & Mauborgne）通过实证研究得出，程序公正通过组织承诺，对高层管理者的角色内绩效以及角色外绩效产生中介作用。[④] 而林德和泰勒（Lind & Tyler）在研究程序公平和绩效的关系问题上，把目光聚集于程序公平对雇员态度、工作效率和生活质量的影响。他们认为，程序公平可能会通过影响雇员的态度，最终对绩效产生影响。程序公正对绩效的影响，实质上是先通过对雇员态度的影响，然后，再对绩效产生促进或者妨碍作用。在此，这种态度更多地表现为雇员对组织的态度，即雇员组织承诺。这种态度一旦形成，则会对雇员角色内和角色外行为产生很显著的影响。[⑤]

---

① 姚艳虹、韩树强：《组织公正与人格特质对员工创新行为的交互影响研究》，《管理学报》2013 年第 5 期。

② Adams J. S. , *Inequity of Social Exchanges*, *Advances in Experimental Social Psychology*, New York: Academic Press, 1965, p. 196.

③ Erdogan B. , "Antecedents and Consequences of Justice Perceptions in Performance Appraisals", *Human Resource Management Review*, 2002, 12.

④ Kim W. C. , & Mauborgne R. A. , "Procedural Justice and Managers' in-role and Extra-role Behavior: The Case of Multinational", *Management Science*, 1996, 42 (4).

⑤ Lind E. A. , & Tyler T. R. , *The Social Psychology of Procedural Justice*, New York: Plenum, 1988, p. 244.

组织承诺犹如在雇员与组织之间所架起的一座桥梁。这种承诺既包含着雇员对新创企业文化、创业者价值观的认可，也包含着雇员对组织制度的心理认同，雇员与创业团队成员之间的互相尊重，以及创业团队成员对下属的支持与关怀。① 马斯特森等学者认为，互动公正可以通过领导与成员之间的交换关系，对雇员对待组织和权威的态度产生影响，从而间接影响到雇员的角色绩效。② 国内学者张生太、杨蕊利用三个城市六家企业的样本，实证支持过组织承诺在心理契约破裂与员工绩效关系中存在中介作用的假设。③

创业者与雇员关系可以视作雇员与组织交换关系的一部分。如果新创企业雇员总是能够感受到来自老板和组织层面的关心，感受到组织给予自己的公正性，那么，他就有可能形成比一般人际关系更加稳固的组织承诺，自觉产生追随创业者的态度和行为。所以，在新创企业的初期，创业者可能更需要扮演"服务者"角色，经常与雇员进行沟通和交流，尊重雇员、关心雇员，对于决策过程和决策结果能够及时与雇员沟通，并作出必要的解释，使雇员感受到领导者对每个人都是公正的。基于以上分析，提出假设：

H4：新创企业雇员组织承诺在组织公正感与角色内绩效关系中起中介作用。

H5：新创企业雇员组织承诺在组织公正感与角色外绩效关系中起中介作用。

综上所述，形成如图5-1所示的概念性理论框架，清晰地呈现在组织公正感、雇员组织承诺与角色绩效之间的内在关系。

---

① Meyer J. P., & Herscovitch L., "Commitment in the Workplace: Toward a General Model Human", *Human Resource Management Review*, 2001, 11.

② Masterson S. S., Lewis K. G., Goldman B. M., & Taylor M. S., "Integrating Justice and Social Exchange: The Differing Effects of Fair Procedures and Treatment on Work Relationships", *Academy of Management Journal*, 2000, 43.

③ 张生太、杨蕊：《心理契约破裂、组织承诺与员工绩效》，《科研管理》2011年第12期。

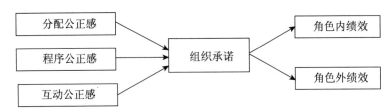

图5-1　组织公正感、组织承诺与角色绩效关系的概念性模型

三、研究方案设计

（一）数据来源与样本

1. 问卷收集过程

本次问卷调查时间为2012年7—8月，先后面向江苏、安徽两省60家新创企业做深度访谈和调研。为了保证问卷的有效回收，采取了以下途径发放并回收问卷：第一，直接深入公司展开面对面访谈，发放并回收160份问卷。第二，分别利用笔者和学校创业与企业成长研究所团队核心成员的人脉关系，在获得企业高管层同意后，通过新创企业的人事部门和行政部门经理，协助发放并回收116份问卷。第三，通过电子邮件和邮寄的方式发放74份，回收38份问卷。以上三条途径共发放了350份问卷，顺利回收303份，整体回收率为86.57%。在剔除无效问卷之后，最后，共获有效调查问卷280份，有效回收率达80.00%。

2. 样本描述性统计

笔者有意识地注意到样本企业所有制性质的分布，以民营企业为主，国有企业、合资企业次之，最少的是外资企业。其中，民营企业有22家，占36.67%；来自国有企业和合资企业的样本均为15家，均占25.00%；外资企业8家，占13.33%。由此看来，企业分布具有广泛性。

另外，从填写问卷的280位雇员样本群体来分析（见表5-1）：50.71%是男性，49.29%是女性；年龄为30岁或以下占60.35%，30—40

岁占 18.57%，40—50 岁占 11.79%，50 岁及以上占 9.28%；高中以下学历占 10.71%，大专或者中专占 35.00%，本科占 39.64%，硕士及以上占 14.64%；从行业分布来看，涉及制造业、计算机和网络信息以及软件开发、房地产业、教育培训机构、交通运输等九大行业，其中，来自制造业的问卷居多。由此看来，接受问卷调研的新创企业雇员分布较为广泛，同样具有代表性。

表 5-1 样本描述性统计结果

变量	分类	样本数	百分比（%）	变量	分类	样本数	百分比（%）
在本公司工作时间	1 年以下	73	26.07	年龄	20 岁以下	2	0.71
	1—3 年	126	45.00		20—30 岁	167	59.64
	3—5 年	41	14.64		30—40 岁	52	18.57
	5—7 年	7	2.50		40—50 岁	33	11.79
	7—8 年	28	10.00		50—60 岁	24	8.57
					60 岁及以上	2	0.71
学历	研究生	41	14.64	入职本企业前曾就职其他单位数量	0	67	23.93
	本科生	111	39.64		1 家	109	38.93
	大专或者中专	98	35.00		2 家	69	24.64
	高中及以下	30	10.71		3 家	22	7.86
职务	高层管理者	22	7.86		4 家	9	3.21
	中层管理者	61	21.79		5 家及以上	4	1.43
	基层管理者	59	21.07	性别	男	142	50.71
	一般雇员	126	45.00		女	138	49.29
	其他	12	4.29	合计		280	100.00

（二）变量测量

在对关键变量进行测量的过程中，尽可能地采用学术界比较成熟的量表。然后，再结合新创企业的成长特点，对测量题项稍加改编。每一题项，均采用利克特五级（Likert 5）量表，其中，1 代表"极不符合"，5 代表"极其符合"。

1. 组织公正感

由于采用组织公正感的三因素模式，即把组织公正感区分为分配公正、程序公正和互动公正。主要参考的是科尔基特①的组织公正感量表，结合对新创企业负责人的调研，考虑在中国情境下新创企业的适用性，就测量题项中的措辞做适当润色。在此，还参考了蒋春燕②关于分配公正的相关题项，最终包括 19 个题项。其中，"分配公正"六个题项，"程序公正"六个题项，"互动公正"七个题项。

2. 组织承诺

组织承诺反映的是个体成员对组织的投入和认同程度。问卷的测量可以从三个方面入手：对组织目标强烈的信念，渴望为组织发挥作用，以及强烈地维护组织成员资格的欲望。③ 考虑到新创企业成立时间较短，并且雇员进入企业时间也不长，并没有将组织承诺拆分成三个维度来加以测量，而是将其看作一个整体，把组织承诺界定为雇员对新创企业的情感依赖程度和归属感。故直接参考的是苏亚佐④开发的量表，问卷由六个题项组成。

3. 雇员角色绩效

按波特·马金等学者的分析思路，笔者认为，在新创企业中同样存在两种形式的组织文化：一是角色文化。其典型特征是创业者要求雇员对权威要小心翼翼，必须保持"自觉遵守"的态度，也形象地称之为恐龙文化或者大象文化。二是权力文化。其典型特征是创业者警告雇员政治性的对抗于自身和新创企业均无益处，突出宣扬和强调的是合作和谐，

① Colquitt J. A., "On the Dimensionality of Organizational Justice: A Construct Validation of a Measure", *Journal of Applied Psychology*, 2001, 86（3）.

② 蒋春燕：《组织公正感与组织承诺和离职倾向之间的关系：组织支持感中介作用的实证研究》，《经济科学》2007 年第 6 期。

③ ［英］波特·马金、凯瑞·库帕、查尔斯·考克斯著：《组织和心理契约：对工作人员的管理》（第二版），王新超译，北京大学出版社 2000 年版，第 85 页。

④ Suazo A. A., Fauth J. E., Roth J. D., Parkinson C. L., .& Jack S. L., "Responses of Small Rodents to Habitat Restoration and Management for the Imperiled Florida Scrub-Jay", *Biological Conservation*, 2009, 142.

类似于蜜蜂文化或者狼群文化。① 其实，无论从属于哪一类文化模式，从雇员角度看，他特别重视的是自身分内与分外工作，看重的是能否提供自身可雇佣性提高的机会。所以，威廉斯和安德森主张用角色绩效来取代工作绩效。②

笔者主要也是根据他们的量表，改编形成问卷测量项。根据新创企业实际情况，角色内绩效是指雇员完成其职责范围内所规定的工作任务而取得的绩效，而角色外绩效是指雇员在完成本职工作之余，承担超出其职责范围的工作任务而取得的绩效。其中，角色外绩效既可能是源于乐于助人，在帮助他人完成工作中所取得的，也可能是源于那些并没有事先确定责任主体的额外工作任务。最后，问卷确定13个条目作为角色绩效的测量项，其中，"角色内绩效"共六项，"角色外绩效"共七项。

4. 控制变量

本章选择的控制变量包括：年龄、文化程度、职务、在本公司工作时间、入职本企业前曾就职其他单位数量。其中，年龄分为20岁以下、20—30岁、30—40岁、40—50岁、50—60岁、60岁及以上；文化程度分为研究生、本科生、大专或者中专、高中及以下；职务分为高层管理者、中层管理者、基层管理者和一般雇员；"在本公司工作时间"分为1年以下、1—3年、3—5年、5—7年、7—8年、8年及以上；入职本企业之前曾就职其他单位数量分为0家、1家、2家、3家、4家、5家及以上等六种情形。

值得说明的是，为了确保符合本书研究对象限定在新创企业，笔者利用控制变量选项，对那些来自在本公司工作时间达8年及以上的雇员提供的调查问卷，予以了剔除处理。

---

① ［英］波特·马金、凯瑞·库帕、查尔斯·考克斯著：《组织和心理契约：对工作人员的管理》（第二版），王新超译，北京大学出版社2000年版，第297页。

② Williams L. J. , & Anderson S. E. , " Job Satisfaction and Organizational Commitments as Predictors of Organizational Citizenship and in-role Behaviors", *Journal of Management*, 1991, 17 (3).

四、实证分析

（一）信度和效度

信度分析目的在于检测可靠度，即研究工具衡量结果的内部一致性程度。内部一致性系数反映了每个因子中的项目是否测量了相同或相似的特质，它是一个同质性信度的重要指标。笔者以各因子的克隆巴赫（Cronbach）α值来检验各因子衡量问项之间内部一致性。对组织公正感进行探索性因子分析，得出三个因子，分别为分配公正、互动公正和程序公正，三因子的克隆巴赫（Cronbach）α系数分别为0.894、0.832和0.596，这三个因子内部一致性系数值都大于0.5，说明该量表具有较好的信度。组织承诺的克隆巴赫（Cronbach）系数α值为0.882，雇员角色绩效进行因子分析，提取两个因子，分别为角色外绩效和角色内绩效，其克隆巴赫（Cronbach）系数α值分别为0.751和0.720，说明该量表同样具有满意的信度（见表5-2）。

表5-2　探索性因子分析结果

	组织公正感			组织承诺	雇员角色绩效	
	分配公正	程序公正	互动公正		角色内绩效	角色外绩效
Cronbach's α系数	0.894	0.596	0.832	0.882	0.720	0.751
特征根	6.117	1.097	1.525	3.611	1.192	3.666
方差解释率（%）	43.691	7.835	10.895	60.180	13.240	40.736

如果根据因子分析的结果，能够发现测量构面与当初问卷设计构面问项相符合时，则表示采用的此量表具备建构效度。[①]　一般而言，若问卷问

[①]　Zaichowsky J. L. , "Measuring the Involvement Construct", *Journal of Consumer Research*, 1985, 12 (3).

项所属因子负荷量超过 0.5 以上时，则该问项的变量，具有相当的解释能力。从探索性因子分析中可以看出，问卷设计的题项都落在假设的因子构面上，并且，问卷的各个题项因子负荷量中，属于同一因子的项目因素负荷量均大于 0.5，区别出各个构面所隐含的因子来，且符合"组织公正感"和"雇员角色绩效"所定义因子的个数，说明该问卷具备较好的建构效度。

另外，笔者采用验证性因子分析的结果显示（见表 5-3）：组织公正感三因子模型的结构效度（$X^2/df = 1.900$；RMSEA = 0.057；CFI = 0.960；GFI = 0.938），组织承诺单因子模型的结构效度（$X^2/df = 3.260$；RMSEA = 0.0124；CFI = 0.948；GFI = 0.934），角色绩效二因子模型的结构效度（$X^2/df = 2.096$；RMSEA = 0.063；CFI = 0.955；GFI = 0.959）。根据各项拟合指标均达到可接受的范围可知，诸变量的量表均具有良好的建构效度。

表 5-3　相关变量的验证性因子分析拟合结果

指标 变量	X^2/df	RMSEA	RMR	PNFI	PCFI	CFI	NFI	GFI	IFI
组织公正感	1.900	0.057	0.028	0.749	0.781	0.960	0.921	0.938	0.961
组织承诺	3.260	0.124	0.035	0.562	0.569	0.948	0.937	0.945	0.949
雇员角色绩效	2.096	0.063	0.022	0.663	0.690	0.955	0.918	0.959	0.956

（二）相关分析

为了研究新创企业雇员组织公正感与组织承诺、组织承诺与雇员角色绩效的关系，运用皮尔逊（Pearson）相关分析方法来检验各变量之间的相关程度与显著水平。从表 5-4 所示的结果可以看出，新创企业雇员组织公正感（r = 0.627，p < 0.01）及其三维度分配公正（r = 0.422，p < 0.01）、程序公正（r = 0.281，p < 0.01）和互动公正（r = 0.374，p <

0.01）与组织承诺之间均具有显著正相关关系，由此看出，假设 H1、H1a、H1b 和 H1c 均获得验证支持。另外，组织承诺与角色内绩效（r＝0.239，p<0.01）、角色外绩效（r＝0.323，p<0.01）也呈显著正相关关系，假设 H2、H3 成立。

如果说仅用相关分析对各因素之间的关系进行分析可能会出现误差，而结构方程模型能很好地解决这一问题，它不仅可以估计测量误差，也可以比较正确地分析各变量之间的关系。为了更加准确研究，笔者接着通过构建结构方程模型的方法，进一步验证新创企业雇员组织公正感、组织承诺与雇员角色绩效相互间关系的系列假设。

表 5-4　各变量均值与 Pearson 相关系数

变量	均值	标准差	1	2	3	4	5	6	7
1. 组织公正感	3.065	0.519	1						
2. 分配公正	3.008	0.614	0.723**	1					
3. 程序公正	2.566	0.639	0.358**	0.000	1				
4. 互动公正	3.433	0.627	0.591**	0.000	0.000	1			
5. 组织承诺	3.367	0.697	0.627**	0.422**	0.281**	0.374**	1		
6. 角色内绩效	3.827	0.516	0.174**	0.167**	0.110*	0.040	0.239**	1	
7. 角色外绩效	3.760	0.514	0.209**	0.088	-0.111*	0.313**	0.323**	0.000	1

注：N＝280，** 表示 P<0.01，* 表示 P<0.05，双尾检验。

通过构建直接影响模型，可以得出三个变量之间的关系（见表 5-5）。根据路径系数结果表明，分配公正、程序公正、互动公正对雇员组织承诺（β1＝0.669，β2＝0.666，β3＝0.692）的直接作用呈正相关关系；组织承诺对雇员角色内绩效、角色外绩效（β4＝0.407，β5＝0.358）的直接作用呈正相关关系，假设 H1、H1a、H1b、H1c 以及 H2、H3 得到验证。

表5-5　理论模式的假设验证结果

变量间的关系	路径系数 β（未标准化值）	P 值	对应假设	检验结果
组织承诺<—分配公正	0.669***	0.000	H1a	成立
组织承诺<—程序公正	0.666***	0.000	H1b	成立
组织承诺<—互动公正	0.692***	0.000	H1c	成立
角色内绩效<—组织承诺	0.407***	0.000	H2a	成立
角色外绩效<—组织承诺	0.358***	0.000	H2b	成立

注：N=280，*** 表示 P<0.001，双尾检验。

（三）中介作用分析

1. 组织承诺在组织公正感与角色内绩效间的中介作用

为验证假设 H4，通过建立结构方程对整体模型的拟合度进行分析。其拟合优度检验结果是：卡方自由度比为 1.581，RMSEA 的值为 0.046，RMR 的值为 0.032，PNFI 的值为 0.769，PCFI 的值为 0.831，CFI 的值为 0.952，NFI 的值为 0.881，GFI 的值为 0.900，IFI 的值为 0.953，TFI 的值为 0.945，除了 NFI 的值稍微小于 0.9 外，其他检验值都大于 0.9，这说明修正后该模型各项指标值均达到拟合度的要求，模型拟合效果较好。

图 5-2 展示的是加入组织承诺中介变量，经二次修正后拟合模型。透过该模型的各路径系数，可以分析其相关关系。其中，分配公正、程序公正和互动公正与组织承诺呈正相关关系，组织承诺与角色内绩效呈显著正相关关系。并且，加入组织承诺这一中介变量后，分配公正、程序公正以及互动公正对组织承诺的直接作用路径系数依然显著，但是，路径系数值明显降低，按同样的分析逻辑，组织承诺对角色内绩效的路径系数值也有

所降低，由此说明，在新创企业中，组织承诺在组织公正感与角色内绩效的关系之间起部分中介作用，假设 H4 得到部分验证。

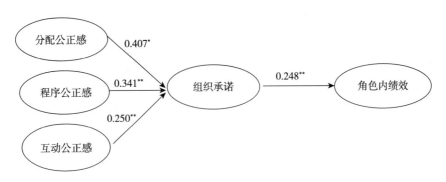

图 5-2　组织承诺在组织公正感与角色内绩效间的中介作用修正模型

注：＊表示 P<0.001，＊＊表示 P<0.05。

2. 组织承诺在组织公正感与角色外绩效间的中介作用

为了验证组织承诺在组织公正感与角色外绩效中的作用，通过结构方程模型建模对整体模型的拟合度进行考察可知，模型拟合优度检验结果是：卡方自由度比为 1.879，RMSEA 的值为 0.055，RMR 的值为 0.039，PNFI 的值为 0.756，PCFI 的值为 0.821，CFI 的值为 0.922，NFI 的值为 0.891，GFI 的值为 0.909，IFI 的值为 0.946，除 NFI 的值稍微小于 0.9 外，其他指标值均符合拟合度的要求，比较理想。

图 5-3 展示的是加入组织承诺中介变量后，经二次修正后的中介模型。透过该模型的路径系数值，可以判断相关关系。分配公正、程序公正、互动公正均与组织承诺呈正相关，组织承诺与角色外绩效呈正相关。并且，在加入组织承诺这一中介变量后，分配公正、程序公正以及互动公正对组织承诺的直接作用路径系数依然显著，但是，路径系数值明显降低，按同样的分析逻辑，组织承诺对角色内绩效的路径系数值也有所降低，它表明在新创企业中，组织承诺在组织公正感与角色外绩效的关系之间起部分中介作用，据此假设 H5 得到部分验证。

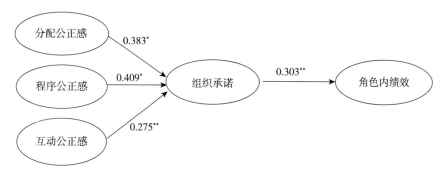

图 5-3 组织承诺在组织公正感与角色外绩效间的中介作用模型

注：＊表示 $P<0.001$，＊＊表示 $P<0.05$。

五、结果讨论

第一，在新创企业中，组织公正感与组织承诺呈显著正相关关系。其中，分配公正、互动公正对组织承诺的预测作用更加显著，而程序公正相对较弱。

这一研究结论与马斯特森等学者的研究结论略有差异，他们的研究发现，程序公正比互动公正更能解释雇员的组织承诺。[1] 之所以出现这种不同，原因可能在于两个方面：一是不同国家具有不同的国情、制度和文化，西方国家法律制度健全，公民法律意识普遍较高，所以，西方人对制度、程序的概念更加深刻，程序公正感知能力也较高。然而，在现阶段，中国新创企业成长和创业环境密不可分，比如，在与不少地方的企业家访谈中，新创企业扶持政策面临"玻璃门""弹簧门"式落实到位难的状况，创业环境并未得到根本性好转，导致创业者花在与政府相关职能部门相互周旋的"外交"时间偏多。创业者又不愿意与雇员过多地谈及此事，多数新创企业的普通雇员也无从得知此类消息。二是新创企业的很多管理制度

---

① Masterson S. S., Lewis K. G., Goldman B. M., & Taylor M. S., "Integrating Justice and Social Exchange: The Differing Effects of Fair Procedures and Treatment on Work Relationships", *Academy of Management Journal*, 2000, 43.

和管理系统并不完善，雇员可能对程序公正的感知远不如分配公正和互动公正那么强烈。

中国人更注重与领导建立相互信任、友好的人际关系，领导的关怀和尊重程度更能触动他们对公平的感知，所以，互动公正对新创企业雇员组织承诺的影响较为显著。何轩也认为，体现领导与雇员之间人际关系的互动公正能够更好地预测中国组织中的各种绩效。① 另外，雇员也深知并理解创业初期的艰难，他们对新创企业一时难以建立起内部规范化的程序也表示理解和宽容，从而导致程序公正与雇员组织承诺相关性相对较弱的一个原因。

与李秀娟、魏峰的分析结论相似，在三类组织公正感与雇员组织承诺的关系中，分配公正对组织承诺的影响作用更强。② 稍显差异的地方是，他们的研究比较注重样本选择的行业和地域广泛性，而笔者的研究特别注意到样本企业规模和所处发展阶段因素。笔者认为，新创企业雇员对薪酬结果的感知能力较强，分配公正与雇员报酬直接相关，是他们努力为组织工作所得到的公平回报。如果在新创企业中，雇员认为他们自己的辛勤付出得到了公平的回报，那么，雇员对新创企业的情感依赖程度会加深，继而会把这种承诺转化为对新创企业的责任感。另外，李钰卿、张小林还曾专门以知识型员工为研究对象，聚焦于企业薪酬方案制定与实施问题上，结果同样发现：在三类组织公正对知识型员工组织承诺的影响中，分配公正预测能力最强。③

第二，新创企业雇员组织承诺与角色绩效呈显著正相关关系。

和以前多数学者观点相似，笔者的研究结论也符合学术界普遍看法。雇员对组织承诺水平越高，他就更加愿意留在组织中继续工作，形成高组织认同感。胡建军等学者曾指出，高组织认同感的员工更容易在内心深处

---

① 何轩：《互动公平真的就能治疗"沉默"病吗？——以中庸思维作为调节变量的本土实证研究》，《管理世界》2009 年第 4 期。

② 李秀娟、魏峰：《组织公正和交易型领导对组织承诺的影响方式研究》，《南开管理评论》2007 年第 5 期。

③ 李钰卿、张小林：《知识型员工薪酬公平、组织承诺和离职倾向间的关系》，《软科学》2008 年第 8 期。

与组织建立起一种长期的交换关系，这种交换关系具有"组织导向"。[①] 并且，他们还指出，组织认同影响创新行为的三条途径，包括：组织认同→合作行为→知识分享→员工创新行为；组织认同→工作满意度→工作兴趣（工作投入）→员工创新行为；组织认同→基于组织的自尊→自我效能感→员工创新行为。在此情形下，雇员往往相信组织会一如既往地履行心理契约，满足雇员在知识扩充、能力提升的需求，在适当的时候组织还会公平地给予自己一种职业发展的机会，所以，他会为证明个人价值和实现目标追求而继续努力工作，从而表现出更高的工作绩效。

多数新创企业基本上处在雇佣无保障的条件下成长。当创业者对雇员仅仅只完成分内的任务感到不满，而是期望他能够自觉地多付出额外努力时，新创企业需要对员工施予更大的雇佣无保障压力，这是与大公司能够提供雇佣有保障完全不同的情形。[②] 笔者的研究发现，组织承诺对角色外绩效的影响大于对角色内绩效的影响。它表明，在新创企业中，那些具有较高组织承诺的雇员，不仅会把自己看成是组织的一部分，更愿意把新创企业看成是一个大家庭。他们不但愿意为实现个人目标而努力工作，也愿意更加积极主动地帮助同事、对组织更加认同、具有强烈的责任意识和作出利于他人的行为。

必须注意的是，在新创企业中，雇员作出的多数组织承诺，其内容具有隐蔽性，它意味着在不同人心里具有不同的期待，他们对组织承诺的阐释也具有可变性，所以，新创企业高管成员还不太可能对未能兑现的组织承诺进行抱怨或者提出问题，[③] 这恰恰又证明了可雇佣型心理契约管理的现实难度所在。

第三，在新创企业中，组织承诺在组织公正感与雇员角色绩效的关系中起着部分中介作用。

---

① 胡建军、王立磊、张宁俊：《组织认同对员工创新行为的激励作用》，《财经科学》2013年第11期。

② 张弘、赵曙明：《雇佣保障与员工绩效的关系研究》，《南京社会科学》2010年第4期。

③ ［澳］瓦妮莎·霍尔著：《信任的真相：如何在商业世界中赢得绝对信任》，宫照丽译，东方出版社2010年版，第36页。

早在 20 世纪 60 年代，贝克（Becker）最初把组织承诺描述为随着雇员对组织投入的增加，从而使雇员不得不继续留在组织内部的一种心理现象。[①] 在新创企业中，如果雇员的组织承诺度高，并且，在感知到组织公正的情况下，他就会觉得，倍加努力地为企业作贡献非常有必要，尤其是在中国历来主张知恩图报的主流价值趋向下。本章实证研究结论与国内外学者的研究结果基本相似。如国外学者金和莫博涅实证研究也得出，程序公正通过组织承诺对角色内绩效产生影响作用，[②] 国内学者汪新艳、廖建桥还发现，组织承诺中的情感承诺和规范承诺是组织公正感影响雇员绩效的重要中介变量。[③]

本章研究结果表明，若想提高新创企业雇员角色绩效，可以间接地强化雇员的组织公正感水平来实现。管理者经常会发现，他们与下属的相互依赖程度要远大于和同事、外部人员的相互依赖，[④] 如何提高这种与下属的关系质量，同样也是创业者必须面对的新挑战。新创企业成长能力的高低，一定程度上，和创业者与其下属所组成的复杂人际系统密不可分。笔者认为，先前学者的观点同样适用于新创企业。所以，在实践中，新创企业的高管层可以通过提高雇员对组织公正的感知水平，来进一步增强雇员对企业的归属感和依恋程度。一旦雇员对新创企业产生了强烈的依赖感情，他们就会更加愿意留在新创企业里工作，继而会产生更多的角色内和角色外绩效。

结论与启示

处在快速成长中的新创企业，容易出现四大管理问题：急剧增大的规

---

① Becker H. S. , "Notes on the Concept of Commitment", *American Journal of Sociology*, 1960, 66.

② Kim W. C. , & Mauborgne R. A. , "Procedural Justice and Managers' in-role and Extra-role Behavior: The Case of Multinational", *Management Science*, 1996, 42 (4).

③ 汪新艳、廖建桥:《组织公正感对雇员绩效的影响》,《工业工程与管理》2009 年第 2 期。

④ ［美］约翰·P. 科特著:《权力与影响力》, 李亚等译, 机械工业出版社 2008 年版, 第 57 页。

模、绝对正确感、内部混乱和特别的资源需求。① 从人力资源管理角度看，为了有效应对上述管理复杂性，新创企业纷纷开始建章立制，但是，它同时又会让老员工产生不公平感，早期就已经参与到企业的员工工作热情与奉献精神减退，表现为组织承诺降低，转而表现为喜欢与同行业的其他员工比较薪水和发展前途。而那些新入职员工又由于缺乏对新创企业可雇佣型文化的认同，无法在短期之内对企业作出贡献，也难以有效形成工作团队。本章实证研究结论对于如何加强新创企业人力资源管理实践，促进创业初期企业家精神的传承具有重要启示。

（一）实践意义

在中国传统文化体系中，公平正义历来是一种价值追求。"滴水之恩，当涌泉相报"的思维方式，一定程度上，体现为如果组织给予雇员公正感，雇员将尽全力为组织做贡献，以表达感恩之心。可以说，在分析雇员与新创企业间心理契约时，这种价值理念是非常重要的角度。

第一，创业者努力尽早采用人性化管理方式。

当新创企业的员工，对处在中高层管理岗位的创业者在多大程度上值得被信任，缺乏足够的信息来作出准确判断时，组织公正感将作为信任相关信息的启发式替代，② 并帮助员工对创业者的可信任程度作出评价，从而延缓或者减轻自己对与信任相关的不确定性忧虑。根据本章研究结果，在新创企业中，互动公正对雇员角色绩效的影响力比分配公正及程序公正要强，上下级之间的人际关系对雇员绩效的影响要大于薪酬的影响力，这些都为新创企业如何寻求雇员与创业团队成员之间的和谐人际关系提供了一个决策依据。

创业者要努力加强与雇员的沟通与交流，及时向雇员传达和解释信息，使雇员感受到创业者或者创业团队成员具有公平对待大家的言行，这

---

① 张玉利著：《企业家型企业的创业与快速成长》，南开大学出版社 2003 年版，第 123 页。

② Van den B. K. , "Making Sense of Life: The Existential Self Trying to Deal with Personal Uncertainty", *Psychological Inquiry*, 2009, 20 (4).

是增强新创企业内部和谐劳动关系的重要举措。郑也夫在分析人类活动边界与合作问题时，曾这样指出：

> 人类同很多动物一样，生存的策略是结成群体，以成员间合作对付生存的压力。群体需要一个边界，边界可以帮助群体获得其有限性，使成员们在其中相互识别，频繁交往，进而获得信任，进行合作。①

从可雇佣型心理契约的角度看，雇员之所以加盟新创企业创业团队，无论其目的在于扩充知识、提升能力，还是寻求职业发展机会，都是出于追求自我价值实现的需要。如果新创企业雇员在知识和能力储备方面能够脱颖而出，并且，新创企业又愿意为其提供职业发展的舞台，雇员就会把发自内心的需求，深深地蕴藏在做好自身角色绩效的承诺和信心之中。

德鲁克认为，个人发展的责任应该成为自我发展的责任，个人职业定位的责任应该成为自我定位的责任。②所以，如果创业者能够高度关注与其合伙创业同伴的心理需求，跟踪把握可雇佣型心理契约变化的轨迹，采取人性化管理方法，就可以更加有效地激发创业团队活力，促进保持新创企业成长势头。

第二，建立合理的绩效评估体系是雇员分配公正感的重要前提。

从三类组织公正感性质看，互动公正主要体现在团队领导和下属之间的交流沟通活动中，而分配公正和程序公正则较多地与企业内部管理体系有关。如果能够结合中国新创企业成长特点，可以发现，中国传统文化中"关系""自己人""家族成员"的概念比较强烈，如果控制得好，这种思维习惯其实是有助于创业初期的企业组建。不过，伴随着企业成长，创业团队成员关注的焦点也可能渐渐地发生转移，转而会对分配公正和程序公正变得十分敏感。

如果新加盟的创业团队成员属于"异己分子"或者"圈外人士"，从

---

① 郑也夫著：《信任论》，中国广播电视大学出版社 2006 年版，第 93 页。
② ［美］彼得·F. 德鲁克著：《德鲁克文集（第一卷）：个人的管理》，沈国华译，上海财经大学出版社 2006 年版，第 95 页。

加盟之日起，他们对分配公正和程序公正就会给予高度的关切，甚至远高于对互动公正关切程度。所以，创业者必须在新创企业成长中，及时建立和完善起科学合理的绩效评估体系，并综合考虑分配公正、互动公正和程序公正在雇员心目中认知重要性的评价结果，提供一套富有激励性的收益分配方案是非常必要的。

第三，较高组织承诺有利于延续新创企业的创业精神。

在新创企业成长过程中，要让初始创业精神能够延续或者放大，一个重要的条件是要让核心雇员产生较高组织承诺。如果公司雇员普遍具有高度组织承诺，意味着他们都更愿意在部门内部、部门之间开展学习和交流，大家也愿意放下上下级之间的等级界限，共同面对和商讨创业困境。公司创业精神的延续正是体现新创企业在成长过程中执着地坚持追求创新精神，发扬冒险精神，体现在超前谋划一个又一个的创业行动方案和管理决策之中。

人力资源管理实践中经常碰到这样一个困局：新创企业发展需要依靠雇员主动作为，高度的组织承诺，进而创造出更多角色外绩效，但是，如果优秀雇员在新创企业中职位晋升机会有限，并且，职业保障度过低的话，雇员就有可能把目光转向树立外部劳动力市场的名声，以寻求在不同组织间的水平型职业发展道路。[1] 所以，对于新创企业而言，雇员的组织承诺与雇员职业发展路径选择之间总是会存在矛盾，必须加以高度重视。

既然新创企业最为宝贵的财富是自创建之初就开始形成的独特创业精神，并且这种以创新性、冒险性、自主性、超前行动和进攻性竞争为特征的公司创业导向，往往是那些规模庞大，且充满官僚主义的大公司所不具备的。那么，在维护组织公正感方面，新创企业高管层就应当投其所好，让雇员公平地获得在知识补充、能力提升和职业发展等方面的机会，这种公平性体现在可雇佣性能力提升的决策程序和分配机会两个方面。另外，新创企业要设法对那些充满创业精神并取得重大进展的雇员，经常性给予

---

① 朱飞著：《高科技企业雇佣关系策略研究：基于可雇佣性的雇佣关系策略模型》，企业管理出版社 2009 年版，第 125 页。

公开表彰，号召更多的雇员向其学习。通过示范效应，激发起更多的优秀雇员产生较高组织承诺，新创企业便会在自由开放式创新活动中，使创业创新精神悄悄地得以延续。

（二）理论贡献与局限性

本章以新创企业雇员为研究对象，验证了新创企业组织公正感及其三个维度与雇员组织承诺之间存在显著正相关关系，其中，分配公正、互动公正对组织承诺的预测作用更为显著，组织承诺与雇员角色绩效显著正相关，组织承诺在组织公正感与雇员角色绩效之间起到部分中介作用。本章的研究具有两大特色：一是改变过去那种对企业成长阶段不加区分的研究范式，而是专门选择企业作为研究对象；二是基于中国转型经济的特定情境，在把组织公正感细分出三个维度基础上，验证了它们是组织承诺的前因变量，既拓展了组织公正感理论的边界，又推动组织公正感理论与创业学领域的结合。

尽管如此，本章研究至少仍存在以下三个方面不足：

第一，样本获取局限性。主要来源于安徽省以及江苏省，样本规模和代表性受到一定限制。毕竟这两个省均在中部地区，既不像东部地区那样具有新创企业成长的良好制度环境，也不像西部省份那样缺乏必要的人力、技术、资金等支持创业的环境基础，从而导致研究结论的推广价值有限。另外，严格意义上说，应当把那些在八年内已经失败（甚至消失）的企业雇员也作为样本，然而，本章所有样本均来自存活的新创企业。这种幸存者误差（survival bias）在国内外多数创业研究文献中是普遍存在的困难，也是导致创业研究滞后于创业实践的一个重要原因。[①]

第二，组织承诺细分维度。虽然笔者得出组织承诺在分配公正感、程序公正感以及互动公正感和雇员角色绩效之间存在中介作用的结论，但

---

① 南开大学"新企业创业机理与成长模式研究"课题组著：《中国创业活动透视报告：中国新生创业活动动态跟踪调研（CPSED）报告（2009—2011年）》，清华大学出版社2012年版，第3页。

是，研究过程仅限于将组织承诺高度抽象化为单一维度。其实，由于新创企业天生地具有不稳定性和高夭折率的特点，所以，对于新创企业而言，认真区分出以"我喜欢把组织看作自己家"为信条的情感承诺、以"组织应当得到我忠诚"为信条的规范承诺，和以"我没有理由选择离开组织"为信条的连续承诺，并对此加以实证研究将是很有现实意义的一种科学研究活动，也是未来值得探索和验证的一个重要方向。

第三，研究结论推广价值。如在第三章所验证的结论，可雇佣型心理契约在雇员人口特征变量视角上存在一些差异化，并且，即使是对于同一位雇员而言，在企业成长的不同规模时期和不同发展阶段，可雇佣型心理契约也会发生改变。本章研究对象仅限于新创企业，研究结果是否能适用于其他成熟企业仍尚待检验。未来可以关注并比较，在新创企业和成熟企业两种不同类型企业中雇员组织公正感的差异性，以及这种组织公正感对雇员组织承诺的影响。

第六章　知识型员工可雇佣性与离职倾向关系的案例研究

　　知识型员工是一群拥有较高智商的人群，而且，对新创企业成长尤为关键。国内有学者主张从"专业技术知识的要求、知识技能的更新速度、创新的要求、最低学历的要求、质量的要求"等角度，对其知识性工作加以鉴别，并据此判断知识型员工的身份。① 从可雇佣性角度看，由于知识型员工自身拥有的知识面宽、能力相对较高，所以，他们对自我价值实现的目标追求往往看得更重，对个体成长机会的需求也更强烈，发生可雇佣型心理契约违背的机率更高。

　　2014 年 12 月初，美国《华尔街报》（*The Wall Street Journal*） 主办 CEO 高峰论坛，共有 100 多位大公司首席执行官出席，集中讨论了当今美国企业国际化发展问题。根据一份由美国企业家投标遴选产生的报告，在中国市场做生意应当优先考虑的重要事项中，排在第一位的是面向 21 世纪的劳动力。② 尤其是知识型员工，由于他们在新创企业中处在显著的位置，所以，备受关注。

　　本章以知识型员工为研究对象，综合运用案例研究与实证研究相结合方法，比较知识型员工可雇佣性差异性，进而验证可雇佣性对知识型员工离职倾向所产生的影响。笔者利用来自中粮蚌埠涂山热电公司一手数据，

---

　　① 杨杰、凌文辁、方俐洛：《关于知识工作者与知识性工作的实证解析》，《科学学研究》2004 年第 2 期。

　　② 关于此次 CEO 峰会的相关报道，可以参阅 2014 年 12 月 9 日出版《华尔街报》（*The Wall Street Journal*） 第 R1 和 R2 版。

通过方差分析、回归分析等方法，从员工自我感知的可雇佣性视角，重点探讨婚姻状况对知识型员工离职倾向的深刻影响。

一、问题提出：知识型员工与新创企业成长

管理学大师彼得·德鲁克曾给知识型员工下过这样一个定义："那些掌握和运用符号和概念，利用知识或信息工作的人。"而现如今，这个界定已经有被扩大化的趋势。既可能是白领阶层，也可能是处在技术岗位的一般员工。

进入 21 世纪以来，经济全球化、知识多样化和科技进步加速化步伐不断加快，企业竞争愈发激烈，基于企业生存发展的动力和参与市场竞争的压力，企业对知识型人才的渴求更加剧烈。人力资源取代资金、设备等物质资源，成为企业发展关键因素，知识型员工对于科技型企业的成长变得愈发重要。[1]由于知识型员工更加偏好于个体成长机会，关注于工作自主性程度以及业务成就的追求，而新创企业本身往往又赋予员工更大的灵活自主性，比大公司更加充满创业精神，所以，新创企业迫切希望获得具有类似特质的知识型员工。

据《中国青年报》社会调查中心 2013 年一份研究报告显示，在对通过搜狐网和民意中国网 2012 人的调查，知识型员工在职场感到困惑排在前两位的是：薪酬太低、不符合预期（占 53.95%），岗位晋升困难（占 44.74%）。[2] 这些可能也是导致知识型员工对企业不满意的主要原因，而且，这些困惑与可雇佣型心理契约内容密切相关。一旦这种不满意感积压到一定地步，雇员就会把离职作为缓解职场困惑的途径。

---

① 李钰卿、张小林：《知识型员工薪酬公平、组织承诺和离职倾向间的关系》，《软科学》2008 年第 8 期。

② 数据源于朱胜男、邢天琳、张莉：《知识型员工职场困惑成初探》，《企业研究》2014 年第 10 期。

关于离职问题的研究，可以追溯到 20 世纪初 70 年代。[①] 发展到今天，越来越多的企业和社会大众已经清醒地意识到，员工流动已经成为一种正常行为。在市场经济和法律制度不断完善的情况下，仅靠行政强制性手段（如扣压员工人事档案、设定最低工作年限等），恐怕已很难挽留住那些准备离职的知识型员工，即使被强行留下来，员工也会心不在焉，降低其角色内和角色外绩效。在新创企业中，一些知识型员工在知识、能力、素质的某些方面，并不一定比创业老板弱，而且，在新创企业的创业团队成员之间，也可能各有特长、各怀绝技，所以，国内学者袁庆宏等曾指出，由于知识型员工比非知识型员工拥有更强的可雇佣能力，以及更多的受雇佣机会，知识型员工采取在不同组织之间的流动，进而实现个体成就动机的欲望比较强烈，实现流动的现实可能性也更高。[②]

随着生产力进步，知识型员工作为一种可以创造独特价值的生产要素，在社会上所享受的财富和地位不断提高。杨会军在分析美国发挥市场作用的三件法宝时，曾做过这样的评论：

> 早期美国的富豪是大种植园主、钢铁大王、铁路大王、汽车大王，当代巨富是网络大亨、科技大腕、风险资本家和企业高管。最新的生产力要素地位和价值次序是这样的：企业家、资本家、科技家、人才、人力、设备、土地。[③]

相对于美国经济运行模式而言，由于国内风险投资、公开上市和发行债券等直接融资渠道远不及美国的资本市场发达，在上述最新生产力要素地位和价值次序中，资本家的地位在中国可能稍微靠后。伴随着国内市场经济的完善和依法治国战略的实施，企业家、科技家、人才等知识型员

---

① Mobley W. H., "Intermeidate Linkage in the Relationship between Job Satisfaction and Employee Turnover", *Journal of Applied Psychology*, 1977, 62.

② 袁庆宏、丁刚、李珲：《知识型员工职业成长与离职意愿——组织认同和专业认同的调节作用》，《科学学与科学技术管理》2014 年第 1 期。

③ 杨会军：《美国经济的"治理之道"》，《当代世界》2014 年第 11 期。

工，在新创企业内部成就职业生涯发展的要求越来越高，况且，在原本依附的企业内无法实现其自身目标追求时，知识型员工依靠可雇佣性的积累，可以轻而易举地在外部获得另一份新工作。

流水不腐，户枢不蠹。现实中经常给予令人目眩的现象是，知识型员工在劳动力市场流动中方能证明自身的社会价值。关于导致员工离职倾向影响因素的研究，学术界经历了从最初关注外部环境因素到员工内在因素的研究重点转移过程。早在 1980 年，马奇斯基和莫罗（Muchinsky & Morrow）就注意到影响离职倾向的因素分为与工作相关的因素、个人因素和经济机会因素。[1] 泽弗恩（Zeffane）的研究主张，包括劳动力市场因素等四个维度影响着员工离职倾向。[2] 后来，肯尼迪和富尔福德（Kennedy & Fulford）则干脆用显性因素和隐性因素作出归纳，并指出，它们共同影响着雇员离职倾向。[3] 显然，上述研究从员工个体层次出发的相对较少。

近年来，越来越多的学者开始关注员工个体可雇佣性对离职倾向的影响。如第三章所述，"可雇佣性（employability）"的最初定义侧重于强调员工所具有的工作能力，而且，主要是指体力方面。后来，这个概念在美国得到进一步延伸。在物质需求不再是参加工作唯一目标追求的现实前提下，员工开始高度关注在自身成长过程中可雇佣性是否能随之得到提高，企业高层也转而特别重视加强员工的知识补充、能力提升和职业发展机会。进入 21 世纪以来，可雇佣性的研究已经进入了一个繁荣时期。

从总体上看，虽然国内外学者主张可雇佣性是导致离职倾向的重要原因，但对可雇佣性和离职倾向之间复杂关系的研究才刚刚起步。为了检验可雇佣性对离职倾向的复杂影响，笔者在本章有意识地选择与此前

---

[1]　Muchinsky P. M. , & Morrow P. C. , "A Multidimensional Model of Voluntary Employee Turnover", *Journal of Vocational Behavior*, 1980, 17 (3).

[2]　Zeffane R. M. , "Understanding Employee Turnover: The Need for a Contingency Approach", *International Journal of Manpower*, 1994, 15 (9).

[3]　Kennedy D. J. , & Fulford M. D. , "On the Move Management Relocation in the Hospitality Industry", *Cornell Hospitality Quarterly*, 1999, 40 (2).

章节不一样的可雇佣性分类方法，采用库耶佩和威特[①]提出的内部可雇佣性和外部可雇佣性概念。这种分法与员工在遭遇心理契约违背时的两种选择道路具有高度相关性：一是继续留在本单位工作，但可以在内部更换岗位；二是离开本单位另谋高就，意味着放弃原有工作单位，甚至改变原有工作内容。

二、概念性模型

近些年来，出现了离婚率日趋上升的趋势。中国社会目前对待婚姻的态度也在发生着一定的变化，由此引发婚姻对知识型员工工作态度和工作行为的复杂影响。从学术成果上看，结婚与否对知识型员工离职倾向造成影响的内在机制研究得还并不充分，而从实践上看，如何有效防范知识型员工突发性的"跳槽"行为，以及如何处理提高他们对科技型企业的忠诚程度已经成为两大现实的课题。

（一）可雇佣性与离职倾向

可雇佣性是社会学、心理学、管理学和经济学等多学科共同关注的概念。学术界一致认为，可雇佣性的研究对指导实践具有重要价值，对于组织应对外部环境动态性挑战具有突出意义。

在希拉吉和波拉德看来，可雇佣性是关于获得最初就业、维持就业和获取新的职业的能力。[②] 很显然，这一定义本身就足以表明可雇佣性是一个与就业能力密不可分的概念。库耶佩和威特将可雇佣性进一步区分为两个维度：内部可雇佣性和外部可雇佣性，并通过实证研究表明，员工的内部可雇佣性对其情感承诺产生正向作用，从而间接负向影响其离职倾向；

① Cuyper D. N. , & Witt D. H. , "The Management Paradox: Self-rated Employability and Organizational Commitment and Performance", *Personnel Review*, 2011, 40 (2).

② Hillage J. , & Pollard E. , *Employability: Developing a Framework for Policy Analysis*, London: Department for Education and Employment, 1998, p. 242.

而员工的外部可雇佣性对其情感承诺产生负向作用，从而间接正向影响其离职倾向。[1] 泽凡恩（Zeffane）认为，包括劳动力市场因素、员工个体因素、组织制度因素以及员工对待工作的态度等四个维度，影响着员工离职倾向。[2] 原则上，夸尔斯（Quarles）也比较认同泽凡恩的说法，不过，他将其归纳为三大因素，包括个体相关因素、工作相关因素以及外部因素。[3]

此后，许多学者也对可雇佣性与离职倾向的关系做过研究。比如艾弗森（Iverson）在总结前人研究的基础上，把影响员工离职倾向的因素分为外部环境变量、个体变量、与工作相关的变量以及员工定向变量。[4] 马丁（Martin）着重分析了培训和晋升机会对员工离职倾向的影响。[5] 其实，他们的分析依然都是以前人总结的三大因素分类为基础。笔者认为，无论是"三因素说"，还是"四因素说"，基本上是沿着外部可雇佣性和内部可雇佣性的两大轨道，来研究它们与离职倾向的关系。

在研究员工职业成长与离职倾向关系时，翁清雄和席酉民着重分析了职业承诺和员工感知机会在二者关系间的缓冲作用。[6] 如果从可雇佣性角度来理解的话，他们所选择的这两个缓冲变量，实际上与员工内部可雇佣性和外部可雇佣性具有异曲同工之妙。郭文臣等直接提出可雇佣性研究的应用价值，认为可雇佣性既可以促进员工的就业和再就业，从而提高其就

① Cuyper D. N. , & Witt D. H. , "The Management Paradox: Self-rated Employability and Organizational Commitment and Performance", *Personnel Review*, 2011, 40 (2).

② Zeffane R. M. , "Understanding Employee Turnover: The Need for a Contingency Approach", *International Journal of Manpower*, 1994, 15 (9).

③ Quarles R. , "An Empirical Examination of a Model of the Turnover Intentions of Information Systems Auditors", *Journal of Applied Business Research*, 1994, 10 (1).

④ Iverson R. D. , "An Event History Analysis of Employee Turnover: The Case of Hospital Employees in Australia", *Human Resource Management Review*, 1999, 9 (4).

⑤ Martin C. , "Explaining Labour Turnover: Empirical Evidence from UK Establishments", *Labour*, 2003, 17 (3).

⑥ 翁清雄、席酉民:《职业成长与离职倾向: 职业承诺与感知机会的调节作用》,《南开管理评论》2010 年第 2 期。

业质量，也可以有效地减少离职问题的发生。① 还有一种观点是，由于雇主对员工需求的变化，导致员工所具有的可雇佣性不再符合雇主要求，或者员工能力高于雇主要求，引发雇主心中不快，从而让员工产生离职行为。② 不过，国内外学者至今也没有从婚姻角度进一步验证其对可雇佣性与离职倾向关系的复杂影响。

（二）婚姻对离职倾向影响

婚姻是最为传统的人口特征变量，也是一个比较敏感的话题。尽管婚姻并不注定是导致离职倾向的原因，但是，在希拉吉和波拉德（Hillage & Pollard）看来，像婚姻状况此类人口特征变量，是员工保持现有工作与获得理想工作的保证和关键影响因素，并且，员工的婚姻状况将会直接影响到员工是否选择最终离职的决策。③ 这是因为，工作的基础在于兴趣，而婚姻的基础在于爱情。无论是兴趣还是爱情，对于多数年轻人来说，可能会受到冲动性心情的影响，有时候，甚至近乎偏执和狂热。所以，工作和婚姻的基础或多或少具有非理性的成分。

既然工作和婚姻同属人生成长过程中的两项重要内容，如何处理好两者的关系就需要艺术性。肯尼迪和富尔福德的研究还发现，除了年龄、收入、工作性质、员工对调动工作所持态度以及对未来发展前途的展望等显性因素之外，还包括婚姻状况、性别、种族、工作经验以及教育背景等隐性因素都发挥着非常重要的作用。④ 而且，婚姻状况和性别等人口特征变量，对员工的离职倾向影响更具隐蔽性。

婚姻代表着对家庭成员的一种责任。已婚与否直接会影响到员工对组

---

① 郭文臣、迟文倩、肖洪钧等：《可就业能力研究：价值与趋势》，《管理学报》2010 年第 5 期。

② 李洁：《国外企业雇员可雇佣性研究新进展》，《当代财经》2006 年第 5 期。

③ Hillage J. , & Pollard E. , *Employability*: *Developing a Framework for Policy Analysis*, London: Department for Education and Employment, 1998, p. 255.

④ Kennedy D. J. , & Fulford M. D. , "On the Move Management Relocation in the Hospitality Industry", *Cornell Hospitality Quarterly*, 1999, 40（2）.

织的期待，以及员工与组织间契约关系的强度。家庭责任也会对离职倾向产生一定程度的影响。[①] 比如，工作申请者对配偶、孩子和父母的家庭责任有可能会限制他们选择工作的时间、工作地点、工作类型等。由此看来，婚姻状况带来的家庭责任，不仅会对雇员是否接受现有工作，以及是否重新寻找一份新工作产生影响，而且也决定了员工对于知识补充、能力提升和职业发展的渴望。另一方面，婚姻也会通过员工对组织公正感的评价，直接影响到员工对待工作的态度及其工作表现，甚至可能导致离职行为的发生。

在马什和曼拉里（Marsh & Mannari）的一项研究中曾发现，已婚员工离职率较低，而未婚员工离职率较高。[②] 不过，研究结论只是作为一种预测，并没有通过实证研究来检验其正确性。后来，斯坎杜拉和兰考（Scandura & Lankau）还特别指出，妇女可能会因为结婚带来的家庭责任，遭受到寻找工作的性别歧视。[③] 其原因在于，雇主通常会认为，一旦结婚生子后，女性员工会把主要精力集中于照顾家庭和孩子上，而把工作放到第二的位置。这些观点进一步表明，妇女结婚与否将对其工作造成一定的影响，也影响到是否会选择离职的态度。韩翼、刘竞哲曾收集来自湖北省武汉市 439 份有效问卷，实证发现，以婚姻状况、性别和年龄作为控制变量，发现组织支持感与员工离职倾向之间具有显著负相关关系。[④] 崔勋还基于组织行为学相关理论，实证阐释了性别、婚姻状况、年龄等人口特征变量对员工组织承诺以及离职倾向有显著的影响作用，[⑤] 其研究结论和韩翼、刘竞

[①] McQuaid R. W., "Job Search Success and Employability in Local Labor Markets", *The Annals of Regional Science*, 2006, 40 (2).

[②] Marsh R., & Mannari H., "Organizational Commitment and Turnover: A Prediction Study", *Administrative Science Quarterly*, 1977, 22 (1).

[③] Scandura T. A., Lankau M. J., "Relationships of Gender, Family, Responsibility and Flexible Work Hours to Organizational Commitment and Job Satisfaction", *Journal of Organizational Behavior*, 1997, 18 (4).

[④] 韩翼、刘竞哲：《个人—组织匹配、组织支持感与离职倾向——工作满意度的中介作用》，《经济管理》2009 年第 2 期。

[⑤] 崔勋：《员工个人特性对组织承诺与离职意愿的影响研究》，《南开管理评论》2003 年第 4 期。

哲的结论十分相似。另外。潘持春的实证研究还曾发现，未婚员工的情感承诺低于已婚员工，如果情感承诺较低，那么，员工离职倾向也偏高。[①]

本章所关注的问题是：在新创企业中，当把婚姻变量引入到知识型员工离职倾向的研究时，是不是会更加合理地解释离职倾向的内在机理呢？为此，笔者以可雇佣性为自变量，离职倾向为因变量，构建起一个关于知识型员工可雇佣性与离职倾向间关系的概念性模型（见图6-1）。[②]

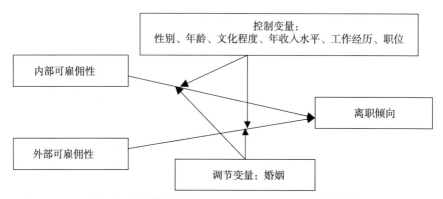

图6-1　知识型员工可雇佣性与离职倾向关系的理论模型

三、案例研究设计

（一）案例选择理由

作为中国生化领域涉足农产品深加工的大型骨干企业、国家级农业产业化龙头企业典范，中粮生物化学（安徽）股份有限公司（以下简称"中粮生化"）成立于1998年8月28日。次年7月12日，公司股票在深圳证券交易所上市（股票代码：000930）。2006年12月8日，中粮集团与蚌埠市人民政府及丰原集团签订协议，受让丰原集团持有中粮生化2亿股股份

---

① 潘持春：《工作满意度和组织承诺对管理人员离职倾向的影响》，《经济管理》2009年第3期。

② 陈忠卫、张广琦、秦慈进：《婚姻影响知识型员工的离职倾向吗？——基于可雇佣性的案例研究》，《经济管理》2014年第2期。

（占总股本的 20.74%），成功地转变为公司第一大股东。蚌埠涂山热电有限公司隶属于中粮生物化学（安徽）股份有限公司，2013 年，公司资产总额 72 亿元，主要生产基地有在蚌埠市的柠檬酸生产区、氨基酸生产区和燃料酒精公司；拥有国家级企业技术中心 1 个，现承担着为中粮生物化学（安徽）股份有限公司内部供汽、供电、供水的任务，属于热电联产项目。所以说，蚌埠涂山热电公司同时也是一家颇具代表性的科技型企业。

2013 年，安徽省蚌埠涂山热电公司拥有在职员工 600 余人。公司生产的主要原料是原煤和水，辅料包括合成盐酸、离子膜碱、柴油，公司副产品主要是炉灰和炉渣，副产品全部回收销售。近些年来，公司采用了先进的发电厂电气综合自动化系统、DCS 集散控制系统进行电气设备和机组控制，自动化水平较高。由于公司引进自动化操作系统，对员工的知识化水平迅速提高，在公司员工结构中，知识型员工占比较大。

近五年来，蚌埠涂山热电有限公司先后解除和终止劳动合同 275 人。2008 年 50 人，2009 年 21 人，2010 年 39 人，2011 年 70 人，2012 年 95 人。发生离职行为的员工占当年员工总规模的比例在 3.50%—15.83% 之间。其中，辞职、自动离职占 77.45%，终止劳动合同占 22.55%。在离职人员中，男性职工占 86.18%，30 岁以下员工占 49.81%，中专（含）以上学历员工占 55.88%。

中粮蚌埠涂山热电公司作为一家典型的科技型企业，公司更需要专业对口的员工，知识型员工比重高。从数据上看，该公司员工离职规模基本上属于行业内企业正常水平，通过多方访谈时发现，员工离职的原因也具有典型意义。

基于上述背景，在对该公司采取案例研究的同时，深入该公司内部发放问卷，搜集一手数据，进一步展开实证研究，试图发现在员工可雇佣性与离职倾向间关系的内在规律。

（二）数据收集与样本分析

本次问卷调查是在中粮蚌埠涂山热电公司人力资源部的协助下进行，

发放对象仅限于涂山热电在职在岗的知识型员工。与一般员工相比，知识型员工的人力资本具有高度稀缺性、高增殖性和难以模仿性。[①] 正是知识型员工的这一人力资本特点，决定了知识型员工的人力资本成为涂山热电公司竞争优势的重要来源。

在 2012 年 7—8 月期间，先后分两次深入到企业内部，共发放问卷427 份，经筛选，剔除掉答案过于一致和较多问题未填的那些问卷，最终，回收有效问卷 354 份，有效回收率 82.90%（见表 6-1）。

表 6-1　样本描述性统计结果

项目	类型	数量	比重（%）
性别	男	231	65.25
	女	123	34.75
婚姻状况	未婚	72	20.34
	已婚	282	79.66
年龄	40 岁以上	48	13.56
	30—40 岁	156	44.07
	30 岁以下	150	42.37
入职本单位前曾就业的企业数	0	155	43.79
	1 家	119	33.62
	2 家及以上	80	22.60
职位	基层管理岗位	63	17.79
	一般员工	291	82.20
年收入	1 万元以下	21	5.93
	1 万元—5 万元	326	92.09
	5 万元—9 万元	5	1.41
	缺失值	2	0.56
文化程度	高中及以下	63	17.80
	中专、大专	251	70.90
	本科	40	11.30
合计		354	100.00

---

　　① 雷巧转著：《文化驱动力——基于企业文化的心理授权对知识型员工组织承诺影响的实证研究》，经济管理出版社 2008 年版，第 23 页。

对样本进行描述性统计发现，从性别来看，男性 231 人，占 65.25%，女性 123 人，占 34.75%；从婚姻状况来看，已婚者 282 人，占 79.66%，未婚者 72 人，占 20.34%。另外，从年龄分布看，知识型员工以 40 岁以下为主，共 306 人，占 86.44%；从学历分布看，以中专及大专学历为主，251 人，占 70.90%；从年收入水平分布看，以年收入在 1 万元—5 万元者居多，占 92.09%。从入职本单位之前曾工作过的其他单位数量来看，至少在另外一家其他组织工作过的员工 119 人，2 家及以上组织工作过的员工 80 人，合计占 56.21%；而一直在涂山热电工作的被试员工 155 人，占 43.79%。另外，本次抽样调查时，以那些掌握一定的应用性技术，并处在技术岗位的一线员工为主体，占 82.20%，少部分是兼顾从事与产品研发、技术管理相关的基层管理者。据此认为，样本分布具有科技型行业内企业的代表性。

（三）变量测量

为了确保问卷设计的科学有效性，笔者利用创业与企业成长研究所，曾以科研团队形式反复围绕题项设计展开讨论。尤其是对于基于英文文献的参考题项，均采用翻译后再回译的"双向互译"方式，从而确保语言翻译的准确性和通俗性。此外，还利用安徽财经大学 MBA 班对来自科技型企业的 63 名在读学员，进行过小范围试测，然后，根据所得结果对问卷进行条目修正，删除不适当的题项，修改语意不通顺或者仍易产生歧义的词句，使得最终题目都能反映出想要研究的真实内容。对于自变量和因变量的测量均采用利克特五级（Likert 5）量表方式。最后，有组织地开展问卷的大规模发放工作，从而确保具有较高效度。具体地说：

1. 内部可雇佣性与外部可雇佣性

可雇佣性的形成是以一系列个人属性为基础，这些属性包括职业生涯管理能力、学习能力、知识和技能、专业知识。同时，可雇佣性还受到组织内部劳动力的实时状况，以及外部劳动力市场的动态影响。根据罗格和斯库尔曼（Roger & Schoorman）的观点，使用主观指标来测量可雇佣性的方法是可行的，[1] 所以，利用员工个体对内部和外部劳动力市场可利用的工作机会的感知来测量其可雇佣性。如伯恩特逊和马克兰德（Berntson & Marklund）曾开发了包含五个题目、单一维度的测量问卷，用于测量员工可雇佣性与其健康状态之间的关系。[2] 从整体上看，这五个题项涉及社会关系网、竞争能力、经验技能、机会感知、个性特征，重点放在员工的外部可雇佣性。

在劳动力市场趋于开放的条件下，外部可雇佣性的意义更加明显。在公司盛行终身雇佣制的日本，如果员工所从属的企业失败了，那么，他将一生背负失败的骂名，所以，员工往往会出于对这种后果的恐惧心理，选择在公司内部度过他那漫长的职业生涯，哪怕是一步一步缓慢地往上爬。[3] 与此不同的是：伴随着中国要素市场的充分培育，如果员工感觉在本单位发展无望，或者可雇佣型心理契约关系违背时，越来越多的员工将依靠其自身的外部可雇佣性，选择离职，转而投奔到其他工作单位。

国外也曾有学者注意到把可雇佣性分为内部可雇佣性和外部可雇佣性的研究思路（如 Hillage & Pollard[4]、Kluytmans & Ott[5] 等）。在前人研究成果的基础上，罗思韦尔（Rothwell）[6] 率先开发了以自我感知为基础的可雇佣性量表，并以人力资源管理的专业人士为样本，实证检验了量表的有效性。最终确定了 11 个测量题项，包括测量内部可雇佣性四题、外部可雇佣

① Roger C. M., & Schoorman F. D., "Differentiating Antecedents of Organizational Commitment: A Test of March and Simon's Model", *Journal of Organizational Behavior*, 1998, 19 (1).

② Berntson E., Marklund S., "The Relationship between Employability and Subsequent Health", *Work & Press*, 2007, 21 (3).

③ ［日］近藤大介著:《中国缺什么，日本缺什么》，泓冰译，江苏文艺出版社 2013 年版，第 86 页。

④ Hillage J., & Pollard E., *Employability: Developing a Framework for Policy Analysis*, London: Department for Education and Employment, 1998, p. 184.

⑤ Kluytmans F., & Ott M., "Management of Employability in the Netherlands", *European Journal of Work and Organizational Psychology*, 1999, 8 (2).

⑥ Roger C. M., & Schoorman F. D., "Differentiating Antecedents of Organizational Commitment: A Test of March and Simon's Model", *Journal of Organizational Behavior*, 1998, 19 (1).

性七题。后来,库耶佩和威特进一步完善了可雇佣性调查问卷。[1]

鉴于上述背景,笔者也采用将可雇佣性区分为内部可雇佣性和外部可雇佣性的做法,共设计了包括"如果要在本企业内调整一份工作,我对结果持乐观态度"在内的六个题项,用于测量内部可雇佣性;包括"在其他地方,我相信自己有实力找到比目前更好的新工作"在内的八个题项,用于测量外部可雇佣性。

利用所获得的有效调查问卷,采用主成分分析法提取共同因子,选取特征值大于1.0以上的公因子,采用极大方差法来进行旋转。以各因子克隆巴赫系数(Cronbach)α值检验各因子衡量问项之间的内部一致性,结果表明(见表6-2):外部可雇佣性的克隆巴赫系数(Cronbach)α值为0.810,内部可雇佣性的克隆巴赫系数(Cronbach)α值为0.791。

2. 离职倾向

可控的、适度的离职率在现实企业中具有积极意义。但是,与真实发生离职行为不同的是,本章采用的是离职倾向。该变量重点反映员工对离开本单位的一种内心冲动,属于一种员工主观意识活动,并非离开单位的真实表现。笔者采取单一维度来测量离职倾向,主要参考莫布利(Mobley)等学者[2],以及翁清雄与席酉民[3]曾采用的量表,稍加修改而成。包括"未来三年内我可能会积极寻找一份新工作""如果本单位未来没有太大的变化,我会考虑离开""我准备在本单位作长期的职业发展"等在内的四个题项。根据因子分析的结果显示(见表6-3),离职倾向的克隆巴赫系数(Cronbach's)α值为0.800。

---

① Cuyper D. N., De Witt H., "The Management Paradox: Self-rated Employability and Organizational Commitment and Performance", *Personnel Review*, 2011, 40 (2).

② Mobley W. H., Horner S. O., & Hollingsworth A. T., "An Evaluation of Precursors of Hospital Employee Turnover", *Journal of Applied Psychology*, 1978, 63 (4).

③ 翁清雄、席酉民:《职业成长与离职倾向:职业承诺与感知机会的调节作用》,《南开管理评论》2010年第2期。

表 6-2   可雇佣性探索性因子分析

测量题项	载荷系数	
	外部可雇佣性	内部可雇佣性
到其他地方，我对比目前更具挑战性的工作一样能够很容易适应	0.831	0.114
如果让我在其他地方做相同的工作，我会很容易地适应新环境	0.787	0.174
如果条件允许的话，我会比较容易地在其他地方发现另一份工作来替换我目前的工作	0.757	0.164
如果让我在其他地方找工作，我对找到另一份工作充满乐观态度	0.748	0.194
如果在单位内部竞争上岗，我对于获得更好的工作持乐观态度	0.121	0.825
如果单位内部开展竞争上岗，我对于获得更好的工作充满自信	0.087	0.810
如果本单位内开展内部调整，我对很快地获得一份相似的工作充满自信	0.251	0.721
如果允许在本企业内调整一份工作，我对结果持乐观态度	0.199	0.711
Cronbach's α	0.810	0.791
特征值	3.513	1.523
解释变异量（%）	43.907	19.037
累计解释变异量（%）	43.907	62.944

注：提取方法：主成分法。旋转法：具有 Kaiser 标准化的正交旋转法。旋转在 3 次迭代后收敛。

表 6-3   离职倾向探索性因子分析

测量题项	载荷系数
	离职倾向
未来三年内我可能会积极寻找一份新工作	0.821
如果本单位未来没有太大变化，我会考虑离开	0.818
对目前的工作偶尔感觉厌烦想换个新单位	0.763
如果外部有更令人满意的工作，我会考虑接受	0.762
Cronbach's α	0.800
特征值	2.506
解释变异量（%）	62.638

注：提取方法：主成分法。旋转法：具有 Kaiser 标准化的正交旋转法。旋转在 3 次迭代后收敛。

3. 控制变量

普赖斯和金（Price & Kim）的实证研究曾发现，性别、文化程度、职位与离职倾向间具有正相关关系，年龄与离职倾向负相关。[1] 斯彭思和斯蒂尔斯（Spencer & Steers）的实证研究则支持工作经历与离职倾向正相关。[2] 另外，从对离职行为的影响来看，布拉德雷（Bradley）甚至认为，收入水平是形成离职行为的重要决定因素。[3] 鉴于这些情况，综合考虑涂山热电有限公司的实际情况，选取性别、年龄、文化程度、年收入水平、工作经历和职位作为控制变量。

四、案例分析

笔者以 SPSS 20.0 统计软件，先通过单因素方差分析法（one-way ANOVA），然后，对比不同婚姻状况的知识型员工离职倾向的差异，最后，再利用回归分析法，比较婚姻状况与员工可雇佣性交互作用下，对离职倾向的共同影响。

（一）离职倾向方差分析

为了比较基于婚姻状况差异的知识型员工的离职倾向差异性，采用方差分析进行处理。单因素方差分析结果如表 6-4 所示，从中可知，针对不同婚姻状况员工的离职倾向，显著系数 Sig. 为 0.005，小于显著性水平 0.05，通过显著性检验。它表明：在已婚员工和未婚员工之间比较，其离职倾向具有显著差异性。

---

① Price J. L. , & Kim S. W. , "The Relationship between Demographic Variables and Intent to Stay in the Military: Medical Personnel in a US Air Force Hospital", *Armed Forces & Society*, 1993, 20 (1).

② Spencer D. G. , & Steers R. M. , "The Influence of Personal Factors and Perceived Work Experiences on Employee Turnover and Absenteeism", *Academy of Management Journal*, 1980, 23 (3).

③ Bradley S. , Green C. , & Mangan J. , "The Effect of Relative Wages and External Shocks on Public Sector Turnover", *Economic Record*, 2012, 88 (281).

表 6-4　基于婚姻状况的离职倾向单因素方差分析

比较项目	平方和	自由度（df）	均方	F	Sig.
组间	7.863	1	7.863	7.964	0.005
组内	343.576	348	0.987		
总数	351.440	349			

（二）可雇佣性与员工离职倾向

首先把员工离职倾向作为因变量，把可雇佣性作为自变量，进行层级回归分析，其结果如表 6-5 所示。第一步进入回归方程的是控制变量，第二步为自变量的主效应。由于性别、年龄、文化程度、年收入水平、工作经历、职位均为类别变量，需要进行虚拟变量处理：性别的参照类为男性，年龄的参照类是 30 岁以下，文化程度的参照类是研究生，年收入水平的参照类是 1 万元以下，工作经历是 0 家，职位的参考类是一般员工。多重共线性分析发现，膨胀因子（VIF）在 1.009—1.332 之间，均小于 10，表明变量之间不存在多重共线性问题。根据 R^2、F、$\triangle R^2$、$\triangle F$ 等指标及其显著水平等指标值，结果表明，回归模型的总体效果处在一种相对理想的水平。

表 6-5　可雇佣性与离职倾向层次回归分析结果

	离职倾向	
	模型 1	模型 2
第一步：控制变量		
性别	−0.063	−0.002
年龄	−0.220**	−0.236**
文化程度	0.167	0.151
年收入水平	0.231	0.160
工作经历	−0.089	0.011
职位	0.016	0.158
第二步：解释变量		

	离职倾向	
外部可雇佣性		0.544 ***
R^2	0.035	0.322
F	1.988 *	19.678 ***
$\triangle R^2$	0.035 *	0.287 ***
$\triangle F$	1.988 *	70.267 ***

注：* 表示 p<0.1，** 表示 p<0.05，*** 表示 p<0.01。

控制变量能够解释离职倾向方差的 3.5%（F=1.988，p<0.1）。其中，年龄作为控制变量，与员工的离职倾向呈现显著负相关关系。在回归分析的第二步，当把可雇佣性加入回归方程时，结果模型对离职倾向方差的解释能力增加了 28.7%（$\triangle F$=70.267，p<0.01）。上述结果表明，外部可雇佣性对离职倾向有显著的正向作用（β=0.544，p<0.01）。

（三）婚姻调节作用

自变量可雇佣性是一个连续变量，而调节变量婚姻又是类别变量，在验证类别变量的调节作用时，采用了分组回归的方法。即对已婚员工和未婚员工两组样本，分组进行回归分析，分别检验每一组样本中可雇佣性对员工离职倾向的影响作用。在对各组样本进行回归分析时，同样使用层级回归的方法，第一步进入回归方程的是控制变量，第二步则为自变量的主效应，控制变量的虚拟化方法同前面所使用过的处理方法。表6-6 所显示的是两组样本回归分析之结果。

表 6-6 婚姻调节作用

	离职倾向	
	已婚员工	未婚员工
样本数量	282	72
第一步：控制变量		
模型的解释量 R^2	0.016	0.112

续表

	离职倾向	
第二步：解释变量		
模型的解释量 R^2	0.308 ***	0.462 ***
模型的 F 值	14.561 ***	6.429 ***
内部可雇佣性的方差贡献 $\triangle R^2$	0.287 **	
内部可雇佣性的方差贡献的显著水平 $\triangle F$	55.271 **	
内部可雇佣性的标准回归系数 β	0.128 **	
外部可雇佣性的方差贡献 $\triangle R^2$	0.287 ***	0.390 ***
外部可雇佣性的方差贡献的显著水平 $\triangle F$	55.271 ***	19.458 ***
外部可雇佣性的标准回归系数 β	0.534 ***	0.586 ***

注：* 表示 $p<0.1$，** 表示 $p<0.05$，*** 表示 $p<0.01$。

在已婚员工组，回归模型总共解释了离职倾向 30.8% 的方差（$F=14.561$，$p<0.01$）。表明该模型的效果较为理想。将可雇佣性加入回归方程后，模型对离职倾向的解释能力增加了 28.7%（$\triangle F=55.271$，$p<0.01$）。

在未婚员工组，回归模型总共解释了离职倾向 46.2% 的方差（$F=6.429$，$p<0.01$），表明该模型的效果比较理想。将可雇佣性加入回归方程后，模型对离职倾向方差的解释能力增加了 39.0%（$\triangle F=19.458$，$p<0.01$）。

比较分析上述两个模型，可雇佣性对离职倾向的解释能力明显存在一定的差别。其中：在已婚员工组，可雇佣性的方差解释能力（30.8%）明显小于未婚员工组（46.2%）。在两类分组中，外部可雇佣性对离职倾向均有显著的正向作用，标准化回归系数 β 分别为 0.534（$p<0.01$）和 0.586（$p<0.01$）。同时，内部可雇佣性在已婚员工组也对离职倾向有显著的正向作用，标准化回归系数 β 为 0.128（$p<0.01$）。

结论与启示

婚姻是人生成长所经历的一个特定阶段。本章以中粮蚌埠涂山热电公司作为案例研究，通过案例研究和实证分析相结合的方法，研究发现：未婚和已婚的差异性，造成知识型员工对具体问题的认知角度乃至处理问题方式有所不同，影响到员工关于工作地点和工作内容的决策结果，进一步则会影响到知识型员工离职倾向。具体地说：

第一，在不同婚姻状况的知识型员工之间，离职倾向存在着显著差异。

本章结论与马什和曼拉里的研究结果相似，员工的婚姻状况从一般情况来说与其离职倾向呈现负相关的关系，也就是说已婚员工离职率较低，而未婚员工离职率较高。[①] 不过，他们的理论仅仅只是一种预测，并没有通过具体的实证检验来证明。本章通过实地调查所得数据分析而得出的结论，较之他们的结论来说更具说服性。

麦奎德（McQuaid）的研究发现，已婚员工承担的家庭责任对其离职倾向产生一定程度的影响，较之未婚员工来说，这种影响更大。[②] 笔者认为，麦奎德的研究样本较小，所选择的是失业求职者，在其研究过程中，这些人还处于求职的状态。而本书选择的对象是科技型企业知识型员工，这些员工都具有较高的文化水平，所研究的专业和其职业要求基本上对口，薪酬待遇较之一般雇员更好。虽然研究结果具有相似性，但是，其作用机理却不完全相同。笔者认为，本章的结论放到现实生活中也是如此，包括刚毕业不久的大学生，婚姻直接影响到他（她）是否会在单位不景气，或者发生可雇佣型心理契约违背时选择离职，而对于那些已经结婚成家生子的员工，家庭责任也是他或者她选择离职与否的重要因素。

第二，外部可雇佣性对知识型员工的离职倾向有显著正向作用。

知识型员工的外部可雇佣性体现了可能被外部企业录用的能力，这一能力往往会对员工离职倾向造成显著的影响，而以往的研究对此主题关注

---

① Marsh R., & Mannari H., "Organizational Commitment and Turnover: A Prediction Study", *Administrative Science Quarterly*, 1977, 22（1）.

② McQuaid R. W., "Job Search Success and Employability in Local Labor Markets", *The Annals of Regional Science*, 2006, 40（2）.

较少。外部可雇佣性对知识型员工的离职倾向影响更大，这一研究结论与亨得瑞和詹金斯（Hendry & Jenkins）的研究结论正好相反。他们的研究发现，员工内部可雇佣性会对其离职倾向产生更大作用。[①]

笔者认为，在中国经济转型时期，科技型企业的知识型员工依然比较重视物质奖励以及外部劳动力市场的动态性。丰厚的物质条件既保证了员工的生活，同时也是对他们工作能力肯定的表现，外在地可以体现他们对组织价值的高低，但是，知识型员工同样看重对自己外部可雇佣性的培养。并且，一旦外部环境提供了更为理想的工作，他们很可能会发生离职行为。本书所获得结论与当今无边界职业生涯时代趋势也相吻合，传统职业生涯具有员工职业发展相对稳定的阶梯式特征，而无边界职业生涯则是独立于而不是依赖于传统组织的职业安排，具有了职业开放性和不稳定性。[②] 当然，内部可雇佣性对知识型员工的离职倾向也会产生一定的影响，新创企业对知识型员工个人成长、职务晋升等内在报酬的关心，一定程度上也会对他们的离职倾向产生缓冲甚至降低的效果。

第三，对于已婚员工而言，外部可雇佣性和内部可雇佣性对离职倾向都有显著正向作用，但是，外部可雇佣性比内部可雇佣性对离职倾向的正向作用更大。

这一研究发现与亨得瑞和詹金斯的观点有些出入。他们认为，对于已婚员工来说，为了维持家庭生活的稳定，一旦进入一个单位之后，他们一般都会认真工作以汲取工作经验。因为内部劳动力市场是清晰和明确的，他们通常会寻求较为稳定的工作环境，以保障个人生活有更大的安全性。与此同时，如果他们要对外部劳动力市场的信息进行搜寻，其鉴别成本偏高。而笔者所得出的结论之所以与以前的学者存在着如此大的差别，是因为本书选取的样本均来自于新能源产业的知识型员工，这些员工专业对

---

① Hendry C., & Jenkins R., "Psychological Contracts and New Deals", *Human Resource Management Journal*, 1997, 7 (1).

② Arthur M. B., & Rousseau D. M., *The Boundaryless Career: A New Employment Principle for a New Organizational Era*, New York: Oxford University Press, 1996, p. 98.

口，只要是相似的外部企业都需要这样的知识型员工，可以说，他们获得外部就业机会比内部机会更多。

也许企业在短期内能够强制性地留住优秀员工，但是，发达的外部劳动力市场会在长期内使这些企业建立的用工优势丧失殆尽。[①] 以样本选择企业的知识型员工为例，他们的知识程度相近、能力相近，当多数员工久而久之会自我感觉职位晋升速度过慢，收入增幅偏低或偏慢时，如果在企业外部劳动力市场，有合适的对口企业愿意提供更好的工作机会，他们一般都会选择跳槽。而且，即使是对于已婚员工而言，一些采取了高薪"挖角"的接收单位或者竞争对手公司，往往愿意采取特殊人才引进政策，妥善解决夫妻两地分居问题。

第四，对于未婚员工而言，仅外部可雇佣性对知识型员工离职倾向有正向作用。

这与许为民、杨阳的研究结果部分相似，他们通过元分析的方法发现，未婚者的离职倾向比已婚者的高。[②] 本章在所收集的 72 名未婚员工样本中，有 62 名知识型员工的年龄在 30 岁以下，他们中的多数又是未婚员工，处于职业的不稳定时期，内部可雇佣性对其所起作用不大，他们对外部新出现行业、快速成长的企业，以及提供更高收入的工作岗位表现出高度的关注，相反，对在本单位度过余生的执着态度和敬业精神却表现不足。另外，由于样本企业是新能源的科技型企业，员工都具有一定的技术水平，外部选择职业的机会较多，加上未婚员工尚未组建家庭，工作时间和地点较之已婚员工比较灵活，所以，一旦外部有更好的机会，这些未婚员工当然会毫不犹豫地选择离职。

本章将中粮蚌埠涂山热电公司作为案例企业而展开实证研究，这种

① 朱飞著：《高科技企业雇佣关系策略研究：基于可雇佣性的雇佣关系策略模型》，企业管理出版社 2009 年版，第 106 页。
② 许为民、杨阳：《我国员工离职影响因素的研究综述》，《东华大学学报》（社会科学版）2011 年第 4 期。

"解剖麻雀"式的研究范式体现了案例研究的深度,[①] 但又恰恰显示出存在的不足之处,即所获得的结论是否具有普遍的推广价值,需要保持适当的谨慎态度。

在案例研究与实证研究相结合的过程中,也发现一些值得学术界加以深入探索的方向:一是从婚姻状况视角的研究思路可以继续坚持下去。既可以通过扩大样本量,来评价研究结论是否具有普遍推广价值,也可以从心理学、社会学和管理学相结合角度,努力发现更深层次的原因。二是对知识型员工离职倾向的复杂根源,可以加以拓展性研究。如本章尝试验证了工作经历、员工受教育程度、员工年收入水平、所处岗位等变量,但究其深层次的前因后果研究还远没有被提示。三是知识型员工与体力型员工的可雇佣性构成的差异性比较,以及这种差异性对员工离职倾向和员工绩效的影响机理,也是需要探究的另一个方向。

---

① 陈忠卫:《质化研究与量化研究的范式差异及其融合趋势——兼论在管理学界的应用》,《管理学家》(学术版) 2012 年第 3 期。

第七章 以可雇佣性为导向的
心理契约管理策略

随着新型雇佣关系出现，心理契约内容也在发生改变，可雇佣性逐渐成为员工与新创企业间心理契约关系的重要组成部分。一方面，员工更多地希望组织能够给予自己提高可雇佣性的机会；另一方面，新创企业既希望拥有更多较高可雇佣性的员工，又在考虑给予他们发挥能力的舞台和职业发展的空间，并且，新创企业希望他们能够切实履行心理契约，安心地为企业成长奉献才华。可雇佣性已经成为雇员与组织间共同关注的焦点，以提高可雇佣性为导向的心理契约成为人力资源管理一项关键性工作。

除非出现不可逆转的心理契约违背极端情况下，雇员与组织间心理契约修复的可能性极大。从员工自身角度看，他可以通过以下方式恢复心理契约平衡：一是同时降低期望和降低绩效，实现付出与所得之间的平衡；二是既降低自己对组织的期望，又试图通过增加绩效来引起高管层的重视，从而恢复初始心理契约的关系。这两种情形基本上都是假定在发生了心理契约违背后，新创企业又倾向于选择不作为、少作为、慢作为的行为反应。

结合前面章节实证发现，本章侧重于从新创企业组织的一方，重点探讨如何通过主动作为，来优化可雇佣型心理契约关系。另外，笔者坚持认为，如果新创企业管理者能够主动而积极地关注雇员可雇佣型心理契约的变化轨迹，并实施一些以人为本的管理措施或者其他必要行为，则可以有效地预防和控制心理契约违背的发生。即使是发生了可雇佣型心理契约违背，如果新创企业采取富有针对性的补救措施，仍将有利于加快可雇佣型心理契约修复进程。其中，最为关键的指导思想在于，人力资源管理模式创新要坚持以提高可雇佣性为导向，来强化心理契约管理。

一、基于知识扩充的心理契约管理策略

从新创企业对雇员是否应当履行提高可雇佣性的责任问题上，实践界存在两种不同看法：一种观点认为，提高可雇佣能力是雇员自己的事，完全由市场自主决定，与企业责任无关；另一种观点则认为，新创企业应当从长计议，在问题出现之前就采取措施提高雇员可雇佣能力，以满足企业未来发展之需。① 笔者认为，如果从新创企业特点出发，考虑到它承载着巨大的资金压力，面临着经营上不确定性，第一种观点也无可厚非，但是，如果从实现新创企业持续成长角度看，尽早地把提高雇员可雇佣能力放在战略高度，也不失为一种明智之举。

这里的重要任务是企业要把可雇佣性纳入到心理契约视角来加以管理。如果新创企业时时处处考虑到提高雇员可雇佣能力，并且，可雇佣型心理契约维持在一种健康状态，就容易让雇员产生一种积极的组织承诺，对新创企业怀有认同感，从而有利于最大程度地激发起每一位雇员的角色绩效。

（一）创建学习型组织

传统意义上的企业，往往被简单地看成是创造利润的机器，视雇员为"经济人"，而学习型组织概念的提出，旨在提高自身对外部动态环境的适应能力，能够通过有意识、系统化地持续积累知识资源，进而创造竞争优势。学习型组织注重以人为本，它具有两大典型特征：一是把人的发展与组织发展有机结合，二是把个体学习与团队学习有机结合。

---

① 关于推卸论与承担论的分歧，可以参阅谢晋宇著：《可雇佣性能力及其开发》，格致出版社、上海人民出版社 2011 年版，第 141 页。

1. 可雇佣性导向的教育理念

客观地说，虽然在嘴上大喊类似于"幼儿园要快乐生活中学习，小学生要减负，中学生要素质教育"的诉求，但高考指挥棒仍左右着从幼儿园到高中阶段的学习内容，带给中国孩子们沉重的学习压力。美国学者朱迪·埃斯特琳曾提出当今教育最紧迫的任务，"不是提高小学三年级学生的考试成绩，而是让我们的孩子为将来的工作和生活做好准备"，[①] 其背后隐藏着将可雇佣性导入到教育领域的美好愿望。

再进一步考量国内本科或者研究生阶段的教育模式，仍可以发现：在相当多的院校里，那些具备博士学位的高校教师继续采取克隆式的教学方法，教授们也期待着通过他们的努力，能够复制或者克隆出与他们具有相似知识结构、相同科研方向的专门化人才。其结果是：相当多高校毕业生在获得首次工作时，惊讶地发现，那些课堂上死记硬背下来的专业知识，其实大多数已经过时，况且，课堂上所学专业知识能够有 10% 用到工作中去，就算幸运之至。

笔者在此并无意去过多指责现行教育模式中仍坚持以"教师"为中心、以"教"为主的知识传授方法。更为紧迫的教育理念转变是，不是在于你掌握了多少知识，而是在于你是否学会学习。俗话说，"书到用时方恨少，绝知此事须躬行"，它在提醒即将步入社会的新职员，你必须牢记的是，要在校园里学会如何才能达到知行统一，以备未来在"干中学"和"学中干"的活动中，能够比你的同事以更快的速度提高自身可雇佣性，并且，创造出在外部劳动力市场上脱颖而出的就业竞争力。

2. 创业中的学习过程

关于学习型组织本质特征，清华大学陈国权教授曾巧妙地借用比喻形式，形象性地对学习型组织七大过程模式作出概括（见表 7-1）。他认为，在学习型组织中，雇员能够通过个体学习和团队学习，获得在课堂上得不到的七种能力：敏锐发现的能力、创意发明的能力、不断选择的能力、忠

---

① ［美］朱迪·埃斯特琳著：《美国创新在衰退？》，闫佳、翁翼飞译，机械工业出版社 2010 年版，第 170 页。

诚执行的能力、复制推广的能力、积极反馈的能力、知识积累和更新的能力。[①] 这些能力在新创企业成长中都是十分重要的，创业者应当设法创造条件，为雇员在"干中学"的过程中培养起这些能力，提供时间和创造空间。其实，多数雇员之所以加盟到新创企业中，并不是他们自身可雇佣能力多么的差劲，而是想在新创企业中，能够从创业者或者同事那里学到一些应对未来挑战的能力。

表 7-1　学习型组织的本质

创业能力的学习焦点	学习型组织的比喻	设计原则
敏锐"发现"	灵敏多波段收音机	危机意识，共同愿景，组织聆听和分析
创意"发明"	人类大脑	创新意识，创新思维，全员参与，团队工作与团队学习，自由度与自由权，激励制度与文化
不断"选择"	筛子	组织系统的冗余性，合适的多样性，开放系统，人力资源制度，经营决策制度
不折不扣的"执行"	军队	领导的决心，管理层与雇员的沟通，具体可操作的方法，PRC 体系（即推行—奖励—庆祝），变革的进程等
复制"推广"	水中涟漪	分享意识，激励制度，扩散机制
不断"反馈"	飞机驾驶系统	反思意识，信息收集、分析与传递，反馈调节机制
沉淀"知识"	水库	知识的保留、共享、保护、转化、输入和输出

注：陈国权：《学习型组织的过程模型、本质特征和设计原则》，《中国管理科学》2002年第 4 期，经笔者整理。

3. 隐性知识显性化

根据野中郁次郎的观点，显性知识是基于正式和系统的知识，可以被清晰地表达和传递，然而，隐性知识则与特定情境相关，一般难以被交流和描述，属于高度个人化的知识。[②] 在新创企业创建学习型组织过程中，

---

① 陈国权：《学习型组织的过程模型、本质特征和设计原则》，《中国管理科学》2002 年第4 期。

② ［日］野中郁次郎：《知识性企业》，《哈佛商业评论》1991 年第 11 期。

雇员能够学习些什么知识呢？最为重要的知识包括两个方面：克服新创企业成长中的管理障碍，灵活应对创业环境的复杂性。[①]这里面最为核心问题是要解决隐性知识显性化。其原因在于：在新创企业中，掌握着新创企业关键资源、关键技术、重要顾客信息等方面知识的往往只是极个别人，如何让个人化的企业资源，转化为"共同知识"，使得更多的人能够有机会掌握它，将会有利于应对伴随着企业成长而可能面临的复杂性管理挑战。

创建学习型组织的主要方向就是要把隐性知识转化为可交流与共享的显性知识，然后再促进知识的消化、吸收、集成和创新。其中，知识显性度决定着一个组织可以被网络中其他成员学习和模仿的程度。[②]在新创企业中，作为知识转移的主体，他有时候会尽力减少知识的显性度，而作为知识的接受主体，则又会采用各种学习方法来加强知识的吸收能力。这种非对称的关系，是创建学习型新创企业需要认真加以解决的现实课题。

（二）给予更多培训机会

新创企业从劳动力市场成功地完成招聘，意味着雇员与企业之间的心理契约初步形成。[③]但是，随着雇员入职时间的增长，优秀的雇员对更好地完成自身工作，会产生一些新想法和好主意，补充新知识成为他的重要目标，并被纳入可雇佣型心理契约新内容。雇员在进入新创企业一段时间后，企业如果不再给予这些雇员一定的培训机会，他就会担心可雇佣能力无法得到提高，最终会被淘汰出局。

另外，随着社会经济发展和科技进步，雇员对新知识的渴求也在逐渐增强，他不但要掌握从事现有工作的能力，而且也有对从事新工作产生可雇佣能力的需求。员工同样希望企业能够提供这样一种机会，让他们的知

①　张玉利、徐海林：《中小企业成长中的复杂性管理及知识显性化问题研究》，《外国经济与管理》2002 年第 3 期。

②　胡登峰、李丹丹：《创新网络中知识转移"度"及其维度》，《学术月刊》2012 年第 7 期。

③　陈加洲著：《员工心理契约的作用模式与管理对策》，人民出版社 2007 年版，第 161 页。

识水平不至于落伍于时代发展的基本要求。否则，如果发生可雇佣型心理契约违背时，新创企业内部劳动力将处在一种不稳定的流动状态，过度的不稳定性还会导致公司创业精神退化的趋势。

新创企业管理培训的主要方向在于可雇佣能力开发。新创企业应该围绕雇员个人职业发展和企业发展战略，结合处在不同管理层次的岗位胜任力，制订出有针对性的雇员培训规划，抽出适合的时间段，采用合适的方法，有计划、分批次地对雇员知识进行及时补充和系统更新。弗拉姆豪茨和兰德尔曾结合处在五个不同管理层次上的雇员，总结并提出管理培训差异化的思路（见表7-2）。① 透过管理培训侧重点的变化轨迹，可以发现：个人在企业中从低一层级跃迁到高一层级时，角色概念将经历从类似于"运动员"向"总教练"的转变，职业生涯也遵循着从追随者或者执行者，进化到领导者的阶梯式转变。

表7-2　不同管理层次的角色定位与管理培训重点

管理层次	角色定位	管理培训的重点
技术专家	"运动员"或者执行者	与完成任务直接相关的技能
一线主管	助理教练或者运动员教练	以核心的运营管理为主，包括授权、时间管理、招聘、培训、业绩评价方法等等
中层管理者	其他管理者的管理者	以组织管理技能为主，包括管理者培训、部门规划、组织及其控制、团队策略等等
高层管理团队成员	主要职能领域或者部门的管理者	以组织发展技能为主，包括战略规划、规划落实、管理企业文化等等
首席执行官（CEO）与首席运营官（COO）	"总教练"	以转型管理技能为主，包括战略调整、企业内部组织变革、对外沟通等等

注：Flamholtz E. G. & Randle Y., *Growing Pains：Transitioning from an Entrepreneurship to a Professional Manged Firm*, Fourth Edition, Wiley Publishing Inc., 2007, pp. 80 - 99，经笔者整理。

重视员工心理契约开发本身就是打造共同价值观和企业文化建设的一

---

① Flamholtz E. G. & Randle Y., *Growing Pains：Transitioning from an Entrepreneurship to a Professional Managed Firm*, Fourth Edition, Wiley Publishing Inc., 2007, pp. 80-99.

项重要内容。① 为了让基于知识补充的心理契约关系成为雇员安心工作的有效管理举措，新创企业在开展知识培训之前，既需要广泛听取新入职雇员和在职雇员的不同需求，包括对培训内容、培训地点、培训时间、培训方式等方面的意见，又需要主动开展关于创业精神、企业文化、经营管理理念等方面的教育，尽可能地使可雇佣性开发满足企业和雇员双方的共同需求。

所以，以可雇佣性为导向和注重心理契约构建的企业培训，并不是可以简单地通过多少课时的课堂培训就能够实现的，而是需要通过全方位、多形式的精心策划才能奏效。

二、基于能力提升的心理契约管理策略

从雇员角度看，在新创企业里，雇员可以近距离地接触到处在公司中高层管理岗位的同事，拥有向他们学习创业精神、专业技能、管理能力、决策风格、团队组建等方面能力的机会，满足自身能力提高的需要。另外，新创企业成长需要一批能力超群的雇员，并且，一旦雇员在企业内部表现出卓越的才能，新创企业高层管理者就可能会考虑赋予其更多展示才能的机会，以满足企业快速发展的需要。综合这两个方面分析可知，加强基于能力提升的心理契约管理，既有利于调动雇员积极性和创造性，又有利于防止因雇员流失带给企业不可估量的损失。

（一）缔造创业型团队

创业是一种并不拘泥于有限的资源条件，而是凭借自身对创业机会的挖掘和利用，进而获得经济收益的活动。在新创企业成长的过程中，可以把创业理解为以一种以创新为典型特征的思维模式和行为准则。之所以要致力打造创业型团队，其核心目标在于让雇员，尤其是同处在组织中高层

---

① 陈加洲著：《员工心理契约的作用模式与管理对策》，人民出版社 2007 年版，第 164 页。

或者关键岗位的雇员，能够有机会通过知识分享，来保持其集体创新、共担风险和协作进取的团队创业精神。[①]

新创企业成长，一般要经历从初创、早期、成长到成熟四个阶段。处在不同的企业成长阶段，雇员心理契约具有不同的侧重点。比如：雇员之所以愿意在初创建时期就加入到一家企业里，而且，这家企业既没有迷人的产品或者上乘的服务，也谈不上丰厚的利润，从心理契约内容来看，雇员可能并不在意以物质利益和经济收入为主要内容的交易型心理契约，而是更加关心能够证明自身价值的机会，在意组织能够给予自己提供富有挑战性工作的机会。所以，此时，关系型心理契约占据主导。相比较而言，雇员之所以愿意留在一家处在成熟期内的企业，或者后来加盟进入到成熟期企业，从心理契约内容看，雇员除了关心公司愿景是否与自己具有匹配性之外，还可能转而特别在意是否能够获得富有刺激性的经济收益，有时候雇员可能会更加看重交易型心理契约实现。不过，所有这些目标实现，都建立在完成富有挑战性工作并为企业作出贡献以后。

在看到团队创业具有个体创业无可比拟优势的同时，必须看到团队创业潜在的陷阱：一是过于狭隘。在取得团队创业成功之后，往往会有充分的理由对新事物产生偏见，越难主动改变现状。创业团队成员过分倾向于寻求内部支持，忽视从外部寻求知识和信息；负责创新的创业团队成员过于追求细节完美，而对外部市场需求变化多端却置若罔闻。二是过于宽泛。一群富有创新能力的团队成员，可以共同挖掘出许多意想不到的新机会，但是，太多机会也会让彼此无所适从。[②]

那么，新创企业如何成功地打造创业团队呢？关键在于既要努力使团队成员人口特征变量结构具有异质性，又要体现不同成员具有一致性的目标追求。创业发起者的个人声誉是一种无形资源，能够给个体成员带来权力地位、社会尊重和人际信任，对能否吸引到其他个体成员加盟创业团队

---

① 陈忠卫著：《创业团队企业家精神的动态性研究》，人民出版社 2007 年版，第 159 页。

② Wolcott R. C., *Grow from Within*：*Mastering Corporate Entrepreneurship and Innovation*，Mcgraw-Hill Inc.，2010，p. 161.

产生直接而显著的影响。原因在于：个人声誉不仅可以缓解他人对个体的不确定感知，① 也可以帮助个体缓解内在的心理不确定性状态。② 在创业团队实践中，那些有志于从事长期创业实践的人士，他们会高度重视创造和维护个人声誉的良好印象，③ 因为，这是他能否以最快速度吸引到志同道合团队成员的重要影响因素。相反，如果创业者在未来管理实践表现出来的行为与历史纪录大相径庭，创业型团队也可能随时走上分裂之路。

从人力资源开发角度看，企业管理层既要注意导入团队管理，利用每一位雇员的能力，创造一加一大于二的放大效应，又要注意根据企业成长的阶段性，保持每一位团队成员的创业精神。其中的难点在于，认清每一位雇员所具有的不同人格特质。在特定组织中，那些高神经质的雇员，往往会对组织内部或者团队行为具有更加敏感的消极反应和负面情绪，发生可雇佣型心理契约违背可能性更大；相反，那些自我控制能力较高的雇员，更加愿意以一种积极的、健康的、向上的态度，比较阳光地看待组织内部或者团队行为，他们更愿意与组织维系一种持久的可雇佣型心理契约关系。即使是在发生可雇佣型心理契约违背现象时，后一类雇员也会自觉地考虑采取一些调节性手段，缓解心理契约违背所造成的心理压力，防止心理契约破裂及其消极性后果。

（二）设计合理薪酬体系

实证研究表明，企业关于分配方案的决策程序和结果是否公平，都会对可雇佣型心理契约与雇员离职倾向之间关系起到干扰效果。随着雇佣关系改变，雇员更加重视提高雇员可雇佣性。如果新创企业分配方案不仅把

---

①　Zinko R., Ferris G. R., Humphrey S. E., Meyer C. J., & Aime F., "Personal Reputation in Organizations: Two-study Constructive Replication and Extension of Antecedents and Consequences", *Journal of Occupational and Organizational Psychology*, 2012, 85 (1).

②　施丽芳、廖飞、丁德明：《个人声誉关注作为心理不确定的缓解器：程序公平——合作关系下的实证研究》，《管理世界》2012 年第 12 期。

③　Anderson C., & Shirako A., "Are Individuals' Reputations Related to Their History of Behavior?", *Journal of Personality and Social Psychology*, 2008, 94 (2).

薪资等物质条件，还将雇员知识扩充、能力提升和职业发展机会等统一纳入到企业决策范围中，那么，这种分配公正性将有利于雇员自觉地履行可雇佣型心理契约，有效遏制雇员离职行为的产生。

根据美国劳工部统计数据，全美2014年有超过300万长期失业者（时间在半年以上），其中：1/3已经失业超过两年时间，更有十万余人失业时间长达五年以上。还有数据表明，虽然在金融危机后，2014年美国失业率已经降至6%左右，但是，18—29岁的"千禧一代"（大约7600万人）失业率高达15.2%。① 出现这种局面，不能不让我们对美国收入分配和福利体制产生些许质疑。从宏观经济环境治理的角度看，只有政府在把收益分配体系加以适度调整的大前提下，增加就业岗位，提高就业能力，才能有效破解再就业困局。这种教训应当引起政府部门和创业型企业的警惕，共同关注城乡居民收入分配制度和企业内部薪酬分配方案的改革方向。

从新创企业来看，必须从企业成长初期，就开始着力考虑建立起科学的分配体系方案。分配内容不仅仅是薪酬，更要关注提高雇员可雇佣性，从而真正提升分配结果对雇员的激励效用。当然，科学的分配体系必须建立在科学公正的绩效考核体系基础之上，只有做到让雇员分配结果与雇员业绩相匹配，才能保证分配制度的内部公平性。同时，新创企业内部分配制度也要与外部人力资源市场保持一定程度的可比性，保证分配制度外部相对公平性。

企业内部薪酬方案设计应当充分考虑到雇员对公司所作出贡献的大小。结合可雇佣型心理契约内容，未来对雇员贡献的评价，不但要评价包括工作时间、所创造或者管理的工作，以及盈利等客观标准，还应当考虑雇员对新创企业忠诚度、辅导他人的奉献精神，以及团队合作精神等主观尺度。② 这些主观层次的评价标准，可以有利于维系可雇佣型心理契约关

---

① 以上数据来源于中国国际航空公司出版的2014年第11期《中国之翼》所刊发的"事业间隔年"系列研究报告。

② ［美］戴维·盖奇著：《好搭档：创业成功的起点》，姜文波译，机械工业出版社2008年版，第108页。

系的健康存在，有利于可雇佣型心理契约对新创企业成长始终产生积极的"正能量"。

三、基于职业发展的心理契约管理策略

越来越多的普通劳动者和知识型员工正在努力学会自我管理，他们一直在寻找能够把自我定位于作出最大贡献的位置和机会。与此同时，从新创企业角度来说，越来越多的高管层也开始注意到雇员职业生涯规划的重要性，他们深知，如果不给予那些优秀员工一种职业发展的通路，不给予他们足够的情感关怀，优秀雇员流失也是迟早都会发生的事件。

（一）培养新创企业认同感

成功的创业者由于了解他们自己的长处，所适合的工作和自己的价值观，所以，他们善于捕捉机会，也因此拥有一份成功的职业生涯。[①] 身份是雇员在特定情境条件下，对"我是谁"或者"我们是谁"等问题作出自我评价的结果。在新创企业内的真实身份与雇员对组织所期望的身份相吻合时，雇员对组织就具有较高的认同感。从一定程度上看，组织认同可以看成是联结个体与组织关系的一条重要纽带，[②] 同时，也是形成牢固的、持久的可雇佣型心理契约关系的重要基础。

总有一些企业高管成员和人力资源管理部门负责人认为，依靠强制性行政手段，防范优秀雇员流失是十分必要的措施。他们所担心的是，一旦放弃终身雇佣的人力资源管理理念，企业将变得无法控制住雇员，无法避免被别有用心者利用，公司文化将遭到腐蚀，传统将被破坏等。[③] 殊不知，

---

① ［美］彼得·F.德鲁克著：《德鲁克文集（第一卷）：个人的管理》，沈国华译，上海财经大学出版社 2006 年版，第 104 页。

② 万红艳：《组织认同研究新进展：基本概念及其形成、整合机制》，《心理与行为研究》2013 年第 3 期。

③ ［英］查尔斯·汉迪著：《超越确定性：不确定性时代的变革与机会》，周旭华译，浙江人民出版社 2012 年版，第 140 页。

毕竟"强扭的瓜不甜",如果"身在曹营心在汉"的雇员越来越多,任何制度都难以约束雇员的工作态度,当可雇佣型心理契约违背不再成为个别事件时,强制性的制度根本保证新创企业持续成长。

要培养雇员的组织认同感,最为关键的还是在于新创企业怎样对待雇员的态度,以及采取什么样方式组织雇员来开展生产经营活动。如果企业把雇员视为类似于生产设备上的"部件"而已,根本不带任何情感色彩,既不关心雇员日常生活状况,又不关心未来的职业发展,久而久之,雇员就会对所依附的企业产生消极反感情绪。

相反,如果雇员对组织具有高度的认同感,那么,他就愿意保持与组织同呼吸、共命运的价值标准,把"是否有利于企业"作为衡量个体行为的基本准则。并且,他还会坚信,在一家充满组织认同感的新创企业里工作,是自身职业发展和个人成长的绝佳选择。所以,对于那些组织认同感强的雇员而言,他会充分感受到,自我身份与组织身份的高度一致,带给他无穷的创新欲望,也更加愿意与组织内部其他成员保持坦诚的知识分享和经验交流,增强"为组织"的内心驱动力,[①] 从而遏制可雇佣型心理契约违背的发生。

在充满组织认同感的新创企业里,雇员与组织间心理契约基础将不再是像前面所论述到的权力文化,即雇员不再简单地持有"我只执行要求我做的"那种机械式、近乎不负责任的工作态度,而是一种以雇员之间相互信任为基础的支持文化。[②] 这种支持文化突出强调雇员间要相互忠诚,多采取相互补台,而不是相互拆台的工作方法,其心理契约的内容也随之转变为"这是共有的企业,彼此之间需要相互关心"。

(二) 提供富有挑战性工作

随着雇佣关系断裂事件和劳动纠纷案例的不断增多,雇员出于对自身

---

① 胡建军、王立磊、张宁俊:《组织认同对员工创新行为的激励作用》,《财经科学》2013 年第 11 期。

② [英] 波特·马金、凯瑞·库帕、查尔斯·考克斯著:《组织和心理契约:对工作人员的管理》(第二版),王新超译,北京大学出版社 2000 年版,第 307 页。

利益维护的考虑，更希望提高自己未来长期工作技能。它主要体现在一些通用技能的提高上，如人际沟通、团队合作处理问题等技能。然而，企业在培养雇员通用技能的时候，可能会有所顾虑，担心雇员通用技能提高会增加雇员流动可能性。但是，一旦雇员在这方面能力得不到提高，则又会影响其心理契约履行，从而增加雇员离职率。

对于新创企业而言，给予值得信任的雇员去从事富有挑战性的工作，一般都是些具有创业导向的任务。并且，雇员也往往愿意去承担此类工作，以证明自身可雇佣能力的提高。根据尼尔·桑伯里的观点，具有创业与创新精神导向的行为具有以下 7F 特征，[①] 这些特征也是富有挑战性工作的基本属性。具体包括：

第一，迅速性（fast）。速度就是一种竞争优势，它意味着能够迅速制定决策、迅速分配资源以及迅速地配送。

第二，灵活性（flexible）。捕捉新机会要求公司打破界限，需要内部的有效合作和灵活协调。

第三，专注性（focused）。任何企业没有能力在所有机会上花费时间和资源，必须关注少数几个——正确的几个——机会就变得非常关键。

第四，友好性（friendly）。公司必须对内部和外部客户以及员工保持友好的态度，没有这三方的共同支持，公司就不可能拥有成功的机会。

第五，节俭性（frugal）。在服务组织战略的前提下聪明地使用资金，并要求公司对不可预见的机会进行规划，在预算中引入弹性，甚至建立起内部风险投资基金。

第六，深入性（far-reaching）。不要目光短浅地将自己的努力局限在本地市场，要设法接触不同的客户和市场。

第七，前瞻性（futuristic）。如果说客户友好关注的是现有客户，那么，前瞻性则要求创业者加强对新市场的预测，面向未来的市场展开竞争。

① ［美］尼尔·桑伯里著：《重塑创业精神：像创业者一样领导成熟企业》，杨斌译，中国财政经济出版社 2008 年版，第 215 页。

上述七个方面特征，既是那些有志于未来独立创业的雇员迫切希望得到锻炼的地方，也是继续留在本公司实现内部职业发展的需要。

根据本书前面的研究结论，不同文化程度和收入水平的雇员，对于自身能力提升的要求程度会有所不同，所以，新创企业可以根据雇员的不同背景，很好地利用雇员心理契约的变化特点，然后，有针对性地赋予不同雇员去从事具有某一项 F 或者某几项 F 方面特征的创业创新行为，从而帮助他们提高有利于新创企业成长的能力。面对那些关键岗位或者对自身能力提升非常看重的雇员，企业甚至可以在工作过程中有针对性地适当分权，让雇员独立承担起富有挑战性的大型项目，或者让他有机会参与到高层管理团队的决策活动中来，从而有效开发其创业技能。

当然，像前面所述的那样，在新创企业内部建立起良好的学习体系非常有必要，可以让那些高技能雇员向低技能雇员传授创业诀窍，在让更多的人能够承担起富有挑战性的工作中，激发起低技能雇员的创新欲望，从而有助于形成和巩固公司创业精神。

（三）发挥工会在可雇佣性方面维权作用

工会是职工自愿结合的工人阶级的群众组织。根据《中华人民共和国工会法》第十条之规定，"企业、事业单位、机关有会员二十五人以上的，应当建立基层工会委员会"，维护职工合法权益是工会的基本职责。作为代表和维护职工合法权益的工会组织，可以通过平等协商和集体合同制度，协调劳动关系，维护企业职工劳动权益；可以依照法律规定，通过职工代表大会或者其他形式，组织本单位职工参与本单位的民主决策、民主管理和民主监督；可以在密切联系职工，听取和反映职工的意见和要求的基础上，设法关心职工的生活，帮助职工解决困难。但是，在国内不少地区，一些新创企业并没有真正重视发挥工会作用，甚至尚未按规定组建起基层工会组织。这种状况并不利于持续有效地维护雇员在追求可雇佣性方面的权益。

随着新创企业外部环境的变化，雇员与企业雇用关系中的心理契约已经不再是以"忠诚"作为基础，就业安全性也时刻受到挑战。谢晋宇教授甚至认为，员工的可雇佣性实际上是工会可以真正和雇主谈判的要害和有力武器。[①] 这种可雇佣性包括工会在与雇主方谈判过程中，可能会涉及的员工学习和培训机会、新技能培训、参与管理和职业生涯发展等多个方面。

相对而言，新创企业的内部雇佣关系较不稳定，员工流动也更加频繁。如果从雇佣关系目的入手分析其间雇佣关系，至少需要妥善平衡新创企业成长中的效率、公平和发言权三者之间的关系。约翰·W.巴德曾提出过雇佣关系的几何模型（见图7-1），他认为，这三个目标构成了分析雇佣结果、雇佣实践和雇佣制度的框架结构。[②] 具体地说：效率涉及对稀缺资源如何加以利用的标准问题，公平涉及物质和人身待遇方面（如工资、基本社会保险、休假时间等）合理的雇佣标准，发言权涉及雇员参与公司决策的机会和能力。

图7-1 雇佣关系的几何模型

资料来源：根据约翰·W.巴德（2007）文献整理。

基于上述分析思路，在这个充满动态复杂性的新时期，工会组织应当高度关注雇员与新创企业间可雇佣型心理契约的变化趋势，进一步转变维

---

① 谢晋宇著：《可雇佣性能力及其开发》，格致出版社、上海人民出版社2011年版，第141页。

② ［美］约翰·W.巴德著：《人性化的雇佣关系——效率、公平与发言权之间的平衡》，解克先、马振英译，北京大学出版社2007年版，第277页。

权战略侧重点。过去工会组织那种"以价格为基础"的维权战略，主要是为了最大程度地依法保证雇员获得按劳分配的经济性收益，属于防御和被动应付型战略；现在这种"以健康为基础"的维权战略，主要是为了最大程度地保证雇员合理的劳动强度，调节紧张气氛，增强身体素质，属于创建与维持和谐劳动关系型战略。面向未来，新创企业战略发展方向应当突出"以可雇佣性为基础"的维权战略，其主要目的是为了最大程度地让雇员获得知识扩充和提升能力的机会，提供职业发展的公平机会。

结论与启示

尽管可雇佣型心理契约同样存在着违背和破裂的风险，但是，作为新创企业高层管理者，也可以主动作为和有所作为。创业者完全可以采取一些必要措施，保证可雇佣型心理契约有效履行，努力使之成为促进新创企业可持续成长的重要法宝。

第一，知识经济时代，云计算、大数据取代了过去"信息爆炸"的概念。学习内容、学习方式都在发生颠覆性的改变，创建学习型社会、学习型企业、学习型团队成为一种必然趋势。重要的并不是去被动地接受新知识，而是要善于去知识创新，重要的并不是去机械性提高模仿能力，而是要善于培养与时俱进的创业创新能力，要让这种创新能力能够驱动并引领未来产业发展方向，这也是新创企业竞争优势的重要源泉。

第二，及时补充和更新雇员的知识储备已经迫在眉睫。心理契约存在过程性、动态性、易变性的特点，所以，新创企业应当高度关注提供新入职雇员培训的机会，促进雇员可雇佣性技能的提高，不要总是存在"雇员培训多了，离职就更容易"的担心，相反，如果雇员知识得不到更新，即便是留在新创企业内工作，也会因为知识落伍而导致胜任力下降，雇员缺乏创新意识。这种状况并不有助于新创企业成长。

第三，打造一支高水平创业团队是促进新创企业快速成长的组织保证。关键是要妥善处理好创业团队成员目标一致性与人口特征变量异质性之间的关系，既要充分利用每一位创业团队成员的智慧，又要积极形成团队合作氛围，打造创业团队企业家精神。要努力让新创企业创业团队兼具狼群般的团队凝聚力、狐狸般审时度势的智慧以及雄鹰般搏击长空的勇者心态于一身的组织，这也是未来不确定商业环境下新创企业生存的必然要求。

第四，构建富有吸引力薪酬分配方案是促进新创企业成长的制度保证。这种经济性薪酬分配方案，至少需要考虑以下因素：雇员对组织贡献大小、分配过程和分配结果所体现的公平性、激励效果。同时，为了避免薪酬分配方案可能具有短视化倾向，方案设计可以考虑导入以年薪制为主要激励形式的职业经理人制度，尝试实行股权激励方案。

第五，组织认同感是形成雇员与新创企业患难与共关系的思想基础。只有让每一位雇员内心深处真正把"是否有利于企业"作为自身行为的规范准则，可雇佣型文化才有可能形成。同时，也只有这样的可雇佣型心理契约关系，才可能让新创企业在市场竞争中脱颖而出。

第六，给那些充满创新精神的雇员以更多富有挑战性工作的机会是延续公司创业精神的重要举措。多数雇员之所以愿意在新创企业里长期工作，甚至放弃在政府部门、高等学校能够获得稳定收入和职业安全保障的机会，主要目的在于实现自身成就动机，经历那种勇于创新、敢于冒险、自主决策、快速成长带给自己的快乐感和幸福感。即使是遇到了企业经营上的一些挫折，甚至暂时的失败，他们也并不一定就非得马上选择离职，而是会坚持"不经历风雨，怎能见彩虹"的信条。

第七，发挥工会在可雇佣性方面的维权作用。构建新型雇佣关系的关键在于妥善地平衡效率、公平和发言权三者之间的关系，这三大目标同样构成了分析新创企业雇佣结果、雇佣实践和雇佣制度的框架结构。所以，从实现可持续成长角度看，新创企业不但要尽快建立起工会组织，而且，必须实现从过去"以价格为基础"的维权战略，现在"以健康为基础"的维权战略，向"以可雇佣性为基础"的维权战略转变，从而确保让雇员公正地获得在知识扩充、能力提升和职业发展方面的机会。

第八章　研究发现与展望

心理契约已经成为组织行为学研究的一个重要方向，并且，雇员与组织彼此间究竟应当为对方履行哪些义务，承担哪些责任的心理契约内容不确定性还在进一步加剧。管理实践不断证明这样一种论断，过去那种雇员通过勤奋工作和对组织的忠诚，来换取个人在组织中的职业安全感和稳定性收入的传统假定已经被打破或颠覆。正是在这种情况下，笔者把可雇佣性导入到心理契约的内容之中，创造性地提出可雇佣型心理契约，重点探讨可雇佣型心理契约形成、发展到违背的内在机理，并就如何加强以可雇佣性为导向的心理契约管理进行探索性研究。

一、主要研究发现

（一）可雇佣型心理契约相互独立的三个维度

心理契约体现的是雇员与企业之间一系列责任和义务，其关键在于彼此间的互惠互利。在技术变迁加速的年代，劳动力自由流动和职业转换成为时尚，组织结构扁平化的出现和经常性内部裁员，又造成雇佣关系不安全感。现如今，雇员对心理契约的共同感受是，也许组织对雇员仍心存努力工作、保持忠诚的期望，基本上没有发生太大的变化，但是，雇员对组织的期望却在不断改变。提高可雇佣性成为雇员应对劳动关系挑战的迫切需要，可雇佣型心理契约就在这种背景下应运而生。而且，相对于大公司而言，新创企业可雇佣型心理契约的构建和维系相对困难，发生可雇佣型心理契约违背的可能性更高。

在比较传统型心理契约与可雇佣型心理契约差异性的基础上，从可雇佣理论与心理契约理论相交融的趋势中，笔者首次提出可雇佣型心理契约的概念，同时实证检验了基于知识补充、能力提升和职业发展三大维度的心理契约具有相互独立性。与此同时，虽然对于不同年龄和性别的雇员而言，可雇佣型心理契约并不存在显著差异，但是，不同受教育程度以及不同收入水平的雇员，其可雇佣型心理契约却存在显著差异。

可雇佣型心理契约具有自我控制性质，即每一位雇员事先在心理可能都会存在一个可容忍的临界值。一旦突破该临界点，可雇佣型心理契约将发生违背现象，雇员就会作出不利于组织的一些行为决策，降低对组织的承诺，减少角色内绩效和角色外绩效。

相对于芝加哥大学理查德·萨勒（Richard Thaler）提出的心理账户（mental accounting）概念，可雇佣型心理契约的概念更加深入。其理由是：虽然萨勒发现了心理账户（或者心理账户体系）往往采取有悖于理性经济学和数学运算的逻辑，能够以非预期的形式影响到个体行为，[①] 但是，他并没有指出与之相对应的一个心理契约具体概念。由于"可雇佣型心理契约"指出了心理契约中以可雇佣性为导向的具体内容，所以，它才最能体现出心理契约账户的本质特征，可雇佣型心理契约是对心理账户理论的进一步延伸。

（二）　可雇佣型文化及其正效应

可雇佣型文化是在新创企业成长和发展过程中，历史性地积淀起来的一系列关于价值观念、操作规范和行为准则的总和。作为一种企业文化，它对组织内部雇员具有潜移默化的影响，是软实力的一种具体体现。笔者不但把企业文化的概念延伸到创业学研究领域，阐释了可雇佣型文化的内涵，实证检验了可雇佣型文化与雇员角色绩效之间所具有的正向关系，更

---

① 赵立军、刘永芳、佟丽君：《组织公正管理——基于心理账户的视角》，《心理科学》2008年第5期。

为重要的是：发现了心理契约违背对这种关系所具有的中介效应。

本书给予了重新思考企业文化在企业成长中的动态变化规律的机会。在新创企业中，创始人的个人特质、信念与假设，经常性地被强加给后来加盟的新成员，比如，他会按自己的标准来招聘新雇员，以自己关心什么、要求什么、对什么感到不安，以及应该具备什么样的知识、能力和素质，来评价雇员可雇佣性能力高低，进而形成公司具有创始人痕迹的创业者文化。在新创企业成长过程中，实现创业者文化向可雇佣型文化的转变，不但是组建强有力的创业团队的需要，也是形成公司创业精神的必要条件。

只有在看到、听到或者体会到新创企业给雇员提供的条件和承诺之后，他才会相应地调整自己对待新创企业的态度和行为。[①] 之所以新创企业成长到一定阶段，如发生经营业务转型、企业组织规模削减，兼并或者重组行为的发生，雇员会产生大面积的离职倾向，其重要原因在于雇员开始对自身的可雇佣性感到惧怕，甚至威胁到了自己的心理安全感。此时，可雇佣型文化变迁无法阻挡，如果雇员继续保持原有的可雇佣能力不变，雇员与组织间可雇佣型心理契约发生违背就成为必然。由此看来，在新创企业成长过程中，保持对可雇佣型心理契约的敏感性，并使之对雇员的组织承诺和组织认同感产生强化效应，对新创企业成功的战略转型将发挥正向促进作用，是未来创业管理的一项重要任务。

（三）知识型员工的可雇佣性

可雇佣性也可以进一步划分为：一是内部可雇佣性。它是指雇员通过在组织内部的工作锻炼和经验积累，具备在本部门内部实现职位晋升，或者在组织内部更换一份更富有挑战性工作的基本条件。二是外部可雇佣性。它是指雇员通过在组织内部的努力工作，具备了参与外部劳动力市场竞争，能够在其他单位获得一份更加满意职位的基本条件。

---

① 李原、孙健敏：《雇用关系中的心理契约：从组织与员工双重视角下考察契约中"组织责任"的认知差异》，《管理世界》2006年第11期。

被誉为"现代管理之父"的德鲁克在 1959 年曾富有预见性地提出"知识型员工"的概念。即指那些从事信息技术工作的雇员，特别是那些从事知识生产，以及运用知识来创造价值的劳动者。如今，企业所面临的技术进步环境发生了根本性改变，若干年前还称为"信息爆炸"时代，现如今又被更为先进的云计算、大数据概念所取代，海量信息和第四次工业革命已经扑面而来，所以，在分析就业岗位被技术取代的时候，朱迪·埃斯特琳指出，"信息和技术已经渗透了我们生活的方方面面，所有工人本质上都是知识工人。"①

本书第六章案例研究所选取的中粮蚌埠涂山热电公司是一家在职雇员达六百余人的科技型企业。从 20 世纪 90 年代以来，全球范围的业务流程再造渐成趋势，该公司先后采用先进的发电厂电气综合自动化系统、DCS 集散控制系统进行电气设备和机组控制，自动化水平较高。由于自动化操作需要，公司雇员知识化水平较高，知识型员工居多。

心理契约重建是企业扁平化变革中十分重要的问题。伴随着企业扁平化发展趋势，一些知识型员工从中层与基层管理岗位挤出企业而进入劳动力市场，这群劳动力具有较高的可雇佣性，发现和获得再就业岗位并不困难。涂山热电公司内部知识型员工的流失率和雇佣关系变化轨迹，十分具有行业代表性。

由于知识型员工具有一技之长，在离职之后，重新找到一份更令人满意的职业或者岗位者居多数。研究结果表明，男性比女性更加重视外部可雇佣性，年轻人和高学历雇员更加重视培养外部可雇佣性。在段从清看来，新经济时代的员工与企业关系，不但具有雇佣与被雇佣的关系，更是一种合作伙伴的关系，② 所以，以心理契约为基础的知识型员工关系管理，成为了企业提高核心竞争力的重要基础，也是培育知识型员工忠诚行为的

---

① 　［美］朱迪·埃斯特琳著：《美国创新在衰退？》，闫佳、翁翼飞译，机械工业出版社 2010 年版，第 168 页。

② 　段从清、杨国锐：《从科层制到扁平化——再论企业组织变革下心理契约的重建》，《中南财经政法大学学报》2005 年第 6 期。

强有力的决定因素。

一个有趣的发现是，知识型员工的婚姻状况，在可雇佣性与离职倾向之间起着重要的调节作用。恋爱中男女双方需要心灵与心灵的碰撞对话，追求浪漫可能是这一阶段的重要目标，而一旦步入婚姻的殿堂，婚后的男女双方彼此都需要承载起一种责任，特别是对于家庭的责任。离开了工作，家庭生活则会失去经济来源；离开了家庭，工作又将缺乏精神支撑，工作和家庭是一对割舍不断的矛盾结合体。[①] 如果把家庭与工作之间的冲突管理得好，则可以成为提高可雇佣性的强大后盾。相反，如果家庭与工作之间的冲突处理不好，婚姻又有可能成为提高可雇佣性的绊脚石。

（四）以可雇佣性为导向的心理契约管理理念

从应用性对策的角度，本书提出了以可雇佣能力开发为导向，加强可雇佣型心理契约管理的理念。这种以可雇佣能力开发为导向的管理思想，至少可以达到三重积极效果：促进可雇佣型心理契约关系的形成，预防可雇佣型心理契约违背，遏制可雇佣型心理契约破裂的负面效应。

在人力资源管理实践中，新创企业普遍面临的"两难困境"是：假如企业重视提高雇员可雇佣性能力，那么，当雇员感受到心理契约关系违背时，他就有可能产生"翅膀硬了，就要飞"的梦想。并且，在劳动力流动更加频繁的总体趋势下，可雇佣型心理契约变得更加脆弱，可雇佣性能力的提高，确实可以更为方便地创造离职条件。另外，如果企业担心雇员离职现象的发生，既不让雇员参加培训，又不提供能力提升的机会和职务晋升的通道，换言之，如果雇员可雇佣能力始终得不到提高的话，雇员则可能会选择降低个人角色绩效来表示抗议，或者伺机离开原单位，这又将给新创企业实现可持续性成长带来打击。

本书按照可雇佣型心理契约三个维度，即基于知识补充、能力提升、职业发展三个方面来提出了一些政策建议，包括：创建学习型组织，给予

---

① 陈忠卫、田素芹、汪金龙：《工作家庭冲突双向性与离职倾向关系研究》，《软科学》2014年第8期。

更多培训机会，缔造创业型团队，设计合理薪酬体系，培养对组织认同感，提供富有挑战性工作，发挥工会在可雇佣性方面的维权作用。这些政策建议的落实必须考虑"三个结合"：一是与不同行业内新创企业成长特点相结合。二是与中国经济转型中工业化、信息化、全球化和市场化相交织的背景相结合。三是与中国传统文化优质基因的挖掘和利用相结合。只有这样，才能卓有成效地形成新创企业团队合作力，并借助雇员可雇佣能力的不断提高，推动新创企业快速成长。

二、可雇佣型心理契约形成与发展研究展望

2008 年那一场世界性金融危机，让世界主要发达国家重新认识到发展以制造业为主体的实体经济的巨大价值。如：在互联网技术不断融合甚至颠覆传统产业内企业商业模式的现实背景下，美国重新提出"制造业行动计划"，欧洲也出台"未来工厂计划"等战略规划方案。此番包括美国在内的再工业化发展道路，其典型的特征是：一是大力发展以制造业信息化和服务化为主导的现代制造技术和先进制造业，并且，产业结构的调整促进了劳动力资源的重新配置。二是高技能人才需求增加的同时，降低了对低技能劳动力的雇佣。[①] 那些直接从事生产制造的传统劳动者，逐步让位于少数现代知识型员工。三是从政府到企业，从新创企业到大公司，普遍重视基于要素的低成本转向创新驱动的差异化战略转型。

值得关注的问题包括：

第一，科技进步影响可雇佣型心理契约形成与发展的内在规律。查尔斯·汉迪曾专门比较过收敛性（convergent）问题与发散型（divergent）问题的差异性。前者如同"通往伦敦最短的一条路如何走"似的，拥有唯一

---

① 翁杰著：《企业中的人力资本投资研究：基于雇佣关系稳定性的视角》，经济科学出版社 2010 年版，第 185 页。

的标准答案，而后者如同"你为什么要去伦敦"似的问题，并没有唯一的答案。① 为什么需要雇员保持一种永不满意的学习心态，并且，雇员越来越多地注重利用业余时间来加强自身的知识扩充呢？其根本原因在于科技进步在加剧创业风险的同时，也给那些充满创业精神的企业家经常性地面临着"发散性"问题，而非"收敛性"问题。

在科技进步加速的总体趋势下，高新技术行业发展随时可能带给人们一种惊喜，给予创业者一个全新的"机会窗口"。飞笛咨讯研究员根据2014年上半年度中国企业研发费用超过1亿元，且排名在前50家的上市公司公开数据，研究结果表明（见表8-1）：越来越多的上市公司主要投向计算机、电子、电器设备、通讯和机械设备等行业，它们均处在科技发展迅速的行业。

表 8-1　研发经费排名前 50 位的中国上市公司行业构成与主要投向

上市公司数量	行业类型	主要投资方向
14	计算机	移动互联、云计算、大数据、车联网、金融 IT、智慧城市等
10	电子	可穿戴、传感器、裸眼 3D 显示、LED、集成电路、智能芯片卡
7	电气设备	机器人、新能源汽车、特高压、轨道交通、智能电网
5	通讯	5G、光通信、北斗导航、卫星通信、三网融合
5	机械设备	海工、风电、机器人
3	医药生物	抗癌药
2	汽车	新能源汽车
2	化工	膜材料
2	国防军工	雷达、舰船

资料来源：《21 世纪经济报道》2014 年 12 月 29 日第 18 版。

创业机会窗口出现时，如何发现和利用创业机会又是一个重要的课题。创业者在作出创业决策前，必然会首先考虑"我是谁""我知道什么"

---

① ［英］查尔斯·汉迪著：《超越确定性：不确定性时代的变革与机会》，周旭华译，浙江人民出版社 2012 年版，第 39—40 页。

"我认识谁"的三个问题,① 然后, 再设定创业目标和选择创业手段。当把创业过程视为手段与目标的对应性路径设计与选择时, 存在两种研究范式: 一是传统的因果推理理论聚焦于选择最优战略, 来实现最大化的潜在效益, 创业目标与创业手段之间属于简单的线性对应关系; 二是效果推理理论则坚持认为, 创业者无法回避不确定性的挑战, 要善于利用权变性因素, 灵活处理未曾预料到的不确定性, 创业是多目标与多手段之间的非线性对应关系。

上述情形给予的启发是: 一是创业者要加强公司研发团队建设。进一步加大创新投入, 提高研发费用占营业收入的比重; 二是创业者自身要保持一种不断学习的心态。尤其要时刻警惕外部环境变化对知识扩充、能力提升的早期压力。即便是那些新加盟的雇员, 他们同样高度关注科技进步给自身职业和岗位的威胁, 担心有朝一日走向下岗人员的行列, 当然, 他们也在高度关心创业机会的涌现, 以及自己走向独立创业的可能性。

一些有前景的研究方向包括: 一是结合具体行业中收敛性与发散型问题的实质, 研究培养创业者可雇佣性的侧重点与培养途径。二是以案例研究与扎根研究等方法, 研究新创企业内部研发团队成员与新创企业间心理契约的形成发展规律。三是在产学研合作模式中, 政府官员和专家学者的人事关系和工资关系并不属新创企业, 虽然可以采用"不求所在、但求所用"的人才理念, 但他们与新创企业间所存在的心理契约关系更为松散, 彼此间的可雇佣型心理契约关系及其违背问题的研究尚没有起步。

第二, 产业分化与边界融合并存对可雇佣型心理契约的影响机理。中国正处在从以商品为基础的经济向以知识为基础的经济形态转型。诚如美国布朗等学者分析的那样, 由于创新、新知识的开发、竞争程度的加深, 出现了许多新的工作方式。另外, 工作性质也越来越充满复杂性、

---

① 秦剑:《高不确定创业情境下的效果推理理论发展及其实证应用研究》,《经济管理》2010年第12期。

不可预测性和不安全性。① 发达国家再工业化战略在催生出新的制造系统与生产设备产业，与此同时，又会进一步带动信息产业、新材料产业等新的产业门类的开始迅速出现，从而也为中国培育战略性新兴产业创造了机会。②

以斯克瑞思（Scholarios）领衔的跨国合作研究团队，曾以欧洲信息通讯产业（ICT）中小企业为研究对象，研究发现，多数信息通讯产业的中小企业主，并不愿意在雇员技能方面进行投资，尤其是对通用性技能的开发，可能会提高离开本公司，转而投奔竞争对手公司的可能性。③ 只有那些为生存而努力的小型软件企业，可能侧重于开发雇员最基本的技能，以便让他们继续工作。④ 所以，未来值得关注的是：除了如何设计中国技术赶超战略之外，在由知识型员工主导的战略性新兴产业内，企业与雇员间的心理契约关系必然会发生重大改变，其中，知识型员工与新创企业间的可雇佣型心理契约变得尤为关键。加强对可雇佣型心理契约违背产生后果的预测成为一大现实难题，它直接关系到新创科技型企业成长的未来。

第三，大数据时代的可雇佣心理契约关系。与其说大数据是一种资源，还不如说是一种工具。大数据的价值绝不再是局限于数据本身的基本用途，而更多地源于它的二次利用，特别是应用大数据来理解现实和预测未来。⑤ 当这项大数据开发技术应用于新创企业微观层次的管理活动时，隐藏于雇员与组织之间的可雇佣型心理契约内容，将会像"冰山"一样地被浮出水面，研究者完全可以以来自总体而非样本的数据，发现可雇佣型

① Brown P., Hesketh A., & Williams S., "Employability in a Knowledge-driven Economy", *Journal of Education and Work*, 2003, 16（2）.

② 黄群慧：《倒逼我国产业转型升级》，《人民日报》2014年1月8日，第23版.

③ Scholarios D., Van der Heijden B. I. J. M., Van der Schoot E., Bozionelo N., et al., "Employability and the Psychological Contract in European ICT Sector SMEs", *The International Journal of Human Resource Management*, 2008, 19（6）.

④ Barrett R., & Rainnie A., "Editorial: Small Firms and New Technology", *New Technology, Work and Employment*, 2005, 20（3）.

⑤ ［美］维克托·迈尔—舍恩伯格、肯尼思·库克耶著：《大数据时代：生活、工作与思维的大变革》，盛杨燕、周涛译，浙江人民出版社2013年版，第197页.

心理契约发生违背的蛛丝马迹，有效预防冲突，还可以揭示出可雇佣型心理契约与雇员行为之间的复杂关系。

可以预言的是，大数据时代可雇佣心理契约关系的研究将是一个跨学科课题，包括计算机科学、心理学、管理学、伦理学等多学科相交叉的研究将成为一种趋势。

三、可雇佣型心理契约差异性研究展望

自创业之初，新创企业的内部成员就通过对彼此交易型与关系型期望的探测和解读，形成了关于责任与义务的承诺和信念体系。除正式契约外，新创建企业更多地依靠心理契约关系，来维系创业团队稳定性，支撑新创建企业相继克服新进入缺陷、小企业缺陷和青春期缺陷，实现快速成长。

相对于大中型成熟企业而言，新创企业不但缺乏资金优势，而且，优秀人才招聘难、人才流失率高在人力资源管理中更为普遍。在成熟的大公司和大型国有企业里，雇员对未来的预期远高于新创企业，企业也更有实力为雇员提供长期发展的机会，拥有更多可以给予团队成员合作创新的机会。胡琪波和蔡建峰曾从心理契约的交易责任、关系责任和发展责任三个维度，结合雇员与企业各自应当承担的责任角度，比较研究了中小企业与大公司在心理契约上的差异性。[1]

未来值得关注的研究方向是：

第一，雇员与组织（可以由雇主代表）对可雇佣型心理契约看法所存在的差异性。当一家新创企业发展成为大公司或者大型企业集团时，支撑企业继续成长的最大动力已经不再是个体创业者的激情，而是依靠一种信仰。只有以公司理念和价值观引导雇员行为，并且，雇员们又能认可这种公司理念和价值观时，公司才可能继续保持发展势头。否则，如果公司高

---

[1]　胡琪波、蔡建峰：《中小企业员工心理契约实证研究》，《南京大学学报》（哲学人文社科版）2013年第4期。

管层与雇员就知识补充、能力提升和职业发展的理解总是出现偏差，公司成长将受阻。当雇员意识到他们的领导者不再为某一事业而奋斗时，这项事业就将毁灭，只有当领导者持之以恒地保持创业精神时，这项事业才会得以延续。

在新创企业快速成长过程中，代表组织一方的雇主能力也非常重要，而且，他自身的可雇佣性能力与企业成长所需之间也存在一个有效衔接的问题。斯珀·昆德的研究指出：随着时间的推移和公司发展，与他们所获得的权力相比，高层管理者距离公司发展的最终目标越来越远，他们的思想将变得陈旧，他们的观念将变得腐朽。在这种情况下，他们最好的选择就是走到一边，将动态化的管理交给一位新的具有创造性的领导者来做。①未来可以沿着组织与雇员对可雇佣型心理契约认知的差异性角度，对此问题去加以深入探讨。

第二，可雇佣型心理契约发生违背的诱致性因素差异性。伊迪丝·彭罗斯（Edith Penrose）在其《企业成长理论》中指出，企业成长并非由市场均衡力量所造成，其真正的源动力在于企业使用自己拥有的生产资源所产生的服务或能力。她认为，如果企业与其可用的人力资源（包括非熟练和熟练工人、书记、管理、财务、技术和经理等人员）一旦成功签订长期劳动合同，可以视为公司的部分固定投资。虽然这些雇员并不被公司真正的"所有"，但是，他们可以以某种理由像公司设备一样或多或少地作为固定或者耐用资源看待。然而，当这些雇员在其可雇佣能力达到高峰期时，如果他毅然冒着违反劳动合同的损失，选择离开公司，则又会让公司遭受跟财产损失一样的损失。②不过，稍感遗憾的是他并没有深入去剖析雇员离职的深层次原因。未来的研究可以选择行业类型、企业规模等因素，从横向或者纵向角度比较究竟哪些诱致性因素在驱动可雇佣型心理契约违背的发生，并就单一的诱致性因素在不同时期的重要性作出评价。

①　[丹]杰斯珀·昆德著：《公司精神》，阿弥译，华夏出版社 2013 年版，第 214—215 页。
②　Penrose E., *The Theory of the Growth of the Firm*, Third Edition, Oxford University Press, 1995, pp.166-172.

第三，可雇佣型心理契约违背与其后果的影响机理差异性。可以考虑的后果变量至少包括创业精神、离职倾向、忠诚度、组织认同感、组织承诺、角色绩效等。笔者先前的研究曾指出：创业团队企业家精神是企业成长的关键因素，不让创业团队企业精神伴随着企业规模扩大而不断地被淡化甚至泯灭已经成为创业管理研究的难点所在。[①] 未来的研究可以将个体创业精神、团队创业精神同时导入到研究框架，把不同层次的创业精神与可雇佣型心理契约违背相衔接，探索其中的内在关联性，分析其复杂的影响机理。在这一研究方向内，值得研究者选择不同的学科切入，选择不同的研究方法，进而才能促进可雇佣型心理契约研究的跨学科繁荣。

四、可雇佣型心理契约违背与修复研究展望

到目前为止，国内学术界对心理契约的研究至少存在以下四种倾向：一是对心理契约结构维度划分的研究比较单调，缺乏勇于挑战传统的信心。二是选择雇主角度研究心理契约的成果较多，而从组织、雇员双方相结合考察契约履行的研究成果较少。三是对心理契约形成机制的研究较多，而对心理契约违背的研究成果较少。四是泛泛构建心理契约违背理论模型的研究成果较多，缺乏与新创企业存在高夭折率的客观现实背景相结合的分析。

除此以外，专门针对可雇佣型心理契约形成→违背→破裂→修复的动态跟踪，并提出可操作性强的修复策略研究，至今仍属空白。虽然王旭曾经指出，心理契约发生破裂的三个"破裂源"，即组织诱发型、雇员诱发型和中立型，并主张从提高组织对破裂源的敏感性，构建破裂源预警机制，以及提高雇员自我修复和组织修复能力等方面提出政策建议，[②] 但是，仍缺乏与可雇佣型心理契约违背的针对性，也较少考虑到大多数新创企业

---

① 陈忠卫著：《创业团队企业家精神的动态性研究》，人民出版社2007年版，第7页。
② 王旭：《组织员工心理契约修复模型——心理契约违背的延伸》，《上海商学院学报》2013年第4期。

处在成长初期，人与人之间信任关系具有脆弱性的基本特点。

未来可以围绕可雇佣型心理契约的知识补充、能力提升和职业发展维度，分别找寻在新创企业中，发生可雇佣型心理契约违背的源头，然后，再有针对性地设计可雇佣型心理契约违背的修复策略。当然，关于传统型心理契约修复策略的研究成果，其思路依旧可以借鉴。

未来值得关注的问题包括：

第一，基于知识补充的心理契约违背，意味着新加盟成员在进入新创企业一段时期后，总是无法获得更新知识的机会，或者对获得知识更新和进修学习的机会低于预期。其修复策略可以从创造并提供知识更新机会入手去考虑修复方案设计。

如今所处的 21 世纪，知识已经成为新创企业成长动力。在个体雇员层面，强联系要比弱联系更有利于大家分享深层次的知识，高频率的成员间互动更是提供了知识扩充的契机，团队成员的社会网络密度对知识分享具有显著正效应。① 然而，如果知识得不到更新，雇员的创造力就会很快落伍；如果个体知识得不到共享，知识的创造和应用就可能受到很大的局限。因此，在基于知识更新的可雇佣型心理契约违背后，必须把促成组织成员之间实现知识共享放在重要位置。需要引起关注的现象是，在中国转型经济的特定背景下，企业内部人与人之间似乎更愿意互相视为敌手，而不是愿意彼此间分享知识的团队成员，在新创企业中，这种情况更加明显。

日本学者近藤大介娶了一位中国太太，在北京工作数年，他不喜欢在"日本老乡"中扎堆，爱天天乘坐中国地铁、搭中国公交，感受具有中国特色的文化。在其著作中，曾有这么一段深刻揭示出中国人缺乏协调一致的团队精神的描述：

在中国人的眼中，坐在自己周围的"同事"绝对不是和自己手挽手、

---

① 柯林江、孙健敏、石金涛、顾琴轩：《企业 R&D 团队之社会资本与团队效能关系的实证研究——以知识分享与知识整合为中介变量》，《管理世界》2007 年第 3 期。

肩并肩地提升公司营业额的"战友",而是要在某一时刻将其排挤掉的"劲敌",或者是与自己毫无关系的"陌生人"。①

虽然这种分析有些片面,但是,类似不合作的态度和行为,的确不同程度地存在于一些中国新创企业当中。它既可能发生在并行职级的不同部门之间,从属于同一管理层次的同部门成员之间,又可能发生在具有直接上下级关系的同单位成员之间。所以,研究基于知识补充的心理契约违背后修复策略,应当结合中国转型经济背景下新创企业成长的内在特殊性。

第二,基于能力提升的心理契约违背,很大程度上是由于新创企业对创业能力的需求与雇员所能提供的专业技能不一致,从而导致雇员对新创企业不信守诺言的主观评价。此时,对于新创企业来说,高管层可能采取的务实性修复策略:选择那些可塑性强的雇员,培养他们从事新创企业发展所需要的业务技能,提高他们在公司从事创业管理的能力。对于那些可塑性弱,或者不愿意放弃自己固有技能的专业人士,公司高管层往往会渐渐疏远他们的存在,淡忘他们对公司所具有的潜在价值。

未来的研究应当充分结合新创企业成长的管理创新活动,结合公司发展战略调整需要,既要关注对未来很有价值的那些雇员如何提高能力的问题,也要关注那些即将被淘汰的雇员,因无法得到能力提升而可能产生的可雇佣型心理契约违背。如果条件许可,公司也可以尽可能地为后者提供支持,包括给予职业转换的辅导、支持公司内部创业行为等。

第三,相对于可雇佣型心理契约的上述两个维度而言,基于职业发展的心理契约违背,获得修复难度相对较大。这是因为,在新创企业成长中,管理层级相对单调且非常简化,决策机构也并不繁杂,能够衍生出来的新职位往往低于预期,除非新创企业获得意想不到的创业契机。

面对那些与新创企业发生了可雇佣型心理契约违背乃至破裂的雇员,若有必要让其回心转意,设计修复策略的着力点可以体现在四个方面:一

---

① ［日］近藤大介著:《中国缺什么,日本缺什么》,泓冰译,江苏文艺出版社 2013 年版,第 85 页。

是尊重雇员对自我价值实现需求的满足。让雇员树立一种长远眼光，树立职业生涯发展的长期观念。二是提供能够展示才华的平台。让优秀雇员有机会证明自己的巨大潜能，并尽可能多地吸收其中有价值的政策主张。三是创建公正的可雇佣型文化。让所有的雇员能够有平等获得职业发展的机会，塑造与新创企业共命运的责任感。四是实现从人力资源向人力资本的观念转变。让雇员觉得新创企业重视他的存在，觉得公司高管层已经充分注意到人力资本是一种不同于物质的资本，并且，公司重视其人力资本投资。这四个方面的修复策略是否具有可行性，值得学术界同仁继续努力提供理论支持。

根据前面论述的约翰·W. 巴德研究主张，可以获得推论，分析雇员与新创企业存在的可雇佣型心理契约，必须考虑效率、公平与发言权三者之间的平衡性。[①] 受此启发，对可雇佣型心理契约违背和修复策略的研究，未来也可以在劳动经济学、社会心理学、管理学等多个学科同时展开。

五、可雇佣性与创业繁荣关系研究展望

本书贯穿的一个基调是，从促进新创企业实现可持续成长角度出发，通过提高可雇佣性和心理契约管理双管齐下的策略，来诱发雇员产生较高的组织承诺和积极的行为表现，进而有效防止可雇佣型心理契约违背。但是，我们同样不能忽视可雇佣性与创业繁荣之间的关系，尽管它涉及更加宏观的层次。

未来值得关注的问题包括：

第一，雇员知识补充与创业繁荣的关系。对于企业内部雇员，继续教育也是非常必要的。通常情况下，那些快速成长的新创企业，不但能够以大度能容的态度，尽揽英才，而且，还会给受教育程度高的雇员继续培训的机会。正是由于那些雇员的受教育程度高，能够不满足于现有知识，愿

---

① ［美］约翰·W. 巴德著：《人性化的雇佣关系——效率、公平与发言权之间的平衡》，解克先、马振英译，北京大学出版社 2007 年版，第 44 页。

意不断补充新知识，才可能会更加理解创业之艰辛，才会更加拥有远大抱负，并且，具有强烈的自我实现意识。[①]

无论是老雇员还是新雇员，对知识补充的需要是始终不会放弃的目标。在雇员招聘过程中，创业者经常有这样的矛盾和顾虑：如果雇员的受教育程度低，容易接受强制性约束，愿意按照你的要求和意图行动，向外的流动性低。如果雇员受教育程度高，无法接受强制性约束，不太愿意完全按照你的指令行动，向外的流动性也高。

未来可以围绕以下主题，继续深入研究：一是可雇佣型导向的教育模式改革。突出如何深化当前高校人才培养模式改革，鼓励跳出满足于"象牙塔"里封闭的知识灌输，转而在知识的协同创新中推进创业型繁荣。二是创业知识的溢出效应。重点关注知识在企业间转移对区域经济增长的正向作用。三是企业核心技术人员流动中知识产权保护问题等。

第二，雇员能力提升与创业繁荣的关系。雇员在新创企业里工作，可以获得比在大公司里工作更多的能力提升机会，并且，这些能力对于支持新创企业成长，甚至重新创办一家新企业，都具有十分重要的价值。

根据弗拉姆豪茨和兰德尔的研究，在成功转变为管理规范型企业之前，创业型企业成长可以分为创业阶段、扩张阶段、规范阶段和巩固阶段，并且，每个阶段关键问题与关键性能力并不完全相同（见表8-2）。[②]从十二种关键能力性质看，处在创业与扩张阶段的新创企业，最为需要的是典型的企业家式思维，体现在创业者或者创业团队成员的个体能力上；而发展到规范与巩固阶段时，新创企业最需要获得的是解决问题的方式和从整体出发的思维能力。雇员能够在这些能力方面得到锻炼或者培养的机会，是他愿意继续留在新创企业工作的重要因素。

未来可以结合新创企业成长细分阶段，重点研究：一是新型雇佣关系下雇员能力培养研究。尤其是要关注临时工、合同工、人事代理、兼职等

---

① ［丹］杰斯珀·昆德著：《公司精神》，阿弥译，华夏出版社2013年版，第167页。

② Flamholtz E. G. , & Randle Y. , *Growing Pains: Transitioning from an Entrepreneurship to a Professional Managed Firm*, Fourth Edition, Wiley Publishing Inc. , 2007, p. 482.

非标准雇佣人员（non-standard employee）在新创企业中的能力提升问题；二是雇员创业能力与产业集群发展道路的关系。关注落户在产业园区、孵化器内的众多企业之间，创业者如何利用网络能力迅速达到区域产业集群式繁荣的内在机理；三是创业机会的识别、开发、利用能力与创业繁荣的关系。关注创业者如何利用机会、能力与资源的有机整合来实现衍生式创业；四是技术型创业与非技术型创业模式的比较。尤其是关注互联网快速发展对传统产业的颠覆问题等。

表 8-2　新创企业成长的不同阶段及其关键性能力

新创企业成长的阶段	关键问题	企业成长的关键性能力
创业阶段	论证企业所提供的产品或者服务所具有的市场可行性	1. 识别某种市场需求的能力 2. 开发、获得或者提供相关产品或服务，满足已经识别出来的市场需求的能力 3. 创建可以开展日常生活运营的组织能力
扩张阶段	扩大规范，以及保证规模扩张所需要的运营配套体系	4. 获得资源的能力 5. 开发复杂运营组织系统的能力
规范阶段	开发或者正式组建管理规范的企业所需要的管理系统	6. 规划与制定战略的能力 7. 建立恰当的组织结构与控制系统的能力 8. 提供管理培训的能力
巩固阶段	建立明确的企业文化体系，并予以落实到位	9. 发掘并引导企业文化基因的能力 10. 企业文化文本的形成与审查能力 11. 企业文化有效实施的能力 12. 企业文化变革能力

注：Flamholtz E. G. , & Randle Y. , *Growing Pains：Transitioning from an Entrepreneurship to a Professional Managed Firm*, Fourth Edition, Wiley Publishing Inc. , 2007, p. 482, 经笔者整理。

第三，雇员职业发展与创业繁荣的关系。雇员在新创企业内部的职业发展既包括雇员在本组织内部的职业进展路径，也包括他在组织内部的职业发展速度。关于后者，翁清雄等学者曾采用过一个相对宽泛的分析思路，包括四个方面：员工在目前单位内职业能力发展速度、职业目标进展速度、晋升速度与报酬增长速度。[①] 雇员在新创企业内部深感自己发展空间极为有限的情形下，可雇佣型心理契约就存在着走向破裂的可能性。

那些有思想准备的雇员，完全可以凭借其在原企业所掌握的创业知识和技能，克隆出与之相似的另一家复制型企业，或者独自创立一家为原先企业的上下游相关联的配套型企业。这里的前提条件是，在发生可雇佣型心理契约违背时，新创企业能够与那些准备离职的雇员间保持一种好聚好散的心态，彼此间以不伤和气为底线，才有可能在竞争与合作相统一的氛围中，促进创业的区域繁荣。

新创企业可雇佣型心理契约违背未必总是一件坏事。这是因为，一些加盟到新创企业的雇员，其最初想法就是通过追随新创企业的成长，提高自身可雇佣性，尤其是提高自身从事创业所需要的识别机会能力、资源整合能力、产品创新能力和团队组建能力。所以，企业家能够做的和应该去做的是，如何珍惜与优秀雇员共处的日子，利用好雇员对提高可雇佣性的目标追求，创造性地开展人力资源管理活动，进而推动新创企业的成长。

未来值得关注的研究方向包括：一是创业失败与连续创业问题。重点研究首次创业失败者通过何种学习机制，重新实现东山再起的创业规律。二是性别对创业行业选择的影响研究。重点比较男性与女性创业者对待职业发展态度的差异性，以及它们对选择创业方向的影响。三是非标准雇佣关系对区域创业繁荣的影响。重点关注雇员与企业间劳动关系趋于松散性、短期化，以及大众创业走向活跃的条件下，比较非标准雇佣人员的创业行为对区域创业繁荣的影响机制，进而为草根创业的发展提供政策制定的依据。四是基于职业生涯成长阶段的创业行为比较研究等。

展望未来，从宏观角度看，雇员与企业间的雇佣关系从长期稳定的雇佣模式向短期合同化的雇佣关系转型已成为必然，它同样也意味着新创企业曾经在获取劳动力资源方面的劣势有机会得以好转。在企业用工制度的灵活性与雇员可雇佣性能力提升同时出现时，创业繁荣的春天就在眼前。

---

① 翁清雄、席酉民：《职业成长与离职倾向：职业承诺与感知机会的调节作用》，《南开管理评论》2010 年第 2 期。

而从微观角度看，无论是对可雇佣型心理契约关系的形成和发展、稳定与巩固，还是对违背与随后行为之间关系的研究，必须考虑到中国东、中、西部省份创业环境的巨大差异，考虑到新创企业成长的特定地域文化背景、特定企业制度背景相结合。所以，在未来研究过程中，必须抛弃简单地移植西方学者的研究范式和理论框架，应当更加倾向于结合中国经济转型的特定情境，多采用案例研究或者实证研究方法，从而有利于创建关于可雇佣心理契约形成与发展的理论体系，形成并发展具有本土特色的"中国式管理学"。

附录1 可雇佣型心理契约形成机理调查问卷

尊敬的＿＿＿＿＿＿女士/先生：

　　您好！

　　首先感谢您百忙中拔冗完成此份问卷！本问卷旨在从雇员层面调查可雇佣型心理契约形成与发展的内在机理。问卷采用匿名填写，所有答案均无对错好坏之分，仅作学术研究使用。我们将对您填写的所有信息严格保密，故请您放心填答。

　　您所提供的客观而完整的信息将对研究结果起着举足轻重的作用，再次感谢您的精诚合作，祝您在事业上取得辉煌成就！

安徽财经大学创业与企业成长研究所

项目负责人：陈忠卫教授

2011年7月

第一部分　可雇佣型心理契约

　　可雇佣型心理契约反映的是雇员对于组织在履行其增长雇员知识、提升雇员能力、关心雇员职业发展等方面义务的一种主观评价。请您在比较"您对公司的预期"和"公司实际履行承诺"之间差异的基础上，圈选出您对本企业以下业务活动满意程度的答案。

测项题	极不满意←——→非常满意				
1. 公司经常提供知识培训	[1]	[2]	[3]	[4]	[5]
2. 公司促进我提高自身系统思维能力	[1]	[2]	[3]	[4]	[5]
3. 公司提供给我的工作与我职业目标相近	[1]	[2]	[3]	[4]	[5]
4. 公司支持我提高有效配置资源（如人、物、财等）的能力	[1]	[2]	[3]	[4]	[5]
5. 公司提供给我个人职业生涯规划指导	[1]	[2]	[3]	[4]	[5]
6. 公司提供雇员专业学习的机会	[1]	[2]	[3]	[4]	[5]
7. 公司激励我参与企业或部门决策	[1]	[2]	[3]	[4]	[5]
8. 公司提供给我的工作有利于实现我的职业目标	[1]	[2]	[3]	[4]	[5]
9. 公司能让雇员十分方便地获取信息与专业知识	[1]	[2]	[3]	[4]	[5]
10. 公司注重提高雇员人际沟通能力	[1]	[2]	[3]	[4]	[5]
11. 公司给予我职务晋升的速度较快	[1]	[2]	[3]	[4]	[5]
12. 公司经常邀请专家传授最新的行业动态和专业知识	[1]	[2]	[3]	[4]	[5]
13. 公司支持我与其他雇员合作，从而提高克服困难的能力	[1]	[2]	[3]	[4]	[5]
14. 公司支持我积累工作经验，为未来职务晋升做准备	[1]	[2]	[3]	[4]	[5]
15. 公司创造条件，让雇员能够分享知识	[1]	[2]	[3]	[4]	[5]
16. 公司支持我提高处理各种现实问题的能力	[1]	[2]	[3]	[4]	[5]
17. 公司注重创造宽泛的职务晋升机会	[1]	[2]	[3]	[4]	[5]

第二部分　组织公正感

组织公正感旨在测量雇员对组织决策过程以及决策结果是否感到公平的一种主观感知。请您根据自己实际感受，在下列每一条目后勾选出符合实际的答案。

测项题	极不符合←——→非常符合				
1. 我所得到的报酬，反映了我工作的努力程度	[1]	[2]	[3]	[4]	[5]
2. 在公司决策过程中，我能表达自己的建议和感受	[1]	[2]	[3]	[4]	[5]

测项题	极不符合←——→非常符合				
3. 公司领导层对雇员很有礼貌	[1]	[2]	[3]	[4]	[5]
4. 我所得到的报酬与完成的工作一致	[1]	[2]	[3]	[4]	[5]
5. 公司的决策过程遵循相对稳定的模式	[1]	[2]	[3]	[4]	[5]
6. 公司领导层能够尊重我	[1]	[2]	[3]	[4]	[5]
7. 根据我对组织所做贡献，我所得到的报酬是公平的	[1]	[2]	[3]	[4]	[5]
8. 我能够影响公司的决策结果	[1]	[2]	[3]	[4]	[5]
9. 公司领导层能坦诚地与我交流	[1]	[2]	[3]	[4]	[5]
10. 根据我的业绩表现，我所得到的报酬是公平的	[1]	[2]	[3]	[4]	[5]
11. 我不能对公司决策过程提出异议	[1]	[2]	[3]	[4]	[5]
12. 公司领导能够克制自己，不去发表不恰当的言论或者评价	[1]	[2]	[3]	[4]	[5]
13. 公司领导层能清楚地解释决策方案	[1]	[2]	[3]	[4]	[5]
14. 公司领导层能及时地传达一些细节问题	[1]	[2]	[3]	[4]	[5]
15. 公司高层愿意及时地与我沟通个人需求问题	[1]	[2]	[3]	[4]	[5]

第三部分　离职倾向

离职倾向旨在测量雇员离开本单位，转而重新寻找其他工作的心理追求。请您根据实际情况，在下列每一条目后勾选出符合实际的答案。

测项题	极不符合←——→非常符合				
1. 我会在未来三年内积极寻找一份新工作	[1]	[2]	[3]	[4]	[5]
2. 如果本单位未来没有太大的变化，我会考虑离开	[1]	[2]	[3]	[4]	[5]
3. 我准备在本单位做长期的职业发展	[1]	[2]	[3]	[4]	[5]
4. 我没有想过离开目前的工作单位	[1]	[2]	[3]	[4]	[5]
5. 如果外部有更令人满意的工作，我会考虑接受	[1]	[2]	[3]	[4]	[5]

第四部分　基本信息

请根据您和您所在企业的实际情况，在相应方框内打"√"或在横线上填写内容。

1. 您的性别：□男　　　　□女
2. 您的年龄：□20 岁以下　□20—30 岁　　□30—40 岁　　□40—50 岁　　□50—60 岁　□60 岁及以上
3. 您什么时候开始参加工作：_____ 年
4. 您的年收入水平：　　□1 万元以下　　□1 万—3 万元　　□3 万—6 万元　　□6 万—10 万元　　□10 万元及以上
5. 您的文化程度：　　□小学及以下　　□中学　　　　□中专、大专　□本科　　□研究生
6. 您在现单位的工作时间：□1 年以下　　□1—3 年　　　□3—5 年　　　□5—7 年　　□7—8 年　　□8 年及以上
7. 您在本单位所处的职位：□高层管理者　　□中层管理者　□基层管理者　□一般员工　　□其他_____
8. 贵公司的规模：　　□50 人以下　　□50—99 人　　□100—499 人　□500—999 人　　□1000 人及以上
9. 贵公司的企业性质：　　□民营企业　　　□集体企业　　□国有企业或国有控股企业　　□股份制企业　　□其他（请写明）_____
10. 贵公司成立的时间已经达到：□1 年以下　　□1—3 年　　□3—5 年　　□5—7 年　　□7—8 年　　□8 年及以上
11. 贵公司所在行业类型：□制造业　　□交通运输、仓储和邮政业　　□房地产业　　□金融业　　□文化、体育和娱乐业　　□住宿和餐饮业　　□租赁和商务服务　□信息传输、计算机服务和软件业　□教育　　□居民服务和其他服务业　　□其他（请写明）_____

本问卷至此结束，烦请您能再次检查本问卷所有题项，确保没有漏答之处。

若您期望获得我们的研究成果，请填写如下信息：

姓名：_____工作单位：_____

E-mail：_____联系电话：_____

再次感谢您的合作！

附录 2 知识型员工可雇佣性调查问卷

尊敬的＿＿＿＿＿＿女士/先生：

您好！

首先感谢您百忙中拨冗完成此份问卷！本问卷调研的主要目的在于调查在岗知识型员工心理契约实现，以及对后续行为的影响。在征得贵单位高管层同意的情况下，我们拟将此次获得的研究成果，转化为推动公司改革创新的重要依据。问卷填写采用匿名方式，所有答案均无对错好坏之分，故请您放心填答。

您所提供的真实信息是确保公司改革方案有效性的重要依据，再次感谢您的精诚合作！恭祝您一切如意！

安徽财经大学创业与企业成长研究所

项目负责人：陈忠卫

2012 年 7 月

第一部分 心理契约实现

心理契约实现反映的是组织是否履行以及在多大程度上对雇员履行其应尽义务的一种个人主观评价。请您就以下条目分别在左右两栏圈选出符合"您原本对公司预期"和"公司实际履行承诺"的答案。

您原本对公司预期					测量题项	公司实际履行承诺				
极高 ←——— 极低						极不满意 ←——→ 非常满意				
[1]	[2]	[3]	[4]	[5]	按绩效提供具有吸引力的报酬	[1]	[2]	[3]	[4]	[5]
[1]	[2]	[3]	[4]	[5]	较为丰富的晋升机会	[1]	[2]	[3]	[4]	[5]
[1]	[2]	[3]	[4]	[5]	按绩效提供足额的经济待遇	[1]	[2]	[3]	[4]	[5]
[1]	[2]	[3]	[4]	[5]	团队合作的良好工作氛围	[1]	[2]	[3]	[4]	[5]
[1]	[2]	[3]	[4]	[5]	必要的工作环境条件（如办公设备、材料）	[1]	[2]	[3]	[4]	[5]
[1]	[2]	[3]	[4]	[5]	雇员培训和学习的机会	[1]	[2]	[3]	[4]	[5]
[1]	[2]	[3]	[4]	[5]	有保障的工作安全	[1]	[2]	[3]	[4]	[5]
[1]	[2]	[3]	[4]	[5]	同事间彼此尊重的内部文化	[1]	[2]	[3]	[4]	[5]
[1]	[2]	[3]	[4]	[5]	根据约定的标准给予福利	[1]	[2]	[3]	[4]	[5]
[1]	[2]	[3]	[4]	[5]	融洽的上下级关系	[1]	[2]	[3]	[4]	[5]
[1]	[2]	[3]	[4]	[5]	按时兑现个人应得的经济性报酬	[1]	[2]	[3]	[4]	[5]
[1]	[2]	[3]	[4]	[5]	关心雇员的个人成长	[1]	[2]	[3]	[4]	[5]

第二部分　自我感知的可雇佣能力

可雇佣能力是指个体成员维持现有工作，或者获得更加满意工作岗位的能力。在假定可以发生以下岗位和工作变动的前提下，请在下列每一条目的数字内框内勾选出符合您本人实际的答案。

测量题项	极不符合 ←——→ 完全符合				
如果允许在本企业内调整工作，我对结果持乐观态度	[1]	[2]	[3]	[4]	[5]
到其他地方，我相信自己有实力找到比目前更好的新工作	[1]	[2]	[3]	[4]	[5]
如果在单位内部竞争上岗，我对于获得更好的工作持乐观态度	[1]	[2]	[3]	[4]	[5]
到其他地方，我相信同样能够很快地获得与目前相同的工作	[1]	[2]	[3]	[4]	[5]
在本单位内部轮换，我会比较容易地发现另一份工作来替换我目前的工作	[1]	[2]	[3]	[4]	[5]

测量题项	极不符合 ←——→ 完全符合				
到其他地方，我相信自己会很容易地获得更加令人满意的工作	[1]	[2]	[3]	[4]	[5]
如果单位内部竞争上岗，我想获得比目前更好的工作岗位有些困难	[1]	[2]	[3]	[4]	[5]
到其他地方，我对比目前更具挑战性的工作一样能够很容易适应	[1]	[2]	[3]	[4]	[5]
如果让我在其他地方做相同的工作，我会很容易地适应新环境	[1]	[2]	[3]	[4]	[5]
如果条件允许的话，我会比较容易地在其他地方发现另一份工作来替换我目前的工作	[1]	[2]	[3]	[4]	[5]
如果调整到本单位内部更具挑战性的岗位，我能很容易地就适应它	[1]	[2]	[3]	[4]	[5]
如果本单位内开展岗位调整，我对很快地获得一份相似的工作充满自信	[1]	[2]	[3]	[4]	[5]
在其他地方，我不太可能找到比目前更好的工作	[1]	[2]	[3]	[4]	[5]
如果单位内部开展竞争上岗，我对于获得更好的工作充满自信	[1]	[2]	[3]	[4]	[5]
如果单位内部调整工作岗位，我会很容易地学会适应新环境	[1]	[2]	[3]	[4]	[5]
如果让我在其他地方找工作，我对于找到另一份工作充满乐观态度	[1]	[2]	[3]	[4]	[5]

第三部分　心理评价与行为

组织承诺与离职倾向反映的是心理契约关系变化可能带来的一种心理感受。请您根据实际情况，在下列每一条目后勾选出符合您自己的合适答案。

测量题项	极不符合 ←——→ 完全符合				
在本单位度完自己未来的职业生涯，我感到很高兴	[1]	[2]	[3]	[4]	[5]
现就职的单位对我而言能够体现人生价值的实现	[1]	[2]	[3]	[4]	[5]
未来三年内我可能会积极寻找一份新工作	[1]	[2]	[3]	[4]	[5]
如果本单位未来没有太大的变化，我会考虑离开	[1]	[2]	[3]	[4]	[5]

测量题项	极不符合 ←——→ 完全符合
我对正在工作的单位并没有强烈的"归属感"	[1] [2] [3] [4] [5]
我对正在工作的单位并没有情感上的依附关系	[1] [2] [3] [4] [5]
我准备在本单位作长期的职业发展	[1] [2] [3] [4] [5]
对目前的工作感觉有点厌烦，偶尔想换个新单位	[1] [2] [3] [4] [5]
在工作单位里像有一种"大家庭"似的感觉	[1] [2] [3] [4] [5]
我会把单位的问题看作是自己的问题一样	[1] [2] [3] [4] [5]
我基本上没有想过离开目前的工作单位	[1] [2] [3] [4] [5]
如果外部有更令人满意的工作，我会考虑接受	[1] [2] [3] [4] [5]
无限期地坚持在本单位工作不会有太大的收获	[1] [2] [3] [4] [5]

第四部分　基本信息

请您根据个人的实际状况，在横线上填写内容，或在相应方框内打"√"。

1. 您的祖籍：　　　　　省　　　　　市（地级）
2. 您什么时候开始参加工作：_____年
3. 您的年龄：　□20 岁以下　□20—30 岁　□30—40 岁　□40—50 岁　□50—60 岁 □60 岁及以上
4. 您的文化程度：□研究生　　□本科　　□中专、大专　□高中　　□初中及以下
5. 您在本单位所处的职位： □高管岗位　　□中层岗位　　□基层管理岗位 □普通员工岗位 □其他（请注明）_____
6. 您在本单位的连续工作时间： □10 年及以上　□8—10 年　□7—8 年　□5—7 年　□3—5 年 □1—3 年　　□不满 1 年
7. 您的性别：　　□男　　　　□女
8. 您的婚姻状况：□已婚　　　□未婚　　　□其他（鳏寡孤独）

烦请您能再次检查本问卷所有题项，确保没有漏答之处。

再次深表谢意！

附录 3　2008—2014 年期间发表 与本书主题相关论著

1. 陈忠卫、贾培蕊:《基于心理契约的高层管理团队凝聚力问题研究》,《管理科学》2004 年第 5 期。

2. 陈忠卫、李晶:《内部创业型企业文化的构建研究》,《研究与发展管理》2006 年第 1 期。

3. 陈忠卫:《创业团队企业家精神的动态性研究》, 人民出版社 2007 年版。

4. 卢俊义、陈忠卫:《中小企业成长性评价模式的比较研究》,《技术经济》2007 年第 2 期。

5. 陈忠卫、陈传明:《创业团队、心理契约与企业家精神传承》,《改革》2008 年第 12 期。

6. 杜运周、任兵、陈忠卫、张玉利:《先动性、合法化与中小企业成长——一个中介模型及其启示》,《管理世界》2008 年第 12 期。

7. 陈忠卫、雷红生:《创业团队内冲突、企业家精神与公司绩效关系》,《经济管理》2008 年第 15 期。

8. 李晶、陈忠卫:《内部创业型文化:内部创业与企业文化的耦合》,《科研管理》2008 年第 2 期。

9. 陈忠卫、郝喜玲:《创业团队企业家精神与公司绩效关系的实证研究》,《管理科学》2008 年第 1 期。

10. 雷红生、陈忠卫:《高管团队内情感冲突、企业家精神与公司成长性绩效关系的实证研究》,《财贸研究》2008 年第 2 期。

11. 陈忠卫、常极:《高管团队异质性、集体创新能力与公司绩效关系的实证研究》,《软科学》2009 年第 9 期。

12. 陈忠卫、杜运周:《高管冲突与团队决策绩效——基于控制模式的调节分析》,《管理科学》2009 年第 4 期。

13. 陈忠卫、魏丽红:《创业团队内社会性懒散研究述评》,《商业研究》2009 年第 1 期。

14. 陈忠卫:《创业团队企业家精神的传承与退化:基于心理契约视角》,《现代管理科学》2009 年第 1 期。

15. 陈忠卫、许静艳:《家族企业职业经理人型继任模式选择因素分析》,《商业时代》2009 年第 2 期。

16. 陈忠卫、魏丽红、王晶晶:《高管团队心理契约与组织绩效关系的实证研究——基于企业相对规模的比较》,《山西财经大学学报》2009 年第 2 期。

17. 祝延霞、刘渐和、陈忠卫:《创业环境对女性创业的影响——以安徽省为例》,《科技与管理》2009 年第 4 期。

18. 布鲁斯·R. 巴林杰:《创业计划:从创意到执行方案》,陈忠卫等译,机械出版社 2009 年版。

19. 陈忠卫、郝喜玲:《创业团队企业家精神差异性比较——基于企业相对规模的实证研究》,《经济与管理研究》2010 年第 12 期。

20. 杜运周、陈忠卫:《国外创业团队理论研究的新进展及其启示》,《商业经济与管理》2010 年第 10 期。

21. 陈忠卫、史振兴:《创业机会的识别与开发研究——以微软与谷歌的案例比较》,《管理案例研究与评论》2010 年第 4 期。

22. 卢俊义、王永贵、陈忠卫、王晶晶:《基于社会全面参与的创业教育模式研究》,《管理学报》2011 年第 7 期。

23. 陈忠卫、郝喜玲:《基于人口特征变量的可雇佣型心理契约差异性研究》,《现代财经》2012 年第 12 期。

24. 孙巍、陈忠卫:《个人—组织匹配理论的发展脉络与研究焦点》,

《上海市经济管理干部学院学报》2012 年第 5 期。

25. 乔明哲、陈忠卫、杜运周、陈德棉:《国外公司创业投资中组织间学习研究述评》,《管理学报》2012 年第 10 期。

26. 陈忠卫、马振英:《国内关于心理契约违背的研究文献计量分析》,《现代情报》2012 年第 9 期。

27. 陈忠卫、田素芹:《工作—家庭冲突双向性理论评述》,《经济与管理》2012 年第 7 期。

28. 陈忠卫、潘莎:《组织公正感的理论研究进展与发展脉络述评》,《现代财经》2012 年第 7 期。

29. 陈忠卫、陈佳琪:《愿景型领导力的影响因素及其作用机理》,《郑州航空工业管理学院学报》2013 年第 3 期。

30. 陈忠卫、张广琦、胡登峰:《新创企业创业团队特征与离职倾向的关系研究》,《现代管理科学》2013 年第 10 期。

31. 华斌、陈忠卫:《高管团队凝聚力、冲突与组织绩效——基于创业过程的研究》,《当代财经》2013 年第 12 期。

32. 陈忠卫、张广琦、秦慈进:《婚姻影响知识型员工的离职倾向吗?——基于可雇佣性的案例研究》,《经济管理》2014 年第 2 期。

33. 杨友朝、陈忠卫:《基于性别差异的在校大学生可雇佣性学习动机研究——以〈大学英语〉课程设置和教学为例》,《西安外国语大学学报》2014 年第 2 期。

34. 陈忠卫、胡尊亮:《组织内部人际信任关系的破裂与修复》,《上海市经济管理干部学院学报》2014 年第 2 期。

35. 陈忠卫、代云云、吴立焕:《团队内部信任关系的国内研究进展——以 2001—2012 年中国知网(CNKI)文献为依据》,《重庆工商大学学报》(社会科学版)2014 年第 5 期。

36. 陈忠卫、田素芹、汪金龙:《工作家庭冲突的双向性与离职倾向关系研究》,《软科学》2014 年第 8 期。

37. 潘莎、陈忠卫:《基于人口特征变量视角的组织公正感差异性研究》,《统计与决策》2014 年第 15 期。

38. 陈忠卫、张琦:《家族企业传承者与继任者间信任关系的研究述评》,《首都经济贸易大学学报》2014 年第 6 期。

39. 陈忠卫:《产学研间的信任关系与合作模式选择——基于多案例的比较研究》,《管理案例研究与评论》2014 年第 5 期。

参考文献

中文部分

1. ［英］波特·马金、凯瑞·库帕、查尔斯·考克斯：《组织和心理契约：对工作人员的管理》（第二版），王新超译，北京大学出版社 2000 年版。

2. ［英］查尔斯·汉迪：《非理性的时代：工作和生活的未来》，方海萍等译，浙江人民出版社 2012 年版。

3. ［英］查尔斯·汉迪：《超越确定性：不确定性时代的变革与机会》，周旭华译，浙江人民出版社 2012 年版。

4. 陈传明主编：《西方管理学经典命题》，江西人民出版社 2007 年版。

5. 陈国权：《学习型组织的过程模型、本质特征和设计原则》，《中国管理科学》2002 年第 4 期。

6. 陈加洲：《员工心理契约的作用模式与管理对策》，人民出版社 2007 年版。

7. 陈加洲、凌文辁、方俐洛：《企业员工心理契约的结构维度》，《心理学报》2003 年第 3 期。

8. 崔勋：《员工个人特性对组织承诺与离职意愿的影响研究》，《南开管理评论》2003 年第 4 期。

9. ［美］戴维·盖奇：《好搭档：创业成功的起点》，姜文波译，机械工业出版社 2008 年版。

10. 邓靖松：《团队信任与管理》，清华大学出版社 2012 年版。

11. 段从清、杨国锐：《从科层制到扁平化——再论企业组织变革中下心理契约的重建》,《中南财经政法大学学报》2005 年第 6 期。

12. 樊耘、纪晓鹏、邵芳:《雇佣契约对心理契约破坏影响的实证研究》,《管理科学》2011 年第 6 期。

13. [美] 弗朗西斯·福山:《信任:社会美德与创造经济繁荣》,彭志华译,海南出版社 2001 年版。

14. 韩平、闫围、曹洁琼:《企业内人际信任修复的研究内容与框架》,《西安交通大学学报》(社会科学版) 2012 年第 3 期。

15. 韩翼、刘竞哲:《个人—组织匹配、组织支持感与离职倾向——工作满意度的中介作用》,《经济管理》2009 年第 2 期。

16. 何发平:《立足可雇佣性,培育员工忠诚度——一个心理契约的视角》,《中国人力资源开发》2009 年第 4 期。

17. 何轩:《互动公平真的就能治疗"沉默"病吗?——以中庸思维作为调节变量的本土实证研究》,《管理世界》2009 年第 4 期。

18. 胡登峰、李丹丹:《创新网络中知识转移"度"及其维度》,《学术月刊》2012 年第 7 期。

19. [美] 胡迪·利普森、梅尔芭·库曼:《3D 打印:从想象到现实》,赛迪研究院专家组译,中信出版社 2013 年版。

20. 胡建军、王立磊、张宁俊:《组织认同对员工创新行为的激励作用》,《财经科学》2013 年第 11 期。

21. 胡琪波、蔡建峰:《中小企业员工心理契约实证研究》,《南京大学学报》(哲学人文社科版) 2013 年第 4 期。

22. 蒋春燕:《组织公正感与组织承诺和离职倾向之间的关系:组织支持感中介作用的实证研究》,《经济科学》2007 年第 6 期。

23. [丹] 杰斯珀·昆德:《公司精神》,阿弥译,华夏出版社 2013 年版。

24. [日] 近藤大介:《中国缺什么　日本缺什么》,泓冰译,江苏文艺出版社 2013 年版。

25. 柯林江、孙健敏、石金涛、顾琴轩:《企业 R&D 团队之社会资本与团队效能关系的实证研究——以知识分享与知识整合为中介变量》,《管理世界》2007 年第 3 期。

26. 李秀娟、魏峰:《组织公正和交易型领导对组织承诺的影响方式研究》,《南开管理评论》2007 年第 5 期。

27. 李燚、魏峰、任胜钢:《组织公正和心理契约违背对管理者行为的影响》,《管理科学学报》2007 年第 12 期。

28. 李钰卿、张小林:《知识型员工薪酬公平、组织承诺和离职倾向间的关系》,《软科学》2008 年第 8 期。

29. 李原:《员工心理契约的结构及相关因素研究》,首都师范大学博士学位论文,2002 年。

30. 李原、孙健敏:《雇用关系中的心理契约:从组织和员工双重视角下考虑契约中"组织责任"的认知差异》,《管理世界》2006 年第 11 期。

31. 刘军、刘小禹、任兵:《员工离职:雇佣关系框架下的追踪研究》,《管理世界》2007 年第 12 期。

32. 刘璞、井润田、刘煜:《基于组织支持的组织公平与组织承诺关系的实证研究》,《管理评论》2008 年第 11 期。

33. 刘小平、王重鸣:《组织承诺及其形成过程研究》,《南开管理评论》2001 年第 6 期。

34. 刘亚、龙立荣、李晔:《组织公正感的影响效果研究》,《管理世界》2003 年第 3 期。

35. 凌文辁、张治灿、方俐洛:《中国职工组织承诺研究》,《中国社会科学》2001 年第 2 期。

36. [美] 罗布·亚当斯:《创业中的陷阱》,刘昊明、谢楚栋、连晓松译,机械工业出版社 2008 年版。

37. 南开大学"新企业创业机理与成长模式研究"课题组:《中国创业活动透视报告:中国新生创业活动动态跟踪调研（CPSED）报告（2009—2011 年）》,清华大学出版社 2012 年版。

38. [美] 尼尔·桑伯里:《重塑创业精神:像创业者一样领导成熟企

业》，杨斌译，中国财政经济出版社 2008 年版。

39. 彭正龙、沈建华、朱晨海：《心理契约：概念、理论模型以及最新发展研究》，《心理科学》2004 年第 2 期。

40. 彭正龙、赵红丹：《组织公民行为真的对组织有利吗——中国情境下的强制性公民行为研究》，《南开管理评论》2011 年第 1 期。

41. ［美］彼得·F. 德鲁克：《德鲁克文集（第一卷）：个人的管理》，沈国华译，上海财经大学出版社 2006 年版。

42. ［美］彼得·圣吉、阿特·克莱纳、夏洛克·罗伯茨：《第五项修炼（实践篇）：创建学习型组织的战略和方法》，张兴等译，中信出版社 2011 年版。

43. 秦剑：《高不确定创业情境下的效果推理理论发展及其实证应用研究》，《经济管理》2010 年第 12 期。

44. ［英］莎利·毕培、克里米·克迪：《信任：企业和个人成功的基础》，周海琴译，经济管理出版社 2011 年版。

45. 施丽芳、廖飞、丁德明：《个人声誉关注作为心理不确定的缓解器：程序公平——合作关系下的实证研究》，《管理世界》2012 年第 12 期。

46. ［美］托马斯·彼得斯、罗伯特·沃特曼：《追求卓越》，北京天下风经济文化研究所译，中央编译出版社 2000 年版。

47. ［澳］瓦妮莎·霍尔：《信任的真相：如何在商业世界中赢得绝对信任》，宫照丽译，东方出版社 2010 年版。

48. 汪林、储小平：《心理契约违背与员工的工作表现：中国人传统性的调节作用》，《软科学》2008 年第 12 期。

49. 魏峰、李燚、张文贤：《国内外心理契约研究的新进展》，《管理科学学报》2005 年第 5 期。

50. 韦慧民：《组织信任关系管理：发展、违背与修复》，经济科学出版社 2012 年版。

51. ［美］维克托·迈尔—舍恩伯格、肯尼思·库克耶：《大数据时代：生活、工作与思维的大变革》，盛杨燕、周涛译，浙江人民出版社 2013

年版。

52. ［美］威廉·大内：《Z 理论》，朱雁冰译，机械工业出版社 2013
年版。

53. 翁杰：《企业中的人力资本投资研究：基于雇佣关系稳定性的视
角》，经济科学出版社 2010 年版。

54. 翁清雄、席酉民：《职业成长与离职倾向：职业承诺与感知机会的
调节作用》，《南开管理评论》2010 年第 2 期。

55. 谢晋宇：《可雇佣性能力及其开发》，格致出版社、上海人民出版
社 2011 年版。

56. 谢晋宇、宋国学：《论离校学生的可雇佣性和可雇佣性技能》，《南
开学报》(哲学社会科学版) 2005 年第 2 期。

57. 杨会军：《美国经济的 “治理之道”》，《当代世界》2014 年第
11 期。

58. 杨杰、凌文辁、方俐洛：《心理契约破裂与违背刍议》，《暨南学
报》(哲学社会科学版) 2003 年第 2 期。

59. 杨俊、田莉、张玉利、王伟毅：《创新还是模仿：创业团队经验异
质性与冲突特征的角色》，《管理世界》2010 年第 3 期。

60. 姚琦：《组织行为学中的信任违背和修复研究》，《南开学报》(哲学
社会科学版) 2011 年第 5 期。

61. ［日］野中郁次郎：《知识性企业》，《哈佛商业评论》1991 年第
11 期。

62. 余琛：《心理契约履行和组织公民行为之间的关系研究》，《心理科
学》2007 年第 2 期。

63. 于珊、陈晓红：《员工心理契约及其违背后工作态度的中美跨文化
比较》，《系统工程》2008 年第 2 期。

64. 袁方舟：《贵州省企业少数民族员工心理契约调查研究》，《贵州民
族研究》2009 年第 2 期。

65. 袁庆宏、丁刚、李珲：《知识型员工职业成长与离职意愿——组织

认同和专业认同的调节作用》，《科学学与科学技术管理》2014 年第 1 期。

66. 袁勇志、何会涛：《组织内社会交换关系对心理契约违背影响的实证研究》，《中国软科学》2010 年第 2 期。

67. ［美］约翰·P. 科特：《权力与影响力》，李亚等译，机械工业出版社 2008 年版。

68. ［美］约翰·W. 巴德：《人性化的雇佣关系——效率、公平与发言权之间的平衡》，解克先、马振英译，北京大学出版社 2007 年版。

69. 张弘、赵曙明：《雇佣保障与员工绩效的关系研究》，《南京社会科学》2010 年第 4 期。

70. 张生态、杨蕊：《心理契约破裂、组织承诺与员工绩效》，《科研管理》2011 年第 12 期。

71. 张玉利：《企业家型企业的创业与快速成长》，南开大学出版社 2003 年版。

72. 张玉利、徐海林：《中小企业成长中的复杂性管理及知识显性化问题研究》，《外国经济与管理》2002 年第 3 期。

73. 赵继新、雷青青：《"80 后"员工心理契约类型倾向研究》，《北方工业大学学报》2014 年第 2 期。

74. 赵红梅：《个人—组织契合度对组织公民行为及关系绩效影响的实证研究》，《管理学报》2009 年第 3 期。

75. 赵立军、刘永芳、佟丽君：《组织公正管理——基于心理账户的视角》，《心理科学》2008 年第 5 期。

76. 张建新、张妙清、梁觉：《殊化信任与泛化信任在人际信任行为路径模型中的作用》，《心理学报》2000 年第 3 期。

77. 张勉、张德、王颖：《企业雇员组织承诺三因素模型实证研究》，《南开管理评论》2002 年第 5 期。

78. 郑伯壎：《企业组织中上下属的信任关系》，《社会学研究》1999 年第 2 期。

79. 郑也夫：《信任论》，中国广播电视大学出版社 2006 年版。

80. ［美］朱迪·埃斯特琳:《美国创新在衰退?》, 闫佳、翁翼飞译, 机械工业出版社 2010 年版。

81. 朱飞:《高科技企业雇佣关系策略研究: 基于可雇佣性的雇佣关系策略模型》, 企业管理出版社 2009 年版。

82. 朱晓妹、王重鸣:《中国背景下知识型员工的心理契约结构研究》,《科学学研究》2005 年第 1 期。

83. 朱瑜、李云健、马智妍、王小霏:《员工组织规避劳动合同法认知、工作不安全感与组织报复行为的关系: 基于华南地区新生代员工的实证研究》,《管理评论》2014 年第 3 期。

英文部分

1. Adams J. S. , *Inequity of Social Exchanges*, *Advances in Experimental Social Psychology*, Academic Press, 1965.

2. Alexaander S. , & Ruderman M. , "The Role of Procedural and Distributive Justice in Organizational Behavior", *Social Justice Research*, 1987, 1.

3. Allen N. J. , & Meyer S. P. , "The Measurement and Antecedents of Affective Continuance and Normative Commitment to the Organization", *Journal of Occupation Psychology*, 1990, 63.

4. Amar B. , *The Origin and Evolution of New Businesses*, Oxford University Press, Inc. , 2000.

5. Anderson C. & Shirako A. , "Are Individuals' Reputations Related to Their History of Behavior?", *Journal of Personality and Social Psychology*, 2008, 94 (2).

6. Aquino K. , Tripp T. M. , & Bies R. J. , "Getting Even or Moving on? Power, Procedural Justice, and Types of Offense as Predictors of Revenge, Forgiveness, Reconciliation, and Avoidance in Organizations", *Journal of Applied Psychology*, 2006, 91 (3).

7. Arnold J. , "ThePsychological Contract: A Concept in Need of Closer

Scrutiny?", *European Journal of Work and Organizational Psychology*, 1996, 15.

8. Arthur M. B. , Rousseau D. M. , *The Boundaryless Career: A New Employment Principle for a New Organizational Era*, Oxford University Press, 1996.

9. Aukje N. , Annelies V. V. , & Karen V. D. , "Understanding the Factors that Promote Employability Orientation: The Impact of Employability Culture, Career Satisfaction, and Role Breadth Self-efficiency", *Journal of Occupational and Organizational Psychology*, 2009, (82).

10. Bal P. M. , Chiaburn D. S. , & Jansen P. G. W. , "Psychological Contract Breach and Work Performance: Is Social Exchange a Buffer or an Intensifier?", *Journal of Management Psychology*, 2010, 25 (3).

11. Bang cheng Liu, Jian xin Liu, Jin hu, "Person-organization Fit, Job Satisfaction, Turnover Intention: An Empirical Study in Chinese Public Sector", *Social Behavior and Personality*, 2010, 38 (5).

12. Bantel K. A. , & Jackson S. E. , "Top Management and Innovations in Banking: Does the Composition of the Top Team make a Difference", *Strategy Management Journal*, 1989, (3).

13. Barber B. , *The Logic and Limits of Trust*, New Brunswick, Rutgers University Press, 1983.

14. Barrett R. , & Rainnie A. , "Editorial: Small Firms and New Technology", *New Technology, Work and Employment*, 2005, 20 (3).

15. Baruch Y. , & Peiperl M. , " Career Management Practice: An Empirical Survey and Implications", *Human Resource Management*, 2000, 39 (4).

16. Becker H. S. , "Notes on the Concept of Commitment", *American Journal of Sociology*, 1960, 66.

17. Bemtson E. , & Marklund S. , "The Relationship between Employability

and Subsequent Health", *Work & Press*, 2007, 21 (3).

18. Blader S. , & Tyler T. R. , "What Constitutes Fairness in Work Settings? A Four-component Model of Procedural Justice", *Human Resource Management Review*, 2003, 12.

19. Bradley S. , Green C. , & Mangan J. , "The Effect of Relative Wages and External Shocks on Public Sector Turnover", *Economic Record*, 2012, 88 (281).

20. Brown J. , & Duguid P. , "Knowledge and Organization: A Social-practice Perspective", *Organizational Science*, 2001, 12 (2).

21. Brown P. , Hesketh A. , & Williams S. , "Employability in a Knowl-edge-driven Economy", *Journal of Education and Work*, 2003, 16 (2).

22. Butler J. K. , "Towards Understanding and Measuring Conditions of Trust: Evolution of a Conditions of Trust Inventory", *Journal of Management*, 1991, 17 (5).

23. Cable D. M. , & Parsons C. K. , "Socialization Tactics and Person-Or-ganization Fit", *Personnel Psychology*, 2001, 54.

24. Cable D. M. , & Judge T. A. , "Pay Preferences and Job Search Deci-sions: A Person-Organization Fit Perspective", *Personnel Psychology*, 1994, 47.

25. Camps J. , & Rodrı'guez H. , "Transformational Leadership, Learning, and Employability Effects on Performance among Faculty Members", *Personnel Review*, 2011, 40 (4).

26. Carbery R. , & Garavan T. N. , "Organisational Restructuring and Downsizing: Issues Related to Learning, Training and Employability of Survi-vors", *Journal of European Industrial Training*, 2005, 29 (6).

27. Carr J. Z. R. , Schmidt A. M. , Ford J. K. , & DeShon R. P. , "Climate Perceptions Matter: A Meta-analytic Path Analysis Relating Moral Climate, Cognitive and Affective States, and Individual Level Work Outcomes", *Journal*

of Applied Psychology, 2003, (88).

28. Chan D. , "Understanding Adaptation to Changes in the Work Environment: Integrating Individual Difference and Learning Perspectives", *Research in Personnel and Human Resource Management*, 2000, (18).

29. Charner I. , "Employability Credentials: A Key to Successful Youth Transition to Work", *Journal of Career Development*, 1988, 15 (1).

30. Chatman J. A. , "Improving Interactional Organizational Research: A Model of Person-Organization Fit", *Academy of Management Review*, 1989, 14 (3).

31. Clark M. C. , & Payne R. L. , "The Nature and Structure of Workers' Trust in Management", *Journal of Organizational Behavior*, 1997, 18 (2).

32. Clarke M. , "Plodders, Pragmatists, Visionaries and Opportunists: Career Pattern and Employability", *Career Development International*, 2009, (14).

33. Cohen-Charash Y. , & Spector P. E. , "The Role of Justice in Organizations: A Meta-Analysis", *Organizational Behavior and Human Decision Processes*, 2001, 86 (2).

34. Colquitt J. A. , "On the Dimensionality of Organizational Justice: A Construct Validation of a Measure", *Journal of Applied Psychology*, 2001, 86 (3).

35. Colquitt J. A, Conlon D. E. , Wesson M. J. , Porter C. O. , & Ng K. Y. , "Justice at the Millennium: A Meta-analytic Review of 25 Years of Organizational Justice Research", *Journal of Applied Psychology*, 2001, 86 (3).

36. Cuyper D. N. , &Witt D. H. , "The Management Paradox: Self-rated Employability and Organizational Commitment and Performance", *Personnel Review*, 2011, 40 (2).

37. Denison D. R. , "What is the Difference between Organizational Culture

and Organizational Climate? A Native's Point of View on a Decade of Paradigm Wars", *Academy of Management*, 1996, 21 (3).

38. Drucker P. F. , "Knowledge-worker Productivity: The Biggest Challenge", *California Management Review*, 1999 (2).

39. Dulac T. , Coyle-Shapiro J. , Henderson D. J. , & Wayne S. , "Not All Responses to Breach are the Same: The Interconnection of Social Exchange and Psychological Contract Processes in Organizations", *Academy of Management Journal*, 2008, 51 (6).

40. Elangovan A. R. , & Shapiro D. L. , "Betrayal of Trust in Organizations", *Academy of Management Review*, 1998, 23 (3).

41. Ellig B. , "Employment and Employability, Foundation of the New Social Contract", *Human Resource Management*, 1998, 37 (2).

42. Erdogan B. , "Antecedents and Consequences of Justice Perceptions in Performance Appraisals", *Human Resource Management Review*, 2002, 12.

43. Finn D. , "From Full Employment to Employability: A New Deal for Britain Unemployed?", *International Journal of Manpower*, 2000, 21 (5).

44. Flamholtz E. G. , & Randle Y. , *Growing Pains: Transitioning from an Entrepreneurship to a Professional Managed Firm*, Fourth Edition, Wiley Publishing Inc. , 2007.

45. Folger R. , & Konovsky M. A. , Effects of Procedural and Distributive Justice on Reactions to Pay Raise Decision, *Academy of Management Journal*, 1989, 32 (1).

46. Folger R. , & Cropanzano, R. , *Organizational Justice and Human Resource Management*, Sage Publications, 1998.

47. Fornell C. R. , & Larcker D. F. , "Evaluating Structural Equation Models with Unobservable Variables and Measurement Error", *Journal of Marketing Research*, 1981, 18 (1).

48. Fugate M. , Kinicki A. J. , & Ashforth B. E. , "Employability: A Psy-

chosocial Construct and Its Dimensions, and Applications", *Journal of Vocational Behavior*, 2004, (65).

49. Furnham A. , & Schaeffer R. , "Person-Environment Fit, Job Satisfaction and Mental Health", *Journal of Occupational Psychology*, 1984, 57.

50. George S. , "Employee Development, Commitment and Intention to Turnover: A Test of 'Employability' Policies in Action", *Human Resource Management Journal*, 2006, (16).

51. Gillespire N. , & Dietz G. , "Trust Repair after an Organizational-level Failure", *Academy of Management Review*, 2009, 34 (1).

52. Greenberg J. , "Organizational Justice: Yesterday, Today and Tomorrow", *Journal of Applied Psychology*, 1990, 16 (2).

53. Guest D. E. , "Is the Psychological Contract Worth Taking Seriously?", *Journal of Organizational Behavior*, 1998 (19).

54. Hambrick D. C. , & Mason P. A. , "Upper Echelons: The Organization as a Reflection of Its Top Managers", *Academy of Management Review*, 1984, 9 (2).

55. Hamilton G. , "Patriarchalism in Imperial China and Western Europe: A Revision of Weber's Sociology of Diminution", *Theory and Society*, 1984, (13).

56. Hendry C. , & Jenkins R. , "Psychological Contracts and New Deals", *Human Resource Management Journal*, 1997, 7 (1).

57. Hillage J. , & Pollard E. , *Employability: Developing a Framework for Policy Analysis*, London: Department for Education and Employment, 1998.

58. Hillage J. & Pollard E. , "Employability: Developing a Framework for Policy Analysis", *Labour Market Trends*, 1998, 17 (16).

59. Hiltrop J. M. , "Managing the Changing Psychological Contract", *Employee Relations*, 1996: 18 (1).

60. Hoffman B. J. , & Woehr D. J. , "A Quantitative Review of the Rela-

tionship between Person-Organization Fit and Behavioral Outcomes", *Journal of Vocational Behavior*, 2006, 68 (3).

61. Hollon C. J. , & Gemmill G. R. , "Interpersonal Trust and Personal Effectiveness in the Work Environment", *Psychological Reports*, 1977, 40 (2).

62. Hornung S. , Rousseau D. M. , & Glaser J. , "Creating Flexible Work Arrangements through Idiosyncratic Deals", *Journal of Applied Psychology*, 2008, 93 (3).

63. Hosmer L. , "Trust: The Connecting Link between Organizational Theory and Philosophical Ethics", *Academy of Management Review*, 1995, 20 (4).

64. Iverson R. D. , "An Event History Analysis of Employee Turnover: The Case of Hospital Employees in Australia", *Human Resource Management Review*, 1999, 9 (4).

65. Jansen K. J. , Kristof A. L. , "Toward a Multi-dimensional Theory of Person-Environment Fit", *Journal of Managerial Issues*, 2006, XVIII (2).

66. Jelinek M. , & Litterer J. , "Toward Entrepreneurial Organizations: Meeting Ambiguity with Engagement", *Entrepreneurship Theory and Practice*, 1995, 19 (3).

67. Jones W. , & Burdette M. P. , "Betrayal in Relationships", in A. Weber & J. Harvey (eds.), *Perspectives on Close Relationships*, Boston: Allyn & Bacon, 1994.

68. Kaplan S. , Bradley J. C. , Luchman J. N. , & Haynes D. , "On the Role of Positive and Negative Affectivity in Job Performance: A Meta-analytic Investigation", *Journal of Applied Psychology*, 2009, 94 (1).

69. Karren R. J. , & Graves L. M. , "Assessing Person-Organization Fit in Personnel Selection: Guidelines for Future Research", *International Journal of Selection and Assessment*, 1994, 2 (3).

70. Kennedy D. J. , Fulford M. D. , "On the Move Management Relocation in the Hospitality Industry", *Cornell Hospitality Quarterly*, 1999, 40 (2).

71. Kickul T. , & Lester S. W. , "Broken Promises: Equity Sensitivity as a Moderator between Psychological Contract Breach and Employee Attitudes and Behavior", *Journal of Business and Psychology*, 2001, 16 (2).

72. Kim P. H. , Dirks K. T. , & Cooper C. D. , "The Repair of Trust: A Dynamic Bilateral Perspective and Multi-level Conceptualization", *Academy of Management Review*, 2009, 34 (3).

73. Kim W. C. , & Mauborgne R. A. , "Procedural Justice and Managers' In-role and Extra-role Behavior: The Case of Multinational", *Management Science*, 1996, 42 (4).

74. Kluytmans F. , & Ott M. , "Management of Employability in the Netherlands", *European Journal of Work and Organizational Psychology*, 1999, 8 (2).

75. Kristof A. L. , "Person-organization Fit: An Integrative Review of Its Conceptualizations, Measurements, and Implications", *Personnel Psychology*, 1996, 49.

76. Kristof A. L. , "Perceived Applicant Fit: Distinguishing between Recruiters' Perceptions of Person-Job and Person-Organization Fit", *Personnel Psychology*, 2000, 53.

77. Kristof A. L. , Zimmerman R. D. , & Johnson E. C. , "Consequences of Individuals' Fit at Work: A Meta-Analysis of Person-Job, Person-Organization, Person-Group, and Person-Supervisor Fit", *Personnel Psychology*, 2005, 58.

78. Leventhal G. S. , Karuza J. , & Fry W. R. , "Beyond Fairness: A Theory of Allocation Preferences", in G. Mikula (eds.), *Justice and Social Interaction*, Springer-Verlag, 1980.

79. Lewicki R. J. , & Bunker B. B. , "Developing and Maintaining Trust in Work Relationships", in R. M. Kramer, T. R. Tyler (eds.), *Trust in Organiza-*

tions: *Frontiers of Theory and Research*, Thousand Oaks, CA: Sage, 1996.

80. Lind E. A. , & Tyler T. R. , *The Social Psychology of Procedural Justice*, New York: Plenum, 1988.

81. Liu Qin Yang, Hong Sheng Che, Spector P. E. , "Job Stress and Well-Being: An Examination From the View of Person-Environment Fit", *Journal of Occupational and Organizational Psychology*, 2008, 81.

82. Lount R. B. , Zhong C. B. , Sivanathan N. , et al. , "Getting off on the Wrong Foot: The Timing of a Breach and the Restoration of Trust", *Personality and Social Psychology Bulletin*, 2008, 34 (12).

83. Marsh R. , & Mannari H. , "Organizational Commitment and Turnover: A Prediction Study", *Administrative Science Quarterly*, 1977, 22 (1).

84. Martin C. , "Explaining Labour Turnover: Empirical Evidence from UK Establishments", *Labour*, 2003, 17 (3).

85. Masterson S. S. , Lewis K. G. , Goldman B. M. , & Taylor M. S. , "Integrating Justice and Social Exchange: The Differing Effects of Fair Procedures and Treatment on Work Relationships", *Academy of Management Journal*, 2000, 43.

86. Mayer R. C. , Davis J. H. , & Schoorman F. D. , "An Integrative Model of Organizational Trust", *Academy of Management Review*, 1995, 20 (3).

87. McQuaid R. W. , "Job Search Success and Employability in Local Labor Markets", *The Annals of Regional Science*, 2006, 40 (2).

88. Meyer J. P. , & Herscovitch L. , "Commitment in the Workplace: Toward a General Model Human", *Human Resource Management Review*, 2001, 11.

89. Millward L. J. , & Hopkins L. J. , "Psychological Contracts, Organizational and Job Commitment", *Journal of Applied Social Psychology*, 1998, 28 (16).

90. Mobley W. H. , "Intermediate Linkage in the Relationship between Job

Satisfaction and Employee Turnover", *Journal of Applied Psychology*, 1977, 62.

91. Mobley W. H. , Horner S. O. , Hollingsworth A. T. , An Evaluation of Precursors of Hospital Employee Turnover, *Journal of Applied Psychology*, 1978, 63 (4).

92. Moorman R. H. , Niehoff B. P. , & Organ D. W. , "Treating Employees Fairly and Organizational Citizenship Behavior: Sorting the Effects of Job Satisfaction, Organizational Commitment, and Procedural Justice", *Employee Responsibilities and Rights Journal*, 1993, 6 (3).

93. Morrson E. W. , & Robinson S. L. , "When Employee Feel Betrayed: A Model of How Psychological Contract Violation Develops", *Academy of Management Review*, 1997, 22 (1).

94. Muchinsky P. M. , & Morrow P. C. , "A Multi-dimensional Model of Voluntary Employee Turnover", *Journal of Vocational Behavior*, 1980, 17 (3).

95. Nilsson S. , Ellstrom P. E. , "Employability and Talent Management: Challenges for HRD Practices", *European Journal of Training and Development*, 2012, 36 (1).

96. O'reilly C. A. , Chatman J. A. , & Caldwell D. , "People and Organizational Culture: A Profile Comparison Approach to Assessing Person-Organization Fit", *Academy of Management Journal*, 1991, 34.

97. Ostroff C. , "The Effects of Climate and Personal Influences on Individual Behavior and Attitudes in Organizations", *Organizational Behavior and Human Decision Processes*, 1993, (56).

98. Parzefall M. R. , & Coyle-Shapiro J. , "Making Sense of Psychological Contract Breach", *Journal of Managerial Psychology*, 2011, 26 (1).

99. Paton R. , & Dempster L. , "Managing Change from a Gender Perspective", *European Management Journal*, 2002, 20 (5).

100. Podsakoff P. M. , & Mackenzie S. B. , "Organizational Citizenship Behaviors: A Critical Review of the Theoretical and Empirical Literature and Suggestions of Future Research", *Journal of Management*, 2000, 26 (3).

101. Penrose E. , *The Theory of the Growth of the Firm*, Third Edition, Oxford University Press, 1995.

102. Price J. L. , & Kim S. W. , "The Relationship between Demographic Variables and Intent to Stay in the Military: Medical Personnel in a US Air Force Hospital", *Armed Forces & Society*, 1993, 20 (1).

103. Pulakos E. D. , Arad S. , Donovan M. A. , & Plamondon K. E. , "Adaptability in the Work Place: Development of a Taxonomy of Adaptive Performance", *Journal of Applied Psychology*, 2000, (85).

104. Quarles R. , "An Empirical Examination of a Model of the Turnover Intentions of Information Systems Auditors", *Journal of Applied Business Research*, 1994, 10 (1).

105. Ren H. , & Gray B. , "Repairing Relationship Conflict: How Violation Types and Culture Influence the Effectiveness of Restoration", *Academy of Management Review*, 2009, 34 (1).

106. Robinson S. L. , Kraatz M. S. , & Rousseau D. M. , "Changing Obligations and the Psychological Contract", *Academy of Management Journal*, 1994, 37 (1).

107. Robinson S. L. , & Morrison E. W. , "When Employees Feel Betrayed: A Model of how Psychological Contract Violation Develops", *Academy of Management Review*, 1997, 22.

108. Robinson S. L. , & Rousseau D. M. , "Violating the Psychological Contract: Not the Exception but the Norm", *Journal of Organizational Behavior*, 1994, 15 (3).

109. Roger C. M. , Schoorman F. D. , "Differentiating Antecedents of Organizational Commitment: A Test of March and Simon's Model", *Journal of Or-*

ganizational Behavior, 1998, 19 (1).

110. Rousseau D. M. , *Psychological Contract in Organizations: Understanding Written and Unwritten Agreements*, Thousand Oaks, CA: Sages, 1995.

111. Rousseau D. M. , "Psychological and Implied Contracts in Organizations", *Employee Rights and Responsibilities Journal*, 1989, (2).

112. Rousseau D. M. , "New Hire Perceptions of Their Own and Their Employers Obligations: A Study of Psychological Contracts", *Journal of organizational behavior*, 1990, 11 (5).

113. Rousseau D. M. , "Schema, Promise and Mutuality: The Building Blocks of the Psychological Contract", *Journal of Occupational and Organizational Psychology*, 2001, 74.

114. Rousseau D. M. , Sitkin S. B. , Burt R. S. , et al. , "Not so Different after all: A Cross-discipline View of Trust", *Academy of Management Review*, 1998, 23 (3).

115. Scandura T. A. , & Lankau M. J. , "Relationships of Gender, Family, Responsibility and Flexible Work Hours to Organizational Commitment and Job Satisfaction", *Journal of Organizational Behavior*, 1997, 18 (4).

116. Schall M. S. , "A Communication Rules Approach to Organization Culture", *Administrative Science Quarterly*, 1983, (28).

117. Schneider B. , "The People Make the Place", *Personnel Psychology*, 1987, 14.

118. Schneider B. , Brief A. P. , & Guzzo R. A. , "Creating a Climate and Culture for Organizational Change", *Organizational Dynamics*, 1996, (24).

119. Schneider B. , Smith D. B. , & Goldstein H. W. , "The 'Dark Side' of 'Good Fit' ", Paper Presented at the Ninth Annual Conference of the Society of Industrial and Organizational Psychology, Nashville, TN. , 1994.

120. Scholarios D. , Van der Heijden B. I. J. M. , Van der Schoot E. , Bo-

zionelo N. , et al. , "Employability and the Psychological Contract in European ICT Sector SMEs", *The International Journal of Human Resource Management*, 2008, 19 (6).

121. Shapiro J. C. , Kessler L. , "Consequences of the Psychological Contract for the Employment Relationship: A Large Scale Survey", *Journal of Management Studies*, 2000, 17.

122. Shore L. M. , & Tetrick L. E. , "The Psychological Contract as an Explanatory Framework in the Employment Relationship", *Trends in Organizational Behavior*, 1994, (1).

123. Spencer D. G. , & Steers R. M. , "The Influence of Personal Factors and Perceived Work Experiences on Employee Turnover and Absenteeism", *Academy of Management Journal*, 1980, 23 (3).

124. Suazo M. M. , "The Impact of Affect and Social Exchange on Outcomes of Psychological Contract Breach", *Journal of Managerial Issues*, 2011, 13 (2).

125. Suazo M. M. , "Mediatoring Role of Psychological Contract Violation on the Relations between Psychological Contract Breach and Work-related Attitudes and Behavior", *Journal of Managerial Psychology*, 2009, 24 (2).

126. Suazo A. A. , Fauth J. E. , Roth J. D. , Parkinson C. L. , & Jack S. I. , "Responses of Small Rodents to Habitat Restoration and Management for the Imperiled Florida Scrub-Jay", *Biological Conservation*, 2009, 142.

127. Suazo M. M. , Stone-Romero E. F. , "Implications of Psychological Contract Breach: A Perceived Organizational Support Perspective", *Journal of Managerial Psychology*, 2011, 26 (5).

128. Super D. E. , "A Theory of Vocational Development", *American Psychologist*, 1953, 8.

129. Sweeney P. D. , & McFarlin D. B. , "Workers Evaluation of the Ends and Means: An Examination of Four Models of Distributive and Procedural Jus-

tice", *Organizational Behavior and Human Decision Processes*, 1993, 5.

130. Thibaut J. W. , & Walker L. , *Procedural Justice: A Psychological Analysis*, Erlbaum Associates, 1975.

131. Tierney P. , "Work Relations as a Precursor to a Psychological Climate for Change: The Role of Work Group Supervisors and Peers", *Journal of Organizational Change Management*, 1999, (12).

132. Tseng M. S. , "Self-Perception and Employability: A Vocational Rehabilitation Problem", *Journal of Counseling Psychology*, 1972, 19 (4).

133. Turnley W. H. , & Feldman D. C. , "A Discrepancy Model of Psychological Contract Violation", *Human Resource Management Review*, 1999 (3).

134. Turnley W. H. , & Feldman D. C. , "The Impact of Psychological Contract Violations on Exit, Voice, Loyalty, and Neglect", *Human Relations*, 1999, 52.

135. Van Buren III. , & Harry J. , "Boundaryless Careers and Employability Obligations", *Business Ethics Quarterly*, 2003, 13 (2).

136. Van den Bos K. , "Making Sense of Life: The Existential Self Trying to Deal with Personal Uncertainty", *Psychological Inquiry*, 2009, 20 (4).

137. Van der Heijden. , "Prerequisites to Guarantee Life-long Employability", *Personnel Review*, 2002, 31 (1).

138. Van Scotter J. R. , "Relationships of Task Performance and Contextual Performance with Turnover, Job Satisfaction and Affective Commitment", *Human Resource Management Review*, 2000, 10 (1).

139. Van Scotter J. R. , Motowidlo S. J. , "Interpersonal Facilitation and Job Dedication as Separate Facets of Contextual Performance", *Journal of Applied Psychology*, 1996, (81).

140. Verquer M. L. , Bechr T. A. , & Wagner S. II. , "A Meta-Analysis of Relations between Person-Organization Fit and Work Attitudes", *Journal of Vo-*

cational Behavior, 2003, 63 (3).

141. Walsh W. B. , "Person-Environment Congruence: A Response to the Moos Perspective", *Journal of Vocational Behavior*, 1987, 31.

142. Weiner B. , *Human Motivation: Metaphors, Theories, and Research*, Newbury Park, CA: Sage, 1992.

143. Whitener E. , Brodt S. K. , & Werner M. A. J. , "Managers as Initiators of Trust: An Exchange Relationship Framework for Understanding Managerial Trustworthy Behavior", *Academy of Management Review*, 1998, 23 (3).

144. Williams L. J. , & Anderson S. E. , "Job Satisfaction and Organizational Commitments as Predictors of Organizational Citizenship and In-role Behaviors", *Journal of Management*, 1991, 17 (3).

145. Wolcott R. C. , *Grow from Within: Mastering Corporate Entrepreneurship and Innovation*, Mcgraw-Hill Inc. , 2010.

146. Yan Jun Guan & Hong Deng. , "Person-Job Fit and Work-related Attitudes among Chinese Employees: Need for Cognitive Closure as Moderator", *Basic and Applied Social Psychology*, 2010, 32.

147. Zaichowsky J. L. , "Measuring the Involvement Construct", *Journal of Consumer Research*, 1985, 12 (3).

148. Zeffane R. M. , "Understanding Employee Turnover: The Need for a Contingency Approach", *International Journal of Manpower*, 1994, 15 (9).

149. Zinko R. , Ferris G. R. , Humphrey S. E. , Meyer C. J. , & Aime F. , "Personal Reputation in Organizations: Two-study Constructive Replication and Extension of Antecedents and Consequences", *Journal of Occupational and Organizational Psychology*, 2012, 85 (1).

后　记

虽然心理契约不可能像经济契约那样被书面载明，但它从雇员入职新创企业之时，便开始存在于雇员与组织之间，影响着劳动关系稳定性。另外，伴随着劳动力市场不断完善，以及社会保障制度健全，新一代员工变得越加不安分，他们不再像从前的老一代员工那样，能够坚守类似于终身雇佣制的职业观，"跳槽"现象更为普遍。新一代员工之所以能够十分自如地实现新创企业内部职务晋升和岗位调整，或者通过更换工作单位达到"树挪死，人挪活"的效果，根本原因在于自身可雇佣性能力的高低。学术界一直关注心理契约结构、心理契约违背和破裂的内在机理，也有学者试图将心理契约拓展并应用于组织行为学以外的其他领域。但是，至今鲜有把可雇佣性理论与心理契约违背相交叉展开研究的成果问世。

本书选题既有学术前沿性，也充满挑战性。是作者在完成2010年度教育部人文社科研究规划基金项目（编号10YJA630017）研究任务的基础上，进行后期补充完善而形成的。全书研究方案、问卷调查和写作框架由陈忠卫负责主持设计，各章撰写任务分工是：第一章，陈忠卫、马振英；第二章，陈忠卫、孙巍、潘莎、胡尊亮；第三章，陈忠卫、郝喜玲、张广琦；第四章，康丽娜、陈忠卫、张坤；第五章，潘莎、陈忠卫、李宏贵；第六章，陈忠卫、张广琦、秦慈进；第七章和第八章，陈忠卫。最后，由我指导的硕士研究生张琦、刘东梅、金孙三位同学对全部书稿进行统核和文字润色。

2012年10月至2013年10月期间，经中央统战部统一遴选，我有幸挂任甘肃省白银市人民政府副市长。后经甘肃省委与安徽省委相关部门协商，同意继续留任白银市人民政府副市长至2014年2月。甘肃省白银市委张智全书记、白银市人大宁金辉主任、白银市人民政府汪海洲市长、白银市政协袁崇俊主席，以及九三学社同仁吴震副市长、白文科副主席给予我从事政府工作巨大的关怀，还有甘肃省白银市食品药品监督管理局党组书记江新宁先生、白银市人民政府副秘书长张林先生、商务局局长王仁忠先生、供销社主任台宗仁先生、工商局局长白作明先生、质量技术监督局局长朱怀科先生、统计局局长宋永兵先生、市移动公司总经理祁永新先生、景泰县委书记任文贵先生，不但给予我从事地方政府工作的悉心指导和帮助，也为我利用工作之余开展企业调研活动，创造了良好环境和便利条件。安徽省亿发久企业集团、中粮集团蚌埠涂山热电公司、甘肃省白银市同昌投资公司的中高层管理团队成员对本书作者从事案例研究，提供了无私的调研机会和相关佐证材料。在此，我要向他们表示最衷心的感激！

　　本书曾参考一些国内外学者的相关文献资料，部分成果和观点曾在《经济管理》《商业经济与管理》《现代财经》等期刊公开发表，编辑部同志和匿名审稿专家提出了非常宝贵的修改意见。在书稿形成过程中，还得到一些同行专家的指点迷津和无私帮助。他们是：南开大学商学院张玉利教授，首都经贸大学王文举教授、高闯教授，山东大学徐向艺教授、陈志军教授，山西财经大学赵国浩教授、杨俊青教授，天津财经大学蔡双立教授。安徽财经大学王晶晶教授、汪金龙教授、杜运周博士、胡登峰博士、李宏贵博士、王成军博士曾在学科特区内部研讨会上也提出了富有建设性的建议。我在南京大学从事博士后研究工作期间的恩师陈传明教授欣然为此书作序，人民出版社编辑吴焰东先生对此书质量改进，提出了无微不至的修改意见，在此，我要向大家表示衷心感谢！

　　企业创新本身需要智慧，而且，并不是所有的创新成果都能带来商业利润，成功创业意味着创业者能将其转化为盈利机会，而要实现新创企业可持续成长，则更需要创业者时刻关注商业模式创新，传承并放大公司企业家精神。如同新创企业创建一样，"创业创新与企业成长"作为校级重点学科特区所经历过的辛酸，发展初期所承受过的压力，已经完全转化为作者致力于培养高素质研究生的强大动力。从学科特区成立以来，安徽财经大学一批批硕士研究生和 MBA 学生有机会利用此平台，真正感受到了科研魅力和从事科研的乐趣。当然，也正是有了杨友朝、胡尊亮、康丽娜、潘莎、孙巍、张广琦、陈佳琪、张琦等一批批研究生参与问卷发放与回收、内部研讨会、企业家访谈等活动，部分研究生还以此数据完成了毕业论文并获得硕士学位，学科特区才充满朝气和活力。在此，我要特别感谢安徽财经大学党委书记姜利军教授、校长丁忠明教授，工商管理学院院长宋思根教授，科研处副处长徐旭初教授对学科特区的成立和活动开展所给予的巨大支持，令我终生难忘。

诚如查尔斯·汉迪所预言的那样，"当不到一半的劳动力从事全职工作时，再将全职工作当成准则已失去意义"。我们深知，在这样一个充满非理性的时代，我们必须改变的是对"工作""职业"和"事业"的态度。可雇佣性型心理契约在未来遭遇违背的可能性在大大提高，由此产生的后果也无法精确估量，对于新创企业成长的影响将是多角度和全方位的，这些问题需要引起全社会的共同关注。如果你在阅读此书过程中发现有任何值得商榷的地方，恳请您通过电子邮件 cwancai@126.com 给予反馈，也欢迎您经常性访问学科特区网站（http://qycz.aufe.edu.cn），期待我们能够携手将可雇佣型心理契约动态性的理论研究不断引向深入。

陈忠卫

2014 年 11 月 30 日